BASA와 함께하는
기초학습기능 검사와 중재

난독증 및 학습부진 학생을 위한
읽기 · 쓰기 · 수학 개별화교육 사례

김동일 저

학지사

서문 및 일러두기

김동일(SNU SERI: 서울대 특수교육연구소)

난독증, 학습부진·장애 학생들은 지속적인 학습개입에도 불구하고 단어 읽기, 읽은 내용 이해하기, 철자, 수감각, 연산, 수학적 추론 영역에서 많은 어려움을 겪고 있다(김동일 외, 2019). 학습장애의 정의에 대해서 살펴보면, DSM-5에서는 학습장애의 명칭을 '특정학습장애(specific learning disabilities)'로 정의하고 있으며, 그 대표적 하위유형으로는 읽기장애(난독증), 쓰기장애(난서증), 수학장애(난산증)가 있다. 읽기장애(난독증)는 정확한 단어 인지능력이 있음에도 불구하고 낮은 해독능력과 철자능력을 보이며 이로 인해 학업적으로 어려움을 겪는 경우를 말한다. 이는 이차적으로 독해능력과 어휘능력에까지 영향을 미칠 수 있다. 쓰기장애(난서증)는 필기에서 어려움을 보이거나 구어를 맞춤법에 맞게 쓰는 데 어려움을 보이며, 작문에서도 쓰기를 통해 자신을 표현하는 데 어려움을 겪는 경우를 말한다. 수학장애(난산증)는 수학 개념의 이해, 기본연산, 문장제 응용문제, 도형문제 등을 해결하는 데 어려움을 겪는 경우를 말한다. 수학장애의 경우 성인기까지 장애특성이 유지되는 경향을 보이며, 다른 학습장애와 유사하게 수학 이외의 다른 인지 영역에서는 평균 수준을 보이는 경우가 많다.

특정학습장애와 난독증은 종종 혼용되기도 하지만, 본질적으로 특정학습장애는 앞서 언급한 바와 같이 난독증뿐만 아니라 난산증, 난서증과 같은 다른 유형의 장애를 포함하는 더 넓은 범위를 가진다(Shastry, 2007). 난독증은 우리 주위에서 쉽게 찾아볼 수 있으며 듣고 말하는 것에는 문제가 없으나 인쇄물을 통해 인식되는 문자를 해독(decoding)하는 데 어려움을 가지는 장애를 말한다. 난독증은 발달과정에서 나타나는 선천성 난독증과 뇌손상으로 인해 나타나는 후천성 난독증으로 구분된다. 후천성 난독증은 뇌병변으로 인한 읽기능력의 손상에 의해 발생하는 뇌경색이 주된 원인이다. 따라서 성인기에 관찰되는 경우가 많기 때문에 이 책에서는 학령기에 발견되는 선천성 난독증에 초점을 맞추도록 한다.

발달적 난독증(developmentla dyslexia)이라고도 불리는 선천성 난독증에 대한 합의된 생물학적 원인은 밝혀지지 않았다. 그러나 보편적으로 지능은 정상이지만 글을 읽고 쓰는 데 어려움을 보이는 개인에게 발달성 난독증을 진단한다(김민정, 이승복, 이희란, 2009). 발달성 난독증은 발달과정, 사회문화적 배경, 유전적인 손상 등이 원인으로 언급되고 있으나 정확한 원인은 규명되지 않아 학자마다 이를 분류하는 기준이 상이하다(편성범 외, 2005). 또한 발달성 난독증의 분류와 이에 대한 치료 및 중재는 매우 다양하며, 타당도 있는 검증을 거치지 않은 중재들이 현장에 적용되고 있는 실정이다(Bakker, 2006: 김민정 외, 2009 재인용).

우리나라에 알려진 접근법에는 크게 두 가지가 있다. 음운인식 교수법, 음운인식 훈련, 읽기유창성 훈련 등 음운론적 결손에 기반을 둔 교육적 접근법과 청지각 훈련, 시지각 훈련, 안구 운동 등 장비를 기반으로 하는 치료적 접근법이다. 그중 국내외를 포함하여 음운론적 결손에 기반을 둔 교육적 접근법이 증거기반 및 과학적인 연구방법으로 권장되고 있다. 시지각과 관련된 읽기문제를 호소하는 학생은 시각의 자극을 인지하는 데 심각한 오류를 보인다. 그중에서도 대표적인 것은 반전(reversal)이다(김동일, 신종호, 이대식, 2016). 반전이란 주어진 시각자극을 반대방향으로 지각하는 시지각 오류행동인데, 이로 인해 주어진 단어의 해독이 어렵고 이것이 글에 대한 이해력의 결함으로 이어지게 된다. 그러나 그동안 이루어진 연구에 따르면 난독증에서 시지각과 관련된 기능에 이상이 있는 경우의 학습장애 수는 극히 적다고 보고되고 있다. Bender(1992)의 연구에서는 전체 학습장애 학생 중 시각정보 처리과정의 이상으로 심각한 읽기의 오류를 가지는 학생은 전체의 1% 이내이다. 오히려 다른 읽기오류인 첨가, 생략, 반복, 대치 등을 고려할 필요가 있기 때문에 시지각문제만으로 읽기에 문제가 있다고 보기에는 한계가 있다(Hallahan, Kauffman, & Lloyd, 1999). 따라서 학령기 학생들을 대상으로 난독증 고위험군을 파악하고 그들이 보이는 개별적인 특성을 고려한 다차원적인 진단 및 중재 제공체계를 확립할 필요가 있다. 난독증을 진단하기 위해서는 지능, 학업성취와 학습기술, 음운인식, 기억, 어휘지식, 읽기기술, 구어기술, 철자 등의 영역들을 종합적으로 고려하여 진단이 이루어져야 한다(한국학습장애학회, 2014).

그럼에도 불구하고 난독증 학생을 중재하고 교육하는 데 문제요인이 되고 있는 부분은 난독증의 위험을 겪고 있는 이들을 진단하고 중재를 제공하고자 하는 현장의 노력을 찾기가 어려운 실정이라는 것이다. 이들을 지도하는 교사들 또한 이해가 부족하여 적절한 교육적 서비스가 제공되지 못하고 있다. 특히 학교 현장에서 난독증 학생들을 보다 체계적으로 지도하기 위해서는 학령기 학생이 보이는 읽기 및 쓰기의 어려움을 학습장애의 한 유형으로 분류하여 특수교육 서비스를 제공받을 수 있도록 장을 마련해 주어야 한다. 하지만 대부분의 학부모는 특수교육 대상자라는 낙인효과를 우려하여 특수교육에 참여하지 않고 있다(김동일 외, 2016). 따라서 난독증 학생의 다수는 학교나 공교육의 교육적 서비스를 제공받지 못한 채 병원이나 사설 클리닉 등에서 개별적 지도를 받는 경우가 많다.

다시 말하지만, 이러한 상황을 해결하기 위해서는 학령기 학생을 대상으로 난독증 고위험군을 파악하고 개별적인 특성을 진단한 후 다차원적인 진단 및 중재 제공체계를 확립하는 것이 필요하다. 난독증 고위험군이 보이는 특성에 대해 진단하기 위해서는 학습장애 선별검사(Learning Disabilities Screening Test: LDST), 기초학습기능 수행평가체제(BASA) 검사(빈칸채우기검사, 어휘검사, 이해검사, 쓰기검사, 수학검사) 등을 이용하여 진단검사를 실시한다. 이후에는 음운인식, 유창성 훈련, 해독 연습, 철자, 어휘력 향상 지도, 이해전략 지도 등 증거기반 읽기중재를 통하여 난독증을 가지고 있는 개인의 특성 및 교육적 요구에 적합한 증거기반 실제를 구축한다. 이와 같은 과정을 거쳐 난독증 고위험군 학생들의 현재 수준과 진전도 수준을 통하여 해당 중재의 적절성과 효과성을 검증하게 된다.

학습장애 혹은 난독증 학생을 선별하는 데 있어 대표적으로 중재반응(Response to Intervention: RTI) 모델을 활용할 수 있다. RTI란 중재반응 접근으로서, 2004년 개정된 미국 「장애인교육법(IDEA)」에서 학습장애를 진단하고 판별하는 과정에서 적용하도록 만든 중재 및 진단 방법이다. RTI 접근법은 '학교에서 어려움을 겪고 있는 학생들에게 여러 단계를 거쳐 서비스를 제공하는 접근법으로서, 교사가 점차 강도를 높여 가며 중재나 수업을 제공하게 되며, 각 단계에서 학생들의 반응 정도를 지속적으로 점검하여 일반교육이나 특수교육에서 추가 지원이 필요한지를 결정하는 시스템'이라고 규정된다. 이 과정은 다음과 같은 네 가지 대표적인 특징을 가지고 있다.

첫째, 중재에 대해 반응이 없거나 불충분할 경우 최소 3단계에 걸쳐 그 강도를 높여 가며 중재를 제공한다. 그중에서 1~2단계는 일반학급에서 일반교사가 주도하고, 3단계는 특수학급에서 특수교사가 주가 되어 중재를 제공한다. 둘째, 연구를 통해 그 효과가 검증된 중재방법을 사용한다. 셋째, 학생들이 중재에 제대로 반응하는지 여부를 교육과정중심측정(CBM) 혹은 역동적 평가(dynamic assessment) 등을 통해 수시로 점검한다. 넷째, 마지막 단계에서까지 중재에 기준 이상의 반응을 보이지 않을 경우, 종합적인 자료를 고려해 특수교육 대상으로서의 학습장애를 최종적으로 판별한다(김동일 외, 2016).

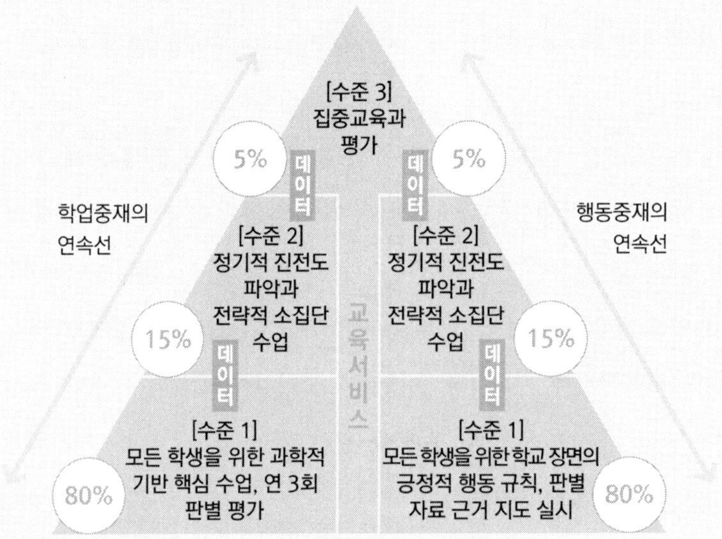

중재반응(RTI) 3단계 모형

출처: Brown-Chidesey & Steege (2016).

국가, 교육청 및 학교에서는 유기적인 연계를 통해 지원체계를 구축하고자 노력하고 있으나 해결해야 할 문제들을 가지고 있다. 일단 열심히 가르치려고 노력은 하지만 어떤 효과적인 방법을 사용하여 가르쳐야 할지는 학교에서 개별적으로 결정하여 지원하도록 요구하고 있어 프로그램이나 평가도구를 누가 개발하여 어떻게 제공해야 할지 분명하지 않다. 또한 학급의 수업이 효과적인지에 대해서 가시적으로 확인하기가 어렵고 학생들의 학업성취 결과 점수가 나오는 시점이 이미 늦어 버렸을 가능성이 크다. 그리고 수업방법에 실질적인 도움을 줄 수 있는 정보들을 제공하기도 어려운 실정이다. 이러한 상황에서 RTI 접근법의 원리는 난독증 및 학습장애 문제의 해결을 위한 대안이 될 수 있다. 특히 RTI 접근법의 경우 우리나라에서도 충분하지는 않지만 다양한 학업성취도 평가도구와 중재를 위한 교재들이 개발되어 시판 중이거나 지속적으로 개발되고 있기 때문이다. 지난 수년간 효과적인 수업방법, 효과적인 교육평가 방법, 지침들이 축적되었고, 학교 현장에서 활용할 수 있는 효과적인 중재를 다단계에 걸쳐 제공하고 그 결과를 적절하게 평가하기가 용이해졌다. 따라서 이러한 지원이 필요한 학생들에게 관련 서비스를 제공할 수 있는 기회가 점차 늘어나고 있다.

이 책에서 제시하고 있는 사례는 난독증 및 학습장애 위험군을 선별하여 기초학습기능 하위유형별 교육적 중재를 RTI 3단계에 걸쳐 제공하는 것을 목적으로 하며 실제로 중재한 내용을 바탕으로 구성되어 있다. 먼저 프로그램을 개발한 후, 중재 제공이 필요한 지역 혹은 학군을 연계하였다. 단계는 RTI의 원리에 입각하여 크게 3단계로 구성되었다. 1단계에서 난독증 및 학습장애 위험군을 선별하고, 2단계에서 컨설팅 및 종합적 읽기 프로그램을 제공한 후, 3단계에서는 난독증 및 학습장애 유형별 집중중재를 진행한다. 1단계에서는 요청되는 부분에 맞춰 학습장애(난독증) 선별검사(LDST), 기초학습기능 수행평가체제(BASA) 검사(빈칸채우기검사, 어휘검사, 이해검사, 쓰기검사, 수학검사) 등을 진행하였다. 이후 2단계에서는 현장 교사를 위해 난독증 및 학습장애 중재 컨설팅을 하는데, 이는 전문강사 및 자문단으로 구성된 전문가 연수 및 워크숍을 통해 이루어졌다. 마지막 3단계에서는 선별된 학생에 대해 유형별 집중중재를 제공하였다. 특수교육 및 교육상담 주강사를 중심으로 음운인식, 유창성, 어휘, 읽기이해 영역에서 개별화 지도가 이루어졌다.

이 책은 다양한 교육중재 사례로 구성되어 있으며 RTI 절차에 따라 선별되고 진단된 학생들의 중재로 구성되어 있다. 난독증 및 학습장애 위기 학생을 지원 및 지도하기 위한 프로그램의 일환으로 RTI에 입각하여 학습에 어려움을 보이는 학생들을 진단하고 적절한 교육적 지원을 제공하고자 하였다. 나아가 중재법과 연구 결과를 바탕으로 적합한 증거기반 실제를 마련하고자 중재를 개발·적용하고, 학생들의 현재 수준과 진전도 수준을 파악하여 해당 중재의 적절성과 효과성을 검증하였다. 또한 단회성에 멈추는 것이 아니라 다년간의 중재를 토대로 검증된 진단체계 및 지원방법을 적용하여 선별된 학생에게 적용하였다. 이를 통해 난독증 및 학습장애 학생의 지도에서 증거기반 실제를 기반으로 중재 · 교수함으로써 프로그램의 효과성을 증명하고 학생의 발달을 지속적으로 점검할 수 있는 토대를 마련할 수 있었다. 전체적으로 학습의 어려움으로 인해 학업을 중단하는 사례를 사전에 예방하는 것을 목적으로 적절한 진단과 개별화교육의 기회를 제공하여 학생의 교육적 원리 보장을 돕는 것을 목표로 하였다.

특히 중재를 제공하는 과정에서 증거기반 실제에 입각하여 중재를 제공할 수 있는 학습교재를 제공하였다. 이는 난독증 및 학습부진 학생의 지도에 접근하기 쉽도록 도움을 줄 수 있다는 장점이 있다. 예를 들어, 읽기 나침반 초기문해편을 살펴보면 음운인식의 원리를 익히는 과정으로 구성되어 있다. 첫 번째 단계는 단순모음, 미끌모음, 자음의 순서로 이어져 있다. 두 번째 단계에서는 초성과 중성의 조합으로 받침이 없는 글자 혹은 단어를 익힐 수 있다. 마지막 단계에서는 전체적인 음운을 정확히 읽을 수 있도록 초성, 중성, 종성을 합한 음운에 대한 훈련을 할 수 있다. 이 과정에서 음운인식 학습의 효과를 높이기 위해 매 차시에 글자의 패턴마다 시각적인 노출을 제공하고, 몸으로 표현하고 쓰며 익히기, 소리 내어 읽어 보기, 반복학습 및 복습을 충분히 제공하고자 하였다. 이와 같은 단계적 중재법을 바탕으로 기초학습기능 수행평가체제(BASA) 검사를 통해 기초선을 측정한 이후 지속해서 진전도를 살펴보며 학생의 학습 향상을 점검하고 지도할 수 있다.

학습이 원활하게 이루어지지 않으면 학생이 학교생활에 흥미를 느끼지 못하고 학업을 포기하는 상황으로 이어질 수 있다. 또한 학업중단 학생들은 학교의 지원체계 안에서 보호받지 못하게 되고, 이러한 상황이 지속된다면 그들은 그렇지 않은 학생들보다 사회적 문제에 노출될 확률이 높을 수밖에 없다(김상현, 양정호, 2013; 남미애, 2006). 이 책은 위기아동 · 청소년들에게 조기지원을 하여 프로그램의 효과를 나타낸 자료들을 토대로 구성되어 있으며, 학습에 어려움을 겪고 있는 이들을 위하여 학습 및 정서 · 행동 특성을 고려하였다. 따라서 기초학습기능 진단, 위기아동 사례 연구, 난독증 및 학습장애 위험군 교사 지도안 및 교육 방향성에 관한 전문적인 학습 및 정서 · 행동 컨설팅이 가능할 수 있도록 이에 대한 기초자료를 정리하였다. 이는 후속 연구 및 교육 사업에 대한 제언을 제공하는 뼈대이자 학습자 교육의 기초자료로서 활용될 수 있을 것이다.

이 책은 각 학습 영역(초기문해, 읽기유창성, 어휘, 읽기이해, 쓰기, 초기수학, 수학 연산, 수학 문장제)별로 대표 사례 보고서와 추가 사례 개요 보고서로 구성되어 있으며, 각 사례에서는 참여 학생과의 교육 진행과정을 다음과 같은 형식으로 기술하였다.

〈사례 보고서 형식〉

(1) 성별
(2) 학년
(3) 중재 사유
(4) 일반적 특성(학습, 정서 및 행동, 사회성, 가정배경 등)
(5) 사전검사 결과
(6) 중재 목표(장기, 단기)
(7) 중재 프로그램
(8) 중재 진전도 및 사후검사 결과와 종결 상태
(9) 제언

차 례

도입 BASA와 함께하는 난독증 · 학습부진 교육사례: 교육절차와 학습자료 개관

이 교육사례 보고서는 우리나라 공교육 현장이나 지역사회에서 난독증 및 학습부진 학생을 선별하여 기초학습기능 하위유형별 교육적 중재를 RTI 3단계에 걸쳐 제공하는 과정에서 진행된 내용을 중심으로 정리한 것이다. 특히 기초학습기능 수행평가체제(BASA)의 검사 결과와 읽기 나침반, 수학 나침반, 쓰기 나침반의 교육중재 프로그램을 실줄과 날줄로 엮어 촘촘한 교육지원망 개별화 프로그램을 기획하고 진행하는 데 목적이 있다(김동일, 2011, 2017, 2020).

1. 절차

전체적인 교육지원 프로그램 실시절차는 크게 7단계로 이루어지며, 교육중재 프로그램은 세부적으로 3단계로 나뉜다. [그림 1]에 난독증 · 읽기중재 프로그램 추진절차 개요가 제시되어 있다.

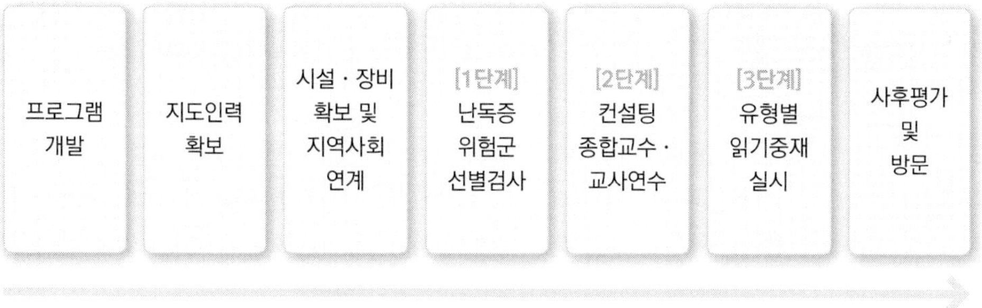

[그림 1] 난독증 · 읽기중재 프로그램 추진절차 개요

1) 지도인력 확보

지도인력은 참여대상자 지도를 한 경력이 있거나 관련 학위가 있는 강사로 구성한다. 예를 들면, 서울대학교 특수교육연구소에서 실시하고 있는 새라배움 프로그램(난독증 및 기본 학력 보장)에서는 특수교육 · 교육상담 전공 박사과정 및 석사과정 학생, 교육학 · 상담 전공자, 교원 및 관련 자격증 소유자를 지도인력으로 확보하였다.

2) 대상자 모집

대상자 모집은 크게 ① 공문안내, ② 전화안내 등으로 이루어질 수 있으며, 안내 대상은 학교, 지역아동센터 등으로 다양할 수 있다.

학교를 대상으로 할 경우 교육청 및 학교 담당자에게 공문으로 프로그램 내용 및 참여방법에 대한 안내를 할 수 있으며, 전화안내일 경우 인터넷으로 해당 지역의 지역아동센터와 같은 기관들을 찾아 직접 전화로 프로그램 내용 및 참여방법에 대한 안내를 제공한다. 다음의 내용은 실제 난독증 · 읽기부진 학생을 대상으로 실시한 프로그램에서 사용한 대상자 모집방법 예시이다.

⊙ 지역 선정

해당 지역의 사회적 배려 및 취약 계층을 포함한 지역학교들을 우선 표집하였다.

⊙ 초등학교 모집

프로그램 연구원들이 직접 기초학력 향상 사업에 관심이 있는 해당 지역 초등학교들의 기초학력 부진 담당자들을 대상으로 사업 소개에 관한 전화안내를 한 뒤 프로그램 안내 및 협조공문을 발송하였으며, 참여 의사를 밝힌 해당 학교의 선별검사지 수요 조사를 하여 선별검사 안내지 및 참여동의서와 함께 선별검사지를 발송하였다. 교사들이 직접 선별검사를 실시하여 연구소로 회신하였다. 이후 연구원들이 채점을 실시한 뒤 성적표를 발송하였다.

⊙ 지역아동센터 모집

프로그램 연구원들이 직접 해당 지역에 소재하는 지역아동센터에 전화안내를 실시하였다. 관심을 보이는 지역아동센터에 선별검사지 수요 조사를 하여 선별검사안내지 및 참여동의서와 함께 선별검사지를 발송하였다. 담당 교사가 직접 선별검사를 실시하여 연구소로 회신하였다. 이후 연구원들이 채점을 실시한 뒤 성적표를 발송하였다.

3) 시설 및 장비 확보

선별검사, 진전도 검사, 사후검사에 사용될 검사도구와 수업교구를 준비하고, 해당 프로그램을 담당하는 장소에서 보관하여 관리한다. 다음의 내용은 실제 난독증 · 읽기부진 학생을 대상으로 실시한 프로그램에서 사용한 시설 및 장비 확보방법 예시이다.

⊙ 검사도구

선별검사, 세부검사, 진전도 검사, 사후검사를 위한 검사도구를 학생 수대로 구입하여 강사들에게 배부하였다.

⊙ 선별검사 장소

학교의 경우 일반 수업시간에 학급단위 집단검사로 실시하거나 또는 교사가 지명한 학생들이 개별로 교실에서 검사에 참여하였다.

⊙ 중재장소

학교의 경우 방과 후 교실에서 실시하였다. 방학기간 동안 학교 출입이 어려운 경우 지역아동센터 교실에서 실시하였다.

⊙ 중재 교재 및 재료

학생 및 강사 수만큼 중재 교재 및 재료를 강사들에게 배부하였다.

2. 프로그램 내용

참여대상기관들이 모집되면 참여대상자를 선별하여 기준에 해당하는 학생들을 중재대상자로 선정한다. 이후 사후관리를 통하여 이들을 지속적으로 관리한다. 이를 위한 절차는 [그림 2]와 같이 3단계로 구성되며 세부적인 절차는 다음과 같다.

[1단계]
읽기부진 선별검사 실시

- 학교 및 기관 내 학습장애 위험군, 난독증 학생을 선별하기 위한 전체 학생 대상 읽기 선별검사 실시
- 읽기 선별검사 안내 및 실시
  - 학습장애/난독증 선별검사(5분)
    *1~2학년: 교사 체크리스트
    *3~6학년: 학생 체크리스트
  - BASA 검사(약 40~50분)
    *빈칸채우기검사(2분): 1~6학년
    *어휘검사(15분): 3~6학년
    *읽기이해검사(15분): 3~6학년
- 검사 지침서 및 학생 성적표 제공

[2단계]
종합적인 읽기중재 및 학습 컨설팅

- 현장교사를 위한 난독증 · 학습부진 학습 컨설팅(교사 및 학부모 개별상담 진행)
- 난독증 전문강사 및 자문단으로 구성된 전문가 연수/워크숍 실시
- 1단계에서 선별된 난독증 위험군 학생 대상 종합적 읽기 전략 워크북 및 BASA 검사 제공
- 추가 개별검사 실시
  - 읽기유창성검사(1분)
  - 음운인식검사
  - 수학검사(10분)
  - 쓰기검사(3분)

[3단계]
난독증 및 읽기부진 유형별 집중중재

- 2단계 종합적인 읽기중재 및 학습 컨설팅에서 반응하지 않고, 개별검사 결과 난독증 위험군(상)인 학생
- 교사 및 학부모의 지명에 의하거나 이미 난독증으로 진단받아 읽기에 어려움이 큰 학생
- 유형별 집중중재 제공
  - 음운인식, 유창성, 어휘, 이해
  - 난서증 및 난산증 공존
- 전문강사의 개별화 교육지도
- 프로그램 종료 후 사후관리 및 지역사회 연계 방안 제공

선별검사 결과 하위 15% 학생

개별검사 결과 고위험군/교사 지명

[그림 2] RTI 3단계 교육적 중재과정

1) 1단계: 읽기부진 선별검사 실시

(1) 절차

대상자 모집절차를 통해 참여 의사를 나타낸 기관에 선별검사 실시대상 학생 수를 문의하여 선별검사지를 발송한다. 이때 선별검사는 기관 담당교사가 직접 실시하며, 검사가 완료된 검사지를 프로그램 운영기관에 회신한다. 이후 운영기관에서 채점이 이루어지며, 영역별 하위 15% 이하 학생들을 선별한다.

1차 선별운영 절차	세부내용
참여기관 모집	• 지역의 지역아동센터, 초등학교에서 참여 의사를 밝힌 기관에 세부내용을 이메일 및 공문으로 발송
선별검사지 발송	• 담당교사에 의해 의뢰된 학생들을 대상으로 1차 선별검사 실시 • 선별검사지 우편 발송
선별검사지 회신	• 검사 완료 후 회신
채점	• 채점 결과에 따라 규준 확인 • 영역별 검사 결과에서 하위 15% 이하인 학생을 확인하여 참여대상자 선정 • 중재 영역 결정
성적표 작성	• 기관별 성적표 작성

[그림 3] 1차 선별 세부절차

(2) 1차 선별검사도구

1차 선별을 의뢰한 기관에 발송하여 전체적으로 시행하는 검사도구는 집단검사도구로서 BASA 읽기검사, 쓰기검사, 수학검사 등이 있다. 〈표 1〉에 집단검사로 실시될 수 있는 검사들이 소개되어 있다. 선별검사도구는 중재 목표에 따라 한 가지 이상을 활용할 수도 있다. 이 책에 소개된 사례들에서도 해당 학생별로 선별검사도구를 다양하게 활용하였다.

〈표 1〉 1단계 학생 대상 선별검사도구 예시[1]

검사도구명		검사도구 설명
BASA 읽기검사 시리즈	빈칸 채우기검사	• 읽기자료의 빈칸에 알맞은 단어를 찾는 검사로서 속도제한(3분)을 두어 읽기속도와 읽기이해를 측정
	어휘검사	• 명시적 정의, 어휘와 함께 제시되는 상황적 맥락, 형태소 분석능력을 토대로 학생이 가지고 있는 어휘 수준을 측정 • 42문항(15분)으로 구성

	읽기이해검사	• 사실적 이해, 추론적 이해, 함축적 이해를 묻는 문항으로 구성되어 있어 학생의 읽기이해 수준을 측정 • 20~30문항(15분)으로 구성
	쓰기검사	• 쓰기문제를 가진 학생을 지도하기 위하여 현재 수행 수준을 정량적 · 정성적으로 평가하여 쓰기능력 발달과 성장을 측정
학습장애 선별검사 (LDST)		• 학습장애로 인해 학교에서 학습하고 적응하는 데 어려움이 있는지 점검하기 위한 검사 • 수용언어, 표현언어, 수학, 주의집중 및 조직화, 사회성 영역으로 나뉘며 학생 자가진단 26문항, 교사관찰 척도 25문항으로 구성
BASA 수학검사 시리즈		• 연산에 어려움을 겪는 학생들을 점검하기 위한 검사 • 1, 2, 3학년의 교과서와 익힘책 수준의 문항 구성 • I, II, III, 통합단계로 구성

2) 2단계: 종합적인 읽기중재 및 학습 컨설팅

(1) 기관 방문 컨설팅 및 세부검사 실시

현장교사를 위한 컨설팅이 이루어진다. 이를 위하여 1차 선별검사 결과 하위 15% 이하인 학생들이 확인된 기관을 방문하여 성적표에 대한 설명을 듣고, 그들의 강점과 약점에 대해 논의하며, 향후 지도방향에 대한 정보를 공유한다.

이때 1차 선별검사 결과 하위 15% 이하인 학생들을 대상으로 세부검사를 진행한다. 세부검사로는 영역별로 난이도가 세부적으로 나뉜 검사들을 실시하며 검사 형태로는 1:1 개별검사가 이루어진다. 필요시 주의력결핍 과잉행동장애(ADHD) 검사를 실시하도록 한

1) 다음은 〈표 1〉과 〈표 2〉에 제시된 검사도구들이다.
김동일(2008). BASA:R 기초학습기능 수행평가체제: 읽기. 서울: 학지사.
김동일(2008). BASA:RC 기초학습기능 수행평가체제: 읽기이해. 서울: 학지사.
김동일(2008). BASA:WE 기초학습기능 수행평가체제: 쓰기. 서울 학지사.
김동일(2011). BASA:EL 기초학습기능 수행평가체제: 초기문해. 서울: 학지사.
김동일(2011). BASA:EN 기초학습기능 수행평가체제: 초기수학. 서울: 학지사.
김동일(2012). BASA:M 기초학습기능 수행평가체제: 수학. 서울: 학지사.
김동일(2012). LDST 학습장애 선별검사-초등용. 서울: 학지사.
김동일(2019). BASA:V 기초학습기능 수행평가체제: 어휘. 서울: 학지사.

다. 〈표 2〉에 제시된 검사들은 2단계에서 실시한 검사들의 예시이다.

〈표 2〉 세부검사 내용 및 실시방법[1]

검사	대상	내용	시간	실시방법
BASA 초기문해검사 (음운인식)	만 4세 이상	음운인식, 음운적 작업기억, 음운적 정보회상, 단어인지, 읽기유창성 검사	10분	개별검사
BASA 초기수학검사	초등학교 1학년 이상	수감각 등	1분	개별검사
BASA 수학 문장제 검사	초등학교 3학년 이상	20문항	10분	개별검사, 집단검사
BASA 읽기유창성검사	초등학교 1학년 이상	3개 지문 각각 1분간 읽기	3분	개별검사, 집단검사

(2) 전문가 연수 및 워크숍 실시

학생들의 학업적인 어려움에 대한 현장 전문가들의 이해를 높이고자 관련 실무자, 전문가, 교사 등을 대상으로 연수 및 워크숍을 실시한다. 그 예로, 서울대학교 특수교육연구소에서는 영역별 학생들의 특성 및 지도방법에 대한 워크숍을 진행하였으며, 〈표 3〉은 전문가 대상 워크숍의 내용 예시이다.

〈표 3〉 워크숍 예시

주제	전문 프로그램 워크숍
일시	○○○○년 ○월 ○일
장소	워크숍 장소
발표 내용	• 난독증, 학습장애, 기초학습부진 지원: BASA • BASA 영역별 검사 실습 및 중재 사례 1 • BASA 영역별 검사 실습 및 중재 사례 2 • 컨설팅(학습전략 및 중재)

〈표 4〉 워크숍 행사 예시(서울대학교 특수교육연구소)

<table>
<tr><td>2016</td><td>
</td><td></td></tr>
<tr><td>2017</td><td>
</td><td></td></tr>
<tr><td>2018</td><td>
</td><td>
</td></tr>
</table>

3) 3단계: 난독증 및 읽기부진 유형별 집중중재

(1) 대상자

2단계의 종합적인 읽기중재 및 학습 컨설팅에서 반응하지 않고, 개별검사 결과 위험군(상)인 학생, 교사 및 학부모가 지명한 학생, 진단명이 있는 학생들을 대상으로 3단계 집중중재 프로그램을 제공한다.

(2) 유형별 집중중재 제공

① 영역별 집중중재

집중중재 프로그램은 음운인식, 읽기유창성, 어휘, 읽기이해, 쓰기, 초기수학, 수학 연산, 수학 문장제 등으로 구분할 수 있다. 중재 영역은 선별검사와 세부검사 결과 및 담당교사의 면담을 통해 결정하고 해당 학생의 필요에 따라 1개 영역 이상(예: 유창성 및 읽기이해)을 제공한다. 이 책에서도 주요 영역 이외에 추가 영역을 제공하여 해당 학생의 읽기능력을 종합적으로 향상시키고자 하였다.

② 수업 형태

개별화 중재는 중재자와 학생 1:1 또는 1:2로 진행되지만 1:1 중재를 지향한다.

③ 일정

중재시간은 1회기당 최대 50~60분이며, 읽기중재는 BASA 형성평가에 근거하여 증거기반 교수를 제공하는 것을 원칙으로 한다. 또한 중재 횟수는 평균 15회기로, 주 1회 이상 실시하되 반드시 진전도 검사를 3회 이상 실시하여 검사 결과를 토대로 최소 3회 이상 중재에 반응하지 않고 하향선을 그릴 경우 다른 중재를 조정하도록 한다. 3단계 중재까지 모두 제공된 후, 각 학생들은 선별검사와 동일한 사후검사를 받도록 한다. 총 3회 이상의 진전도 검사 결과와 사전(선별검사)-사후 검사 결과를 모두 종합하여 해당 학생이 의학적 진단을 요구하는 난독증인지를 판단한다. [그림 4]는 3단계 집중중재 흐름도의 예시이다.

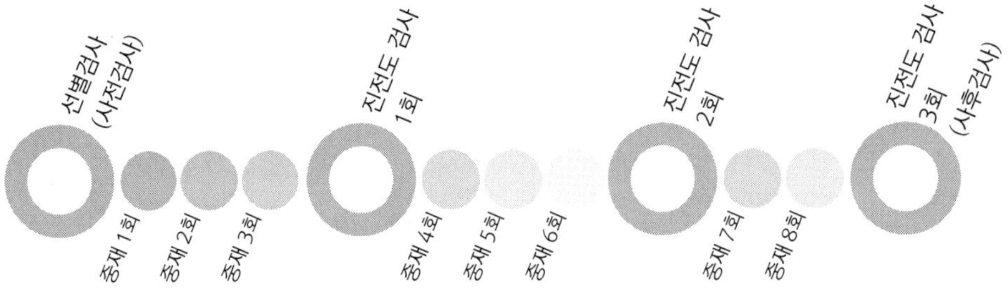

[그림 4] 집중중재 흐름도 예시

④ 진전도

진전도 검사는 일정한 간격으로 수업 시작 혹은 종료 전에 실시한다. 선별검사(사전검사)를 실시하고, 다음으로 중재 1, 2, 3회를 진행하며, 중재 3회 종료 전 혹은 중재 4회 시작 전에 진전도 검사 1회를 실시할 수 있다. 다음으로, 중재 4, 5, 6회를 진행하고, 중재 6회 종료 전 혹은 중재 7회 시작 전에 진전도 검사 2회를 실시할 수 있다. 마지막으로, 중재 7, 8회를 진행하고, 중재 8회 종료 전에 진전도 검사 3회(사후검사)를 실시할 수 있다. 이때 진전도 검사 3회(사후검사)에서는 선별검사(사전검사)에서 실시한 검사, 즉 학습장애 선별검사, 빈칸채우기검사, 어휘검사, 읽기이해검사를 모두 실시한다.

〈표 5〉 진전도 검사의 내용 및 실시방법 예시

<table>
<tr><th>검사</th><th>대상</th><th colspan="2">형성평가 구성</th><th>시간</th><th>실시방법</th></tr>
<tr><td rowspan="4">BASA
초기문해검사
(음운인식)</td><td rowspan="4">만 4세 이상</td><td rowspan="4">음운인식
능력검사
1~9회</td><td>변별검사</td><td rowspan="4">약 10분</td><td rowspan="4">개별검사</td></tr>
<tr><td>탈락검사</td></tr>
<tr><td>합성검사</td></tr>
<tr><td>대치검사</td></tr>
<tr><td rowspan="4">BASA
읽기검사</td><td rowspan="4">초등학교
1학년 이상</td><td rowspan="4">읽기자료
21개</td><td>옹고집 이야기</td><td rowspan="4">각 1분
(3분)</td><td rowspan="4">개별검사</td></tr>
<tr><td>가장 용감한 사람</td></tr>
<tr><td>재롱이와 야롱이</td></tr>
<tr><td>기타</td></tr>
</table>

BASA 빈칸채우기검사	초등학교 1학년 이상	읽기자료 4개	남자와 여자	3분	개별검사, 집단검사
			왕이 낸 수수께끼		
			기태의 색연필		
			이상한 경주		
BASA 어휘검사	초등학교 3, 4, 5, 6학년	어휘검사 3회	단어 뜻 찾기	15분	개별검사, 집단검사
			반의어		
			동음이의어와 다의어		
			기타		
BASA 읽기이해검사	초등학교 3, 4, 5, 6학년	읽기이해검사 3회	사실적 이해	15분	개별검사, 집단검사
			추론적 이해		
			평가적 이해		

⑤ 수업자료

교재는 학습자의 특정 중재 영역에 해당하는 자료를 사용한다. 3단계 집중중재 프로그램에서는『읽기 나침반』(김동일, 2017),『수학 나침반』(김동일, 2020),『쓰기 나침반』(김동일, 2020)으로 구성된 나침반 시리즈를 영역별로 사용하며, 필요시 단어카드, 글자퍼즐 등을 사용하여 학생이 효과적이고 재미있게 수업에 참여하도록 하였다. 매 회기의 중재는 강의일지에 기록하여 다음 중재를 준비하는 데 참고하고 학생의 강점을 강화하고 약점을 보완할 수 있는 프로그램으로 구성하였다.

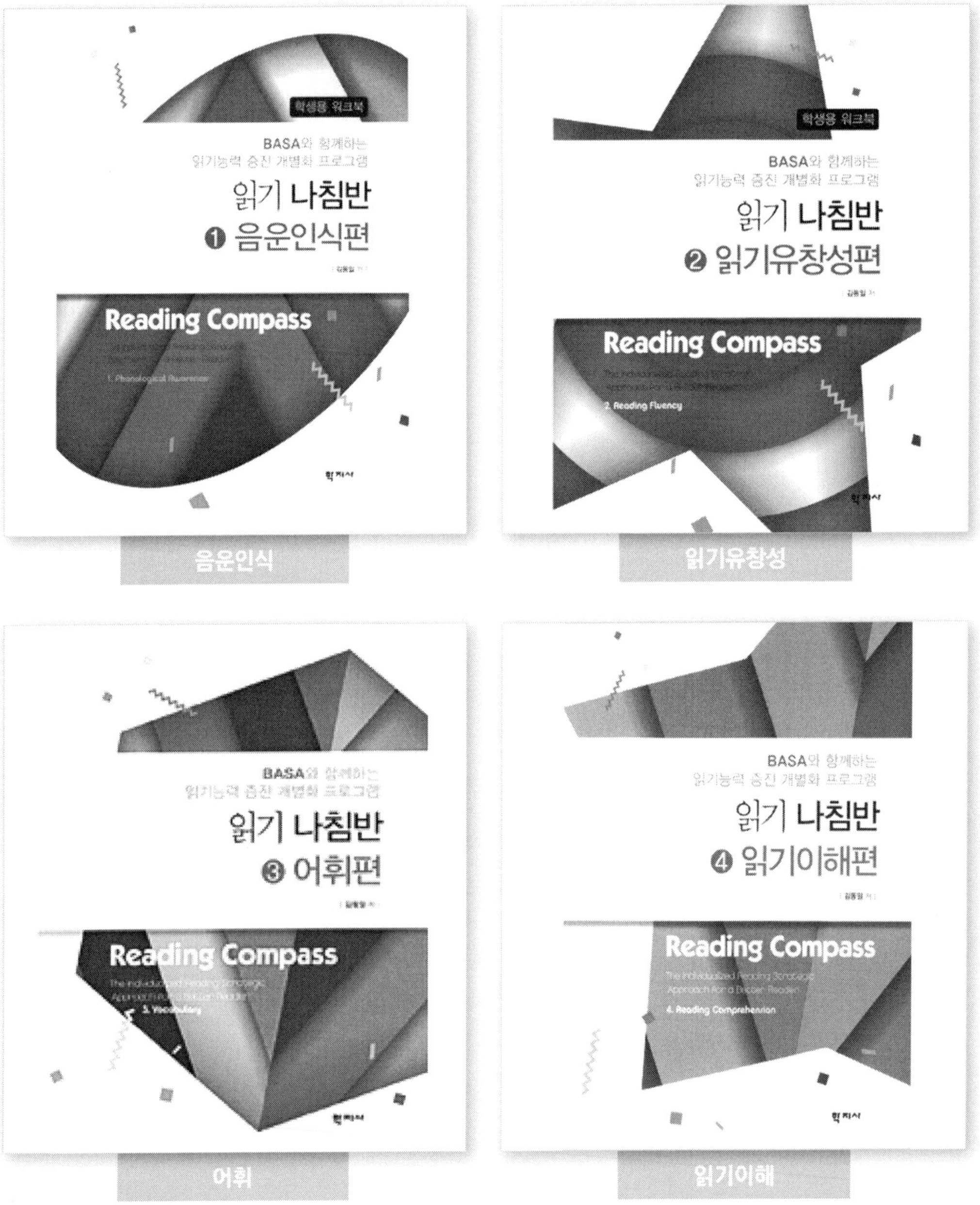

[그림 5] BASA와 함께하는 읽기능력 증진 개별화 프로그램(나침반 시리즈: 읽기)

출처: 김동일(2017).

초기수학(수감각)

수학 연산

수학 연산

수학 문장제

[그림 6] BASA와 함께하는 수학능력 증진 개별화 프로그램(나침반 시리즈: 수학)

출처: 김동일(2020).

[그림 7] BASA와 함께하는 쓰기능력 증진 개별화 프로그램(나침반 시리즈: 쓰기)

출처: 김동일(2020).

3. 사후관리

1) 사후검사

프로그램 종료일에 사전검사와 동일한 사후검사를 실시하여 프로그램의 효과성을 확인하였다. 또한 사전검사, 진전도 검사, 사후검사 점수와 이에 따른 그래프와 해석, 향후 지도방향 내용이 들어간 성적표를 작성하여 기관에 발송하도록 하였다. 또한 담당교사에게 학생의 추수지도 관리 및 방법을 제공하여 학생이 프로그램 종료 후에도 도움을 받을 수 있도록 하였다.

2) 만족도 조사

프로그램의 마지막 회기에는 만족도 조사를 실시한다. 다음은 만족도 조사지의 예시이다.

아동/청소년용

본 설문은 프로그램 대상자의 의견을 수합하기 위하여 제작되었습니다. 귀하의 생각을 솔직하고 빠짐없이 응답해 주시기 바랍니다. 해당하는 번호에 ✓ 표시를 하거나 빈칸을 채워 주십시오.

년 월 일

■ 일반적인 정보

1	성별	① 남자	② 여자	
2	초등학교	① 1학년 ④ 4학년	② 2학년 ⑤ 5학년	③ 3학년 ⑥ 6학년
	중학교	① 1학년	② 2학년	③ 3학년
3	소속 학교 또는 기관			

■ 프로그램 만족도

	문항	전혀 그렇지 않다	그렇지 않다	보통이다	그렇다	매우 그렇다
1	전반적인 수업의 분위기나 흐름이 편안하고 자연스러웠다.	①	②	③	④	⑤
2	수업 활동이 재미있고 유익하였다.	①	②	③	④	⑤
3	선생님의 수업에 대한 설명을 이해할 수 있었다.	①	②	③	④	⑤
4	수업을 통해 이전에 몰랐던 단어의 뜻을 알게 되었다.	①	②	③	④	⑤
5	수업을 통해 전보다 글을 소리 내어 정확히 읽을 수 있게 되었다.	①	②	③	④	⑤
6	수업을 통해 짧은 글을 읽고 이해할 수 있게 되었다.	①	②	③	④	⑤
7	나의 읽기 능력을 높이는 데 수업이 도움이 되었다.	①	②	③	④	⑤

8	글을 읽을 때 수업 때 배운 읽기 방법을 사용할 것이다.	①	②	③	④	⑤
9	수업을 통해 읽는 것에 흥미와 자신감이 생겼다.	①	②	③	④	⑤
10	친구에게 내가 배운 읽기 방법을 추천할 것이다.	①	②	③	④	⑤

■ 기타 의견

1. 이번 수업 중 제일 인상 깊었던 수업은 무엇이었나요? 그리고 그 이유는 무엇인가요?
   1순위: ____________________ 2순위: ____________________
   이 유:
   ____

2. 이번 수업 중 제일 아쉬웠던 점은 무엇이었나요? 그리고 그 이유는 무엇인가요?
   1순위: ____________________ 2순위: ____________________
   이 유:
   ____

3. 이번 프로그램을 통하여 변화한 점이 있다면 무엇인지 적어 주세요.
   ____

– 감사합니다 –

교사용

본 설문은 프로그램 대상자의 의견을 수합하기 위하여 제작되었습니다. 귀하의 생각을 솔직하고 빠짐없이 응답해 주시기 바랍니다. 해당하는 번호에 ✓ 표시를 하거나 빈칸을 채워 주십시오.

년 월 일

■ 일반적인 정보

1	성별	① 남자 ② 여자
2	연령	① 20대 ② 30대 ③ 40대 ④ 50대 ⑤ 60대 이상
3	경력	① 2년 미만 ② 2~5년 미만 ③ 5~10년 미만 ④ 10년 이상
4	장애학생 지도 경험	① 유 ② 무

■ 프로그램 만족도

문항		전혀 그렇지 않다	그렇지 않다	보통이다	그렇다	매우 그렇다
1	프로그램 내용에 대하여 전반적으로 만족하십니까?	①	②	③	④	⑤
2	프로그램은 학생의 읽기 수준에 맞추어 지도가 이루어졌다고 생각하십니까?	①	②	③	④	⑤
3	프로그램을 진행하는 교사가 수업 중에 칭찬과 격려를 많이 해 주었다고 생각하십니까?	①	②	③	④	⑤
4	프로그램은 학습내용에 맞는 적절한 학습자료를 활용하였다고 생각하십니까?	①	②	③	④	⑤
5	프로그램을 진행하는 교사가 학생이 흥미를 갖고 적극적으로 수업에 참여할 수 있도록 노력하였다고 생각하십니까?	①	②	③	④	⑤
6	학생의 읽기 수준과 학습내용에 적합한 평가가 이루어졌다고 생각하십니까?	①	②	③	④	⑤
7	프로그램을 통하여 학생의 학업적인 영역뿐만 아니라 정서 및 행동적인 영역에서도 변화가 일어났다고 생각하십니까?	①	②	③	④	⑤

8	프로그램과 관련하여 교사로부터 프로그램 소개 및 활용(학생의 수준, 학습내용, 진전도 등)에 대한 정보들을 충분히 제공 받았다고 생각하십니까?	①	②	③	④	⑤
9	프로그램을 통하여 학생의 읽기능력이 향상되었다고 생각하십니까?	①	②	③	④	⑤

■ 기타 의견

1. 프로그램을 통하여 학생이 변화한 점이 있다면 무엇인지 적어 주세요.

____

2. 프로그램에 대하여 기타 의견이 있으시면 적어 주세요.

____

— 감사합니다 —

3) 성적표

프로그램이 종료된 후에는 성적표를 작성한다. 성적표는 선별검사 결과, 프로그램(일정) 안내, 진전도 검사 결과, 프로그램 사전-사후 검사 결과 비교, 향후 지도방향으로 구성된다.

1. 선별검사 결과

1) 일시: 2017년 5월

학년	이름	학습장애 선별검사		BASA 읽기 (빈칸채우기검사)		BASA 읽기 (읽기유창성검사)	
		총점	분류	원점수	백분위 점수	원점수	백분위 점수
1	박지연 (가명)	64	고위험군	1	60	77	15

■ 검사 안내

- 학습장애 선별검사(LDST; 김동일): 학습의 어려움이나 학습 적응상의 어려움이 있는지 점검하는 것으로, 1~2학년의 경우 교사관찰로, 3~6학년 학생의 경우 체크리스트 검사로 진행된다.
- BASA 읽기(빈칸채우기검사): 읽기자료의 빈칸에 알맞은 단어를 찾는 검사로서 속도제한(3분)을 두어 읽기속도와 읽기이해를 측정한다.
- BASA 읽기(읽기유창성검사): 주어진 시간(1분) 내에 얼마나 많은 글자를 정확히 읽는가를 측정하기 위한 검사로서 정확성과 속도를 동시에 측정한다.

■ 선별검사 결과

본 학생은 학습장애 선별검사 결과 고위험군에 해당하며, 읽기이해를 측정하는 빈칸채우기검사와 유창하게 읽을 수 있는지를 확인하는 읽기유창성검사 결과는 백분위 점수에서 25 이하로 학년 수준보다 낮은 편에 속합니다. 읽기이해검사인 빈칸채우기검사에서는 원점수 1, 백분위 점수 60으로 나오지만 이는 추측에 의한 점수 획득으로 볼 수 있습니다. 이와 같은 경우 읽기유창성검사 결과를 참조하는 것이 바람직합니다. 따라서 본 학생은 읽기 기초 기능에 초점을 맞추어 '소리 내어 유창하게 읽는 읽기유창성 향상'을 목표로 프로그램을 진행하였습니다.

2. 프로그램

1) 일정

6월 8일(목요일)~9월 21일(목요일), 총 15회

2) 프로그램 내용

소리 내어 유창하게 읽는 읽기유창성을 향상하는 것을 목표로 하여 15주간 다양한 이야기 전래동화, 주장글, 설명문, 기사글 등 다양한 글감을 소리 내어 읽어 보고, 의성어, 의태어, 반대말 게임 등을 통해 어휘학습을 하였습니다. 읽기 속도를 빠르게 하기 위해 익숙한 단어의 양을 늘릴 수 있도록 어휘학습을 함께 진행하였습니다.

3. 진전도 검사 결과

검사	1회	2회	3회
읽기유창성검사	71	85	104

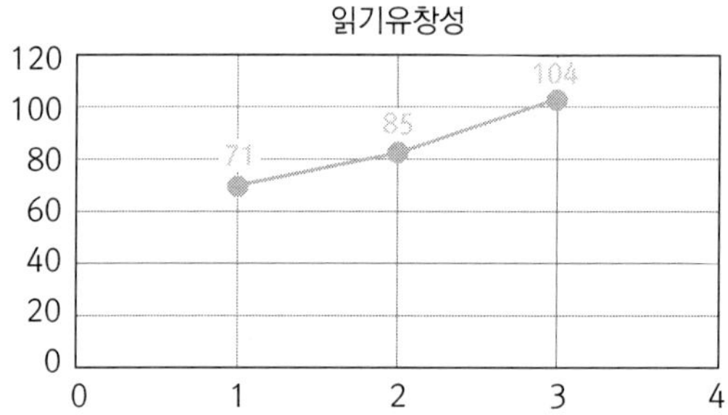

4. 프로그램 사전-사후 검사 결과 비교

검사	사전검사 원점수(백분위)	사후검사 원점수(백분위)
학습장애 선별검사	64(고위험군)	43(고위험군)
읽기유창성검사	77(15)	109(15)

15회기 프로그램을 통하여 본 학생의 읽기유창성검사는 처음 사전검사보다 사후검사 결과에서 향상을 보였습니다. 그러나 1학년 학생들의 평균 월 진전도를 고려할 때 15주 뒤 약 30글자를 더 읽은 것이 큰 향상은 아닌 것으로 보입니다. 따라서 본 학생은 지속적인 읽기유창성 및 한글 읽기 수업을 필요로 합니다. 다만, 학습장애 선별검사에서는 사후검사에서도 고위험군으로 나타나 난독증이 의심되나, 43점으로 점수가 많이 낮아져서 지속적인 지도 후 재평가를 해 보는 것이 필요합니다.

5. 향후 지도방향

프로그램 15회기 이후 본 학생은 여전히 한글을 정확하게 소리 내어 읽는 데 어려움을 보이고 있습니다. 또한 다소 자신감이 부족하고, 표현을 함에 있어서 부끄러움이 많아 자신감을 향상시키기 위한 노력이 필요합니다. 방학을 활용하여 학교, 센터, 집에서 꾸준히 다양한 책 읽기를 함으로써 다양한 읽기자료를 경험하고 소리 내어 읽어 보는 연습을 빠르게 해 보는 것이 필요합니다. 필요시 지속적인 음운인식 및 한글 읽기 집중 프로그램을 해 보는 것도 도움이 됩니다.

제 1 장

초기문해

1. 초기문해 대표 사례 보고서

(1) 성별

① 남(✓)　　② 여

(2) 학년

6학년

(3) 중재 사유

해당 학생은 학년에 맞는 수업에 참여하기 불가능할 만큼 한글 읽기에 매우 큰 어려움을 보이고 있다. 이 초등학교에서 가장 먼저 난독증 증상으로 의뢰된 학생이다.

(4) 일반적 특성

① 학습

학부모 의견에 따르면 1학년 때부터 한글 읽기를 어려워하였고 지금도 전반적인 읽기를 매우 어려워하여 거의 모든 수업에 참여하지 못하고 있다. 받침이 없는 음절을 매우 헷갈려 하며 '가' '나' '다' '라' '마' '바' 같은 기본자음 및 '아' '야' '어' '여'와 같은 모음은 순서를 외워서 읽을 수 있으나, 나열을 무작위로 재배치하면('도' '카' '러') 다시 읽기를 헷갈려 하는 수준으로 모든 글씨를 그림 그리듯이 쓰고 있다. 난독증 진단 학생으로서 현재 한글 읽기 수준이 매우 낮은 편이다. 시각적인 글자의 형태를 많이 헷갈려 하는 점이 발견된다(예: ㅋ, ㅌ, ㅍ). 생활 전반에서 보이는 이해력은 보통 수준이고 구어체 어휘는 또래만큼 풍부한 편이다.

② 정서 및 행동

전반적으로 매우 활발하고 적극적인 성격을 갖고 있으며 손으로 조작하는 활동을 좋아한다. 예체능을 제외하고 집중력이 많이 떨어지며 학습된 무기력이 크고 자신감이 낮다.

조금만 어려우면 "몰라요." "싫어요."라는 말을 자주 하는 편이나 강화물과 칭찬에는 종종 긍정적으로 반응하며 노력하는 모습을 보인다. 부모님과 있을 때는 떼를 쓰거나 장난감을 사 달라고 우는 모습을 보이고 또래에 비해 정서 성숙도가 낮은 편이다.

③ 사회성

친구들 및 교사와 이야기를 잘하며, 자신이 좋아하는 것을 소개하는 등 의사표현에 적극적이지만 대화를 일방적으로 하는 편이다. 보통 방과 후에 운동장에서 혼자 놀 때가 많다.

④ 가정배경

어머니와 함께 일주일에 한 번씩 병원에서 학습치료를 한 경험이 있고, 과거에 산만하다는 이유로 ADHD 관련 약을 복용한 적도 있다. 부모님이 매우 바쁘신 편이고 하교 후 보통 방과 후 수업을 가거나 누나들과 시간을 보내거나 학교 운동장에서 혼자 시간을 보낸다.

(5) 사전검사 결과

학년	이름	학습장애 선별검사		초기문해검사	
		총점	분류	원점수	백분위 점수
6	박석구(가명)	59	고위험군	20/46	–

해당 학생은 학습장애 선별검사 결과 고위험군에 해당하며, 한글 읽기의 기초가 되는 음운인식을 측정하는 음운인식검사 결과 및 담임교사의 평가로 볼 때 현재 초등학교 1학년 수준에도 미치지 못한다. 따라서 집중적이고 개별화된 1:1 중재가 요청된다.

(6) 중재 목표

① 장기 목표(총 13회기)

- 음운인식 학습을 통해 쌍자음+기본모음의 음절, 미끌모음, 이중모음 조합으로 읽을 수 있다.
- 기본 자·모음을 듣고 스스로 80% 이상의 정확성을 갖고 쓸 수 있다.

• 기본받침이 포함된 음절을 50% 이상의 정확성을 갖고 읽고 쓸 수 있다.

② 단기 목표(단계별 제시하기)

• 헷갈려 하는 자음(ㅋ, ㅌ, ㅍ, ㅎ) 소리를 읽고 쓸 수 있다.

• 미끌모음(ㅑ, ㅕ, ㅛ, ㅠ)을 읽고 자음과 같이 쓸 수 있다.

• 작업기억능력과 듣기이해력 향상을 위해 저학년 동화책을 듣고 내용을 요약하거나 후속 내용을 추론할 수 있다.

• 자석이나 글자카드로 음절을 만들고 낱말을 이루는 음절들의 집합으로 나열할 수 있다.

(7) 중재 프로그램

회기	중재내용	중재방법 및 중재자료
1	• 첫 수업, 라포 형성, 이번 수업 동안 기대하는 부분 및 학교에서 힘든 점, 6학년이 되고 난 후 소감 공유 • BASA 초기문해(음운인식)검사 실시 • 기본 자·모음, 쌍자음, 미끌모음, 이중모음을 포함한 받아쓰기(음운인식 추가검사 자료) • 교과서 전래동화 1편을 교사와 읽으면서 아는 음절 손으로 짚어 보고 낭독해 보기	ㅇ 강화물 계획지 ㅇ 스케치북 ㅇ BASA 초기문해검사 ㅇ 전래동화책
2	• 기본자음 중 'ㅋ, ㅌ, ㅍ, ㅎ' 복습 및 소리와 매칭해서 쓰기 연습 • 기본모음 'ㅏ, ㅓ, ㅗ, ㅜ, ㅡ, ㅣ' 복습 • 헷갈려 하는 'ㅡ, ㅣ'에 맞추어 'ㅋ, ㅌ, ㅍ, ㅎ'을 삽입하고 읽기 및 쓰기 연습 • 모든 기본자음과 기본모음의 조합으로 이루어진 두 음절 단위 낱말 읽고 찾기 • 음소/음절 카드로 복습	ㅇ 국어 교과서 ㅇ『읽기 나침반 ① 음운인식편』 ㅇ 강화물 ㅇ 글자카드

3	• 지난주 학습한 모음 'ㅡ, ㅣ'에 맞추어 'ㅋ, ㅌ, ㅍ, ㅎ'을 삽입하고 읽기 및 쓰기 연습 • 자 · 모음 과제 복습(교재 p. 10, 12) • 글자카드를 조작해서 세 음절로 이루어진 낱말 형성해 보기(하수구, 그치다) • 틀린 음절 및 음소 구분 지었다가 쓰기 연습 • 이야기 퍼즐(전래동화 〈방귀이야기〉)을 듣고 스토리에 따라 퍼즐로 맞추기 • 수업 중에 힘든 부분 및 즐거웠던 점 공유	ㅇ『읽기 나침반 ① 음운인식편』 ㅇ 글자카드 ㅇ 스케치북 ㅇ 강화물 ㅇ 퍼즐
4	• 자 · 모음 과제 복습(교재 p. 10, 12) • 글자카드를 조작해서 틀린 음절 반복 학습 • 틀린 음절 쓰기 연습 • 자주 헷갈리는 자 · 모음 칠판에 받아쓰기 (ㅡ, ㅣ, ㅋ, ㅌ, ㅍ, ㅎ) • 수업 중에 힘든 부분 및 즐거웠던 점 공유 • 형성평가 실시	ㅇ BASA 초기문해검사 ㅇ『읽기 나침반 ① 음운인식편』 ㅇ 강화물
5	• 'ㅏ → ㅐ, ㅓ → ㅔ' 이중모음 전이 과정 쓰기 연습 • 소리 내서 크게 읽고 글자 형태 변동의 차이를 눈으로 익히기 • 글자카드 오려서 붙여 보기 • 교사의 도움을 받아 무의미 단어/의미 단어 스스로 생각대로 만들어 보기(개미, 애기, 제기, 해, 태)	ㅇ『읽기 나침반 ① 음운인식편』 ㅇ 글자카드 ㅇ 강화물
6	• 'ㅏ, ㅐ, ㅓ, ㅔ' 이중모음 복습훈련 • 소리 내어 읽고 교사가 적은 단어를 큰 소리로 읽기(해태, 고체, 재채기) • 'ㅏ, ㅑ, ㅓ, ㅕ' 미끌모음 음운의 변화를 관찰하고 큰 소리로 읽기 • BASA 음운인식 진전도 검사 형성평가	ㅇ『읽기 나침반 ① 음운인식편』 ㅇ 글자자석 ㅇ 강화물
7	• 'ㅏ, ㅑ, ㅓ, ㅕ' 음운의 변화를 관찰하고 큰 소리로 읽기 (복습) • 교사가 적은 단어를 책을 보고 맞추어 읽기(화이트보드; 교재 p. 20) • 어려워하는 자음 'ㅋ, ㅌ, ㅍ, ㅎ'을 삽입하여 읽어 보기 ('ㅚ, ㅘ, ㅚ, ㅙ, ㅗ, ㅟ, ㅞ' 이중모음은 너무 시각적으로 헷갈려 하여 현 학습에서 제외하기로 결정)	ㅇ『읽기 나침반 ① 음운인식편』 ㅇ 글자카드 ㅇ 강화물 ㅇ 화이트보드

8	• 모든 자음과 기본모음 및 미끌모음 'ㅑ, ㅕ, ㅛ, ㅠ, ㅐ, ㅔ'를 포함한 음절 받아쓰기 • 읽기나침반 해당 부분 개별화 복습(교재 p. 83) • 한 음절 안에서 초성, 중성 합쳐 보기 • 한 음절을 초성, 중성으로 나누어 보기 • 진전도 평가	○『읽기 나침반 ① 음운인식편』 ○ 글자자석 ○ 글자카드 ○ 강화물
9	• 쌍자음 소개 및 기본자음에서 음운변동 학습(ㄱ → ㄲ, ㅅ → ㅆ, ㅈ → ㅉ) • 쌍자음+기본모음 큰 소리로 읽기 연습 • 쌍자음+미끌모음 소개(쑈, 껴) • 동화책에서 쌍자음과 미끌모음 찾아 동그라미 쳐 보기	○『읽기 나침반 ① 음운인식편』 ○ 글자카드 ○ 강화물 ○ 동화책
10	• BASA 음운인식 형성평가 실시 •『읽기 나침반 ① 음운인식편』 2단계 복습활동지 • 각 음절을 합치고 나누어 보며 쓰기. 두 음절을 붙여 단어를 읽어 보기(겨자, 휴지, 묘지, 야수, 효녀 등) • 교사가 화이트보드에 적은 쌍자음, 이중모음 리스트를 보고 교사가 읽는 단어를 찾아보기(짜다, 쓰다, 꼬끼오 등)	○『읽기 나침반 ① 음운인식편』 ○ 글자자석 ○ 강화물
11	• 기본받침 첫 소개. 교사 따라 읽기 • 'ㄱ, ㄴ, ㄹ, ㅁ, ㅂ, ㅇ, ㅎ' 받침을 쉽게 읽도록 초 · 중성 한 자리 음절에 끼워 보기(강, 종, 각, 납 등) • 단어카드로 조작해서 두 음절까지 만들기 • 교사가 화이트보드에 적은 두 음절 단어를 스피드게임으로 빨리 찾기	○『읽기 나침반 ① 음운인식편』 ○ 글자자석 ○ 강화물 ○ 스케치북 ○ 가위
12	• BASA 음운인식 형성평가 실시 • 초성+단모음+기본받침(ㄱ, ㄴ, ㄹ, ㅁ, ㅂ, ㅇ) 단어를 그림을 이용해 단어 채우기(교재 pp. 97-98) • 두 음절 쓰기가 가능하면 세 음절 쓰기로 학습 확장(기린, 구름, 사슴 → 자동차, 컴퓨터, 운동장) • 성공적으로 쓰면 그림을 모두 가리고 교사가 낭독하는 단어를 스스로 써 보기	○『읽기 나침반 ① 음운인식편』 ○ 글자카드 ○ 강화물

13	• 현재까지 학습된 초성+중성+종성으로 이루어진 두 음절을 빠르게 읽기(신호등, 사물함, 손가락, 유리컵) • 교사가 읽는 단어를 스스로 화이트보드에 쓰기 • 글자카드로 조작해서 점수 얻는 게임하기 • 빈칸 채우기 연습 이후 받아쓰기를 통해 학습 달성 여부 확인(영국, 결혼, 엽서, 색연필; 교재 p. 112) • BASA 초기문해 음운인식 사후검사	○『읽기 나침반 ① 음운인식편』 ○ BASA 초기문해검사 ○ 글자카드 ○ 강화물 ○ 노트북

(8) 중재 진전도 및 사후검사 결과와 종결 상태

① 진전도 검사 결과

검사	1회	2회	3회
초기문해검사	22	20	25

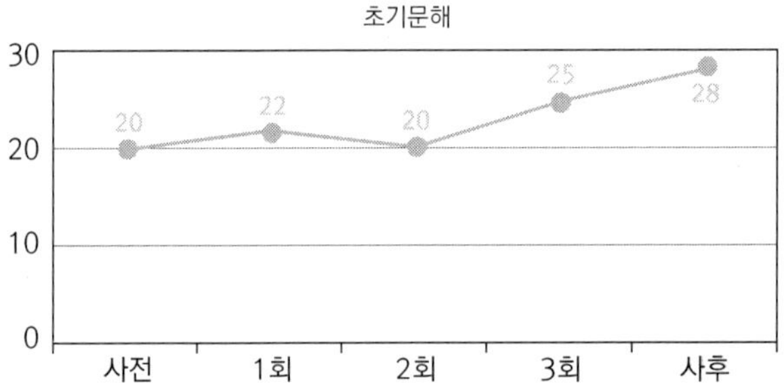

비교적 음절/음소 탈락이나 음절/음소 합성에서 점수가 높게 나왔다(음절/음소 대치나 음절/음소 변별은 어려워함). 학생의 음운인식능력은 처음 사전검사보다 사후검사에서 8점의 상승을 보였다. 전반적으로 학습했던 내용을 그다음 회기에 잊어버리기도 하고 어려움을 보였지만, 점차적으로 음소/음절 합성이 가능해졌고, 모양이 복잡해 보일 수 있는 이중모음의 형태보다는 기본받침으로 끝나는 종성이 있는 낱말을 비교적 더 쉽게 습득하는 모습을 보였다. 모양이 유독 비슷해 보이는 'ㅈ, ㅊ' 'ㅋ, ㅌ' 음소를 여전히 많이 헷갈려 하며, 'ㅐ, ㅔ' 'ㅕ, ㅑ' 모음도 비교적 어려워하는 모습이 발견되었다. 정서적인 면에서는 전반적으로 적극적인 모습이 보이나 학습이 조금만 어렵다고 느낄 때는 "몰라요."를 반복하며 바로 포기하고 장난감을 꺼내어 만지는 버릇이 있었다. 4학년 때보다는 성숙한 면도 관찰되나 학습된 무기력과 좌절을 많이 느낀다. 하지만 이러한 부분에서 부정적인 학습

에 대한 경험을 최소화해 주는 것 또한 교사의 역할이기 때문에 전반적으로 난이도를 상황에 따라 매우 조심스럽게 조정하였으며, 학생이 힘들어할 때마다 스케치북에 좋아하는 그림을 그리거나 퍼즐을 하다가 다시 학습을 이어 가거나, 아예 스피드 게임이나 음절/음소 메모리 게임 같은 신체적으로 활발한 활동으로 종종 대체하였다.

② 프로그램 사전-사후 검사 결과 비교

검사	사전검사 원점수	사후검사 원점수
초기문해검사	20	28

13회기 프로그램이 종료된 이후 학생의 음운인식능력의 향상 정도를 측정하였다. 그 결과 28점으로, 사전검사 점수인 20점에 비해 8점 상승한 것을 확인할 수 있었다.

(9) 제언

해당 학생은 난독증 증상을 보이며 한글 읽기능력이 현재 초등학교 1학년에도 못 미치는 수준으로 6학년 학교생활이 불가능할 만큼 읽기에 어려움을 겪고 있다. 학습된 무기력과 사춘기에 따라 나타나는 예민한 정서적인 부분에 맞추어 세심하게 접근해야 하는 사례이다. 이 학생에게는 글자해독과 쓰기가 상당히 어렵기 때문에 다양한 다감각 접근법을 활용한 매우 꾸준한 학습지도가 필요하다. 통합적인 음소, 음절 단위의 학습이 가능하나 읽기에 어려움을 많이 보이는 사례로서 파닉스에 기반한 학습(ㅅ+ㅗ+ㄱ='속')과 더불어 통글자에 기반한 학습(걱, 값, 땅)의 다양한 노력도 동시에 요구되는 현실이다. 매일 음절을 복습하고 새로운 단어나 패턴을 매우 천천히 늘려 가면서 학생이 너무 지루하지 않게 게임이나 신체적 활동을 포함하고, 학습의 난이도를 섬세하게 조절하면서 수업을 진행하여야 한다. 총 13회기의 중재가 끝날 무렵, 학생은 처음보다는 읽기에 더 관심을 보였다. 여전히 이 학생이 느끼는 무기력을 최대한 줄여 주고 자신감을 더 키워 줄 필요가 있으며, 학생이 힘들어하지 않는 수준에서 진행하는 1:1 집중중재 교수법이 매우 장기간 요구된다. 형태가 헷갈려 보이는 이중모음(ㅙ, ㅟ, ㅞ)은 글자카드로도 나열 자체가 매우 어려운 반면, 기본받침 종성의 형태는 덜 헷갈려 하는 모습이 관찰된바, 통합 파닉스에 기반한 교수법과 더불어 통글자 학습도 동시에 이루어져야 할 것이다.

참고 활동지 및 교구

차시	활용지 및 교구 예	
1~13	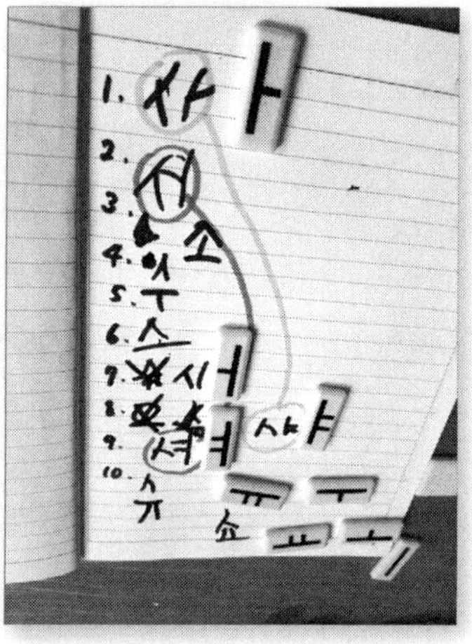   	ㅇ 직접교수 활동지 ㅇ『읽기 나침반 ① 음운인식편』 ㅇ 스스로 활동지 ㅇ 글자카드 ㅇ 스케치북 ㅇ BASA 초기문해검사

2. 초기문해 사례 보고서 I

(1) 성별

① 남(✓)　　　　　　　　　② 여

(2) 학년

1학년

(3) 중재 사유

해당 학생은 자음과 모음 인식능력이 부족하여 학급 수업내용을 따라가는 데 많은 어려움을 보이고 있다.

(4) 일반적 특성

① 학습

열심히 하고자 하며 수업 시 매우 열심히 집중하는 모습을 보였다. 그러나 기본적인 자음과 모음 인식부터 시작하여야 했다. 수업시간에는 빠른 흡수력을 보이며 수업내용을 잘 따라갔다. 그러나 집에서 숙제가 전혀 이루어지지 않고 있었다. 이에 일주일 후에 진행되는 중재 때는 지난 시간에 배웠던 내용들을 거의 기억하고 있지 못하고 있었다. 그리하여 진도가 매우 더디게 진행되었다.

② 정서 및 행동

수업 초기에는 매우 조용하며 학습에 있어서 자신 없는 모습을 보였다. 중반이 지나면서 학습 소리가 크고 글을 쓸 때 글자 크기가 커지는 등 점점 자신감 있는 모습을 보였다. 또한 초반에 교사에게 거의 아무런 말을 하지 않던 것과 비교하여 일상을 자유롭게 이야기하는 등 많이 편해진 모습을 보였다.

③ **사회성**

매 수업 전에 교사는 학생의 교실 앞에서 학생을 기다렸는데, 해당 학생이 다른 학생과 지내는 모습을 보면 여느 남학생처럼 장난기가 많은 것을 관찰할 수 있었다.

④ **가정배경**

학생의 담임선생님과 면담하며 알게 되었는데, 학생의 어머님께서 학생에게 많은 관심을 갖고 계시나 실제적으로 숙제검사 등의 학습 관리는 전혀 안 되고 있다고 하셨다. 실제로 본 수업 때 진행되는 숙제를 어머님께 매번 말씀드렸으나 잘 실행되지 않고 있었다.

(5) 사전검사 결과

학년	이름	학습장애 선별검사	
		총점	분류
1	이명철(가명)	41	잠재적 위험군

해당 학생은 학습장애 선별검사 결과 잠재적 위험군에 해당하며, 읽기이해를 측정하는 빈칸채우기검사와 유창하게 읽을 수 있는지를 확인하는 읽기유창성검사 실시에 어려움이 있어 추후 초기문해검사로 선별검사를 대체하여 활용하였다.

(6) 중재 목표

① **장기 목표**

- 자음과 모음 인식부터 이중모음과 쌍자음 인식 등의 초등학교 1학년 교과내용을 읽을 수 있다.
- 자음과 모음 조합으로 이루어진 글자가 상징하는 소리를 알고 정확하게 읽을 수 있다.

② **단기 목표(단계별 제시하기)**

- 자음과 모음이 상징하는 소리를 구분할 수 있다.
- 자음과 모음 조합으로 이루어진 낱말 · 단어를 정확하게 읽을 수 있다.
- 종성(받침)에 해당하는 소리를 변별할 수 있다.

• 종성(받침)이 같은 단어를 구분할 수 있다.

(7) 중재 프로그램

회기	중재내용	중재방법 및 중재자료
1	[BASA 초기문해검사 실시(현재 수행 수준 확인)] • BASA 초기문해 읽기검사를 실시하여 음운인식 및 변별 능력과 읽기유창성을 평가하여 학생의 현재 읽기 수행 수준을 파악하고, 향후 읽기 교육의 방향성과 구체적인 중재 영역을 설정하고자 하였다. 또한 검사 실시과정에서 학생이 보이는 여러 가지 오류의 패턴을 분석하고, 읽기에 어려움을 보이는 원인들을 다양한 측면에서 살펴보고자 하였다. • 학생과의 유대관계 형성을 위해 가정 및 학교 생활과 친구들에 대한 이야기를 간단히 나누었으며, 앞으로 제공받을 교육에 대한 흥미와 참여도를 높이기 위해 학생들이 평소 좋아하는 놀이나 활동, 흥미 있어 하는 요소들에 대한 정보를 수집하였다.	○ BASA 초기문해검사 ○ BASA 읽기검사
2	[기본 자음, 모음 학습] • 교재를 학습하며 기본 음운인식에 대해 학생의 능력을 확인하였다. • 기본자음에 대해 학습하였다. • 자음 맞히기 게임을 실시하였다. • 자음 쓰기 숙제를 제시하였다.	○『읽기 나침반 ① 음운인식편』
3	[자음 복습 및 모음 학습] • 지난 시간 숙제를 실시하지 않아 숙제를 같이 하며 자음을 복습하였다. • 모음에 대해서도 학습하였다. • 자음과 모음 각각의 카드를 만들어 교사와 함께 맞히기 게임을 실시하였다. • 교사가 제시하는 자음과 모음을 선으로 이어보는 활동을 실시하였다.	○『읽기 나침반 ① 음운인식편』

4	[자음과 단순모음(ㅏ, ㅓ, ㅗ, ㅜ)으로 이루어진 글자를 읽고 발음하기] • 자음과 모음에 대해서 복습하였다. 이후 자음과 단순모음(ㅏ, ㅓ, ㅗ, ㅜ)으로 이루어진 글자를 읽고 발음할 수 있도록 연습하였다. • 자음과 모음에 대해서 여전히 약간 고민하는 모습을 보여 다시 복습하였다. 이후 자음과 단순모음으로 이루어진 글자를 쓰고 크게 발음하여 연습하였는데, 글자를 쓸 때 자음+모음의 순서를 조금 혼동하는 경우가 있었다. 이에 따른 숙제를 제시하였다.	○『읽기 나침반 ① 음운인식편』
5	[자음과 단순모음(ㅡ, ㅣ)으로 이루어진 글자를 읽고 발음하기] • 자음과 단순모음 'ㅡ, ㅣ'로 이루어진 단어들을 쓰고 소리 내어 읽으며 연습하였다. 이후 지난 시간 학습했던 단순모음 'ㅏ, ㅓ, ㅗ, ㅜ'로 이루어진 글자들도 읽고 쓰며 연습하였다. • 단순모음 'ㅡ, ㅣ'는 다른 단순모음에 비해 쉽게 학습하는 모습을 보였다. 그러나 지난 시간에 학습했던 단순모음 'ㅏ, ㅓ, ㅗ, ㅜ'를 다시 어려워하는 모습을 보여 복습하는 데 많은 시간을 할애하였다.	○『읽기 나침반 ① 음운인식편』
6	[자음과 단순모음 복습] • 2주간 학습했던 자음과 단순모음을 아직도 많이 어려워해서 이를 학습하고 복습하는 데 집중하였다. • 지난주에 학습했던 내용들을 기억하고 있지 못하는 듯했다. 일주일 만에 학습할 학습 교과가 떨어질 것으로 예상되어 숙제를 제시했으나 이를 하지 않았다. 이에 처음부터 다시 단순모음들을 학습하였다.	○『읽기 나침반 ① 음운인식편』
7	[자음과 단순모음 단어 받아쓰기] • 자음과 단순모음을 아직도 어려워하기에 간단한 단어들(예: 우유, 가지, 나비 등)을 응용하여 써 보고 읽고 맞히는 활동을 진행하였다. • 자음과 단순모음을 쓰는 데 아직 시간이 걸리고 어려워하여 학생이 좋아하고 관심 있는 단어가 나타내는 것을 그리고 그 단어를 써 보는 활동을 진행하였는데 즐겁게 참여하였다.	○『읽기 나침반 ① 음운인식편』

8	[자음과 단순모음 단어 학습] • 자음, 단순모음을 학습하고 이들이 결합된 간단한 단어를 학습하였다. • 자음, 단순모음 각각은 잘 이해하나 이들이 결합되었을 때는 다소 어려움을 보였다. 평일에 복습이 이루어지지 않은 듯해 진도를 나가는 데 어려움이 있었다. 이에 수업 때 다시 자음과 단순모음이 있는 기본단어들에 대한 읽기 연습을 다시 진행하였다.	○『읽기 나침반 ① 음운인식편』 ○ 낱말카드
9	[기본모음과 자음 학습] • 동화책을 같이 읽으며 쉬운 기본모음+자음 단어들을 직접 읽을 수 있도록 하였다. • 진도가 잘 나가지 않고 학생도 반복되는 같은 학습에 지루해할 것 같아 재미있는 동화책을 준비하여 학생과 함께 읽었다. 쉬운 단어들은 학생이 읽을 수 있도록 하였으며, 학생이 마음에 드는 단어 10개는 외울 수 있도록 숙제로 내주었다.	○ 동화책(학생이 학교 도서관에서 직접 고르도록 함)
10	[단순모음+자음 단어 받아쓰기] • 지난주부터 경기도 교육청에서 진행하는 한글학습(2주간 매일 2시간씩 한글 학습)을 진행하니 한결 한글 읽기, 쓰기 실력이 향상된 것을 볼 수 있었다. 매일 진행되는 학습으로 학생에게 도움이 된 것 같다. 이에 담당선생님과 연락해 진행되는 과정을 논의하였고 이에 맞게 본 수업에서는 위의 수업에서 진행된 내용들을 받아쓰기 하는 시간을 가졌다.	○『읽기 나침반 ① 음운인식편』
11	[장보기 활동] • 각종 전단지를 준비해 학생이 갖고 싶은 것들을 화지에 붙이도록 하였다. 이후 그에 맞는 이름을 적을 수 있도록 하였다. • 본 수업은 '장보기 활동'으로 학생이 마트 전단지에서 마음에 드는 사물을 선택하고 이를 오려 화지에 붙이는 활동이었다. 이후 오려 붙인 사물 옆에 사물의 이름을 적고, 모를 경우 교사가 불러 주면 적었다. 그러고 나서 직접 전단지에 명시된 이름을 보면서 확인하고 수정하는 과정을 거쳤다.	○ BASA 초기문해검사 ○ 전단지, 스케치북, 사인펜

12	[받침학습] • 받침(ㅁ, ㅅ)을 학습하였다. 이 과정에서 'ㅡ'의 학습이 부족하다는 것을 발견해 'ㅡ' 학습을 추가하였다. • 매주 한글학습을 했을 때에 비해 다시 한글 복습이 잘 이루어지지 않고 있었다. 하지만 그래도 기본적인 '자음+모음'은 잘하고 있었다. 이에 받침학습을 했는데, 이 과정에서 'ㅡ'의 학습이 부족해 보여서 이를 추가적으로 학습하였다.	○『읽기 나침반 ① 음운인식편』
13	[진전도 검사 및 후기 나눔] • 마지막 수업으로서 초기문해검사를 실시하였다. • 그간 수업이 어땠는지, 학생이 하고 싶은 일, 발전이 필요한 부분들을 편안하게 이야기 나누었다.	○ BASA 초기문해검사

(8) 중재 진전도 및 사후검사 결과와 종결 상태

① 진전도 검사 결과

검사	1회	2회	3회
음운인식검사	8	18	25

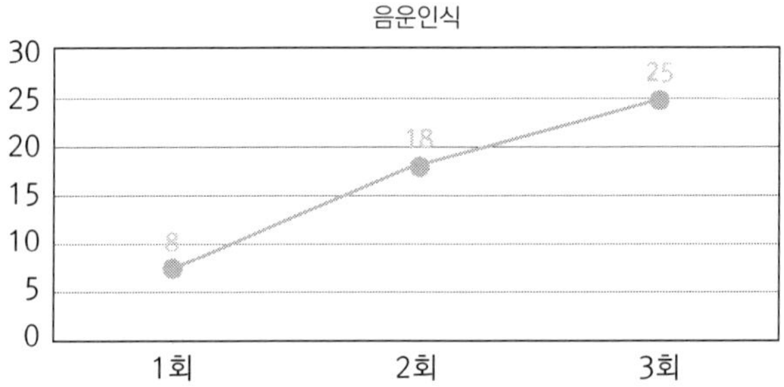

해당 학생의 음운인식능력의 향상을 확인하기 위하여 3회의 진전도 검사를 실시하였다. 그 결과 8점, 18점, 25점으로 점수가 향상된 것을 확인할 수 있었다.

② 프로그램 사전-사후 검사 결과 비교

검사	사전검사 원점수(백분위)	사후검사 원점수(백분위)
학습장애 선별검사	41(잠재적 위험군)	30(일반군)
음운인식검사	8	25

13회기 프로그램을 통하여 해당 학생은 학습장애 선별검사와 음운인식검사에서 모두 향상된 모습을 확인할 수 있다. 특히 학습장애 선별검사에서 잠재적 위험군으로 분류되었는데 프로그램 종료 시점에서는 일반군으로 분류된 것을 확인할 수 있다. 또한 음운인식 역시 17점이 상승하여 발전된 모습을 확인할 수 있다.

(9) 제언

프로그램 13회기 이후 해당 학생은 기본 모음과 자음을 쉽게 읽고 쓰게 되었으며 이후 이중모음까지 학습을 진행하였다. 학생의 월등한 발전은 가정에서의 꾸준한 복습이 진행되었을 때 이루어졌다. 그러나 가정에서의 복습이 지속되지 않은 시기에는 약간의 후퇴를 보이기도 하였다. 이에 따라 학생이 꾸준히 학습하여 한글 실력이 어느 정도 지속적인 안정기에 들어설 때까지 가정에서의 꾸준한 보살핌이 필요할 것으로 사료된다.

3. 초기문해 사례 보고서 II

(1) 성별

① 남 ② 여(✓)

(2) 학년

2학년

(3) 중재 사유

해당 학생은 2016년 난독증 프로그램 참여 학생으로 2017년 난독증 프로그램에도 이어서 참여하게 되었다. 초등학교 2학년이 되었지만 학년 수준에 현저히 미치지 못하는 읽기유창성을 보이며 더 심각하게는 읽지 못하는 글자가 많다. 특히 받침이 있는 글자일수록 읽기에 어려움을 가지고 있다. 눈으로 많이 접한 글자이거나 그림으로 설명된 글자가 있으면 글을 읽을 수 있지만 글자 자체로만 놓고 본다면 읽는 데 상당한 어려움이 있다.

(4) 일반적 특성

① 학습

읽기에 대한 자신감이 부족하기 때문에 잘 읽지 않으려고 한다. 2학년이 되었지만 그림위주의 책을 좋아하면서 그림만으로 내용을 이해하며 글자를 읽지 않는다. 기본자음과 기본모음으로 이루어진 글자는 대부분 읽지만 몇몇 글자는 헷갈려 하고 받침이 들어가는 글자를 읽을 때면 읽는 데 상당한 시간이 소요되고 잘 읽지 못한다.

② 정서 및 행동

행동면에서는 읽기를 잘 못하다 보니 자신감이 부족한 모습을 보인다. 하지만 열심히 하려는 모습도 있지만 본인이 글자를 잘 읽지 못한다는 부분에서 스트레스를 받고 있는 것 같다. 소극적인 모습과 행동을 많이 보인다.

③ 사회성

센터의 다른 또래 친구나 나이가 많은 친구들과도 잘 어울린다. 오랜 시간 동안 같이 있었기 때문에 센터에 있는 학생들과 친하며 친언니 역시 센터에 다닌다.

④ 가정배경

부모님이 모두 일을 하여 학생을 챙기기가 쉽지 않기 때문에 집에서는 부모님이 많이 신경을 쓰지 못하는 상황이며, 2016년도에 세 살 터울의 언니도 난독증 프로그램에 참여하였지만 이번에는 참여하지 않는다.

(5) 사전검사 결과

학년	이름	학습장애 선별검사		빈칸채우기검사		초기문해검사	
		총점	분류	원점수	백분위 점수	원점수	백분위 점수
2	김현지(가명)	46	고위험군	4	40	21	-

해당 학생은 학습장애 선별검사 결과 고위험군에 해당하며, 2학년이기 때문에 어휘검사와 이해검사를 실시하지 않았다. 읽기이해를 측정하는 빈칸채우기검사에서는 백분위 점수 40점으로 학년 수준보다 약간 낮은 편에 속한다. 초기문해검사에서는 21점으로 학년 수준에 비해 낮은 점수이기에 지속적인 지도가 많이 필요한 상황이다. 따라서 음운인식에 대해서 완벽하게 글을 읽는 것을 프로그램 목표로 설정하여 진행하기로 하였다.

(6) 중재 목표

① 장기 목표

음절 수준에서 종성(받침) 소리의 분해 및 결합을 숙지한다(총 15회기).

- 자음과 모음 조합으로 이루어진 글자가 상징하는 소리를 알고 정확하게 읽을 수 있다.
- 종성에 해당하는 소리를 변별하고 종성이 같은 단어를 구분할 수 있다.

② 단기 목표(단계별 제시하기)

- 자음과 모음이 상징하는 소리를 구분할 수 있다.
- 자음과 모음 조합으로 이루어진 글자와 단어를 정확하게 읽을 수 있다.
- 종성(받침)에 해당하는 소리를 변별할 수 있다.
- 종성(받침)이 같은 단어를 구분할 수 있다.

(7) 중재 프로그램

회기	중재내용	중재방법 및 중재자료
1	[BASA 초기문해 읽기검사 실시(현재 수행 수준 확인)] • BASA 초기문해 읽기검사를 실시하여 음운인식 및 변별 능력과 읽기유창성을 평가함으로써 학생의 현재 읽기 수행 수준을 파악하고, 향후 읽기 교육의 방향성과 구체적인 중재 영역을 설정하고자 하였다. • 사전검사를 실시하였다. • 2016년 난독증 프로그램에서 함께했기 때문에 학생과의 유대관계 형성에는 어려움이 없었으며 학생을 알아가는데 필요한 시간이 상대적으로 적게 소요되었다.	○ BASA 초기문해검사 (기초평가)
2	[자음+단순모음(ㅏ, ㅓ, ㅗ, ㅜ, ㅡ, ㅣ)으로 이루어진 글자를 정확하게 읽기] • 교재 16차시 내용을 기반으로 시작하였다. 가장 기본적인 음운인식 부분이기 때문에 학생이 쉽게 자동화될 거라 생각했지만 그러지 못하였다. • 작년과 비교해서 수준에서 크게 향상되었다는 느낌을 주지 못하였다. 그래서 교재의 1단계 내용을 학습할 필요성을 느꼈다. • 숙제로 교재 16차시의 내용을 글자를 쓰고 읽으면서 연습하는 것으로 제시하였다.	○『읽기 나침반 ① 음운인식편』 ○ 낱말퍼즐
3	[자음+단순모음(ㅏ, ㅓ, ㅗ, ㅜ, ㅡ, ㅣ)으로 이루어진 글자와 단어를 정확하게 읽기] • 지난 시간에 자음과 단순모음으로 이루어진 글자를 읽는 것에 대한 숙제를 내주었는데 숙제를 해 왔다.	○『읽기 나침반 ① 음운인식편』 ○ 낱말퍼즐

	• 해 온 숙제를 기반으로 무작위로 자음+단순모음으로 이루어진 글자를 읽게 하여 자동화가 얼마나 잘 이루어지는지 확인하였다. • 글자를 순서상으로는 잘 읽지만 무작위로 선택하여 읽을 때는 자동화가 부족한 것으로 보이며 글자를 읽는다는 느낌보다는 순서를 외운다는 느낌이 들었다. • 교재 17차시의 자음+단순모음으로 이루어진 단어들을 하였다. 라온을 활용하여 직접 단어를 만들어 보기도 하였다. • 숙제는 17차시에서 배운 자음+단순모음으로 이루어진 단어를 무작위로 가리킬 때 읽을 수 있도록 하는 것이 목표였다.	
4	[자음+미끌모음(ㅑ, ㅕ, ㅛ, ㅠ)으로 이루어진 글자와 단어를 정확하게 읽기] • 숙제를 통하여 자음+기본모음으로 이루어진 글자와 단어 읽기가 어느 정도 가능한 것으로 보여서 교재의 18차시에 있는 자음+미끌모음에 대하여 공부하였다. • 미끌모음은 기본모음에서 한 단계 더 나아간 형태로서 학생이 발음하기에 어려움을 보였다. • 미끌모음을 공부하니 기본모음에 대하여 헷갈리는 모습이 보였다. 무작위로 가리켜서 글자를 바로 말하게 하는 방법을 사용하였다. • 숙제는 교재 18차시와 19차시에 있는 내용을 집에서 연습하는 것으로 제시하였다.	○『읽기 나침반 ① 음운인식편』 ○ 낱말퍼즐
5	[BASA 초기문해 진전도 1] • BASA 초기문해검사 형성평가를 활용하여 1차 진전도 검사를 실시하였다. 그동안 교재를 활용하여 글자 정확하게 읽기를 하였기 때문에 진전도를 평가하기 위하여 실시하였다. • 지난 시간의 숙제를 점검하였다. 여전히 읽기에 어려움을 보이고 있었다.	○ BASA 초기문해검사 (형성평가)

6	[쌍자음(ㄲ, ㄸ, ㅃ, ㅆ, ㅉ)+단모음(ㅏ, ㅓ, ㅗ, ㅜ, ㅡ, ㅣ)으로 이루어진 글자와 단어를 정확하게 읽기] • 자음+기본모음 그리고 자음+미끌모음의 글자를 한 번 복습하고 쌍자음+단모음의 글자를 읽어 보았다. • 자음이 하나일 때보다는 두 개로 센소리를 발음하는 데 어려움을 보였다. 단자음일 때와 다르게 글자는 구분을 하지만 발음에서는 구분이 많이 보이지 않아서 중재자가 정확하게 발음을 하면서 학생이 정확하게 발음을 할 수 있도록 하였다. • 또한 단자음일 때와 쌍자음일 때의 발음의 차이를 들려주고 따라 하게 하였다. • 숙제는 교재 20차시와 21차시를 연습하는 것으로 제시하였다.	○『읽기 나침반 ① 음운인식편』 ○ 낱말퍼즐
7	[자음+이중모음(ㅐ, ㅔ, ㅒ, ㅖ)으로 이루어진 글자와 단어를 정확하게 읽기] • 기존에 배웠던 글자들을 간단하게 복습하고 자음+이중모음에 대한 연습을 하였다. • 학생은 이중모음에 대해서 어려움을 보였으며 글자의 모양이 다르지만 발음이 같다는 것에 대해서 헷갈려 하고 있다. • 단어에서 나오는 이중모음을 중심으로 정확하게 읽을 수 있도록 반복적인 연습을 하였다. • 숙제는 교재 22차시와 23차시를 연습하는 것으로 제시하였다. • 교재의 2단계에서 제공하는 차시를 다 하는 것을 목표로 받침이 없는 글자와 단어를 위주로 중재를 하였지만 이중모음에 어려움을 많이 보이며 앞의 글자 및 단어를 읽지 못하는 경향이 있어 다시 복습의 의미를 가지기로 하였다.	○『읽기 나침반 ① 음운인식편』 ○ 낱말퍼즐
8	[자음+단순모음(ㅏ, ㅓ, ㅗ, ㅜ, ㅡ, ㅣ)으로 이루어진 글자와 단어를 정확하게 읽기] • 가장 자신 있게 글자와 단어를 정확하게 발음할 수 있는 부분이었고, 중재가 이루어지는 중간중간 지속적으로 연습을 통하여 자동화가 상당히 많이 된 부분이었다. • 교재 16차시와 17차시를 기반으로 무작위로 글자와 단어를 읽을 수 있도록 하였으며 낱말퍼즐을 활용하여 글자를 만들어 보는 것도 실시하였다.	○『읽기 나침반 ① 음운인식편』 ○ 낱말퍼즐

9	[자음+미끝모음(ㅑ, ㅕ, ㅛ, ㅠ)으로 이루어진 글자와 단어를 정확하게 읽기] • 지난 시간보다는 자동화가 되지는 않았지만 초기에 배웠던 자음+미끝모음에 비하면 자동화가 많이 되었다. • 교재 18차시와 19차시를 기반으로 무작위로 글자와 단어를 읽을 수 있도록 하였으며 낱말퍼즐을 활용하여 글자를 만들어 보는 것도 실시하였다.	○『읽기 나침반 ① 음운인식편』 ○ 낱말퍼즐
10	[BASA 초기문해 진전도 2] • BASA 초기문해검사 형성평가를 활용하여 2차 진전도 검사를 실시하였다. 그동안 교재를 활용하여 글자 정확하게 읽기를 하였기 때문에 진전도를 평가하기 위하여 실시하였다.	○ BASA 초기문해검사 (형성평가)
11	[쌍자음(ㄲ, ㄸ, ㅃ, ㅆ, ㅉ)+단모음(ㅏ, ㅓ, ㅗ, ㅜ, ㅢ)으로 이루어진 글자와 단어를 정확하게 읽기] • 센소리로 자음을 발음하는 것에서 어려움을 보이고 있으며 지난번에는 단자음과 단모음 글자의 소리와 쌍자음과 단모음 글자의 소리의 구분이 많이 없었다. • 중재자가 입 모양으로 센소리를 발음하고 보여 줌으로써 학생이 발음을 할 수 있도록 하였다. 거울을 가지고 와서 자신의 입 모양을 확인하면서 발음 연습을 하였다. • 교재 20차시와 21차시를 기반으로 무작위로 글자와 단어를 읽을 수 있도록 하였으며 낱말퍼즐을 활용하여 글자를 만들어 보는 것도 실시하였다.	○『읽기 나침반 ① 음운인식편』 ○ 낱말퍼즐
12	[자음+이중모음(ㅐ, ㅔ, ㅒ, ㅖ)으로 이루어진 글자와 단어를 정확하게 읽기] • 학생이 다시 복습의 의미로 처음으로 돌아가게 한 부분이 이중모음이다. • 학생이 아직까지 글자의 모양과 발음이 같다는 것에서 이해가 잘 되지 않는 모양이다. • 교재 22차시와 23차시를 기반으로 무작위로 글자와 단어를 읽을 수 있도록 하였으며 낱말퍼즐을 활용하여 글자를 만들어 보는 것도 실시하였다.	○『읽기 나침반 ① 음운인식편』 ○ 낱말퍼즐
13	[그동안 배운 글자와 단어 확인하기] • 그동안 교재를 통하여 배웠던 글자와 단어들을 무작위로 읽으면서 자동화가 얼마나 잘 되고 있는지를 확인하였다.	○『읽기 나침반 ① 음운인식편』 ○ 낱말퍼즐

14	[BASA 초기문해 진전도 3] • BASA 초기문해검사 형성평가를 활용하여 3차 진전도 검사를 실시하였다. 그동안 교재를 활용하여 글자 정확하게 읽기를 하였기 때문에 진전도를 평가하기 위하여 실시하였다.	○ BASA 초기문해검사 (형성평가)
15	[사후검사 실시] • 1회 때 실시한 사전검사와 BASA 초기문해검사를 실시하였다.	○ BASA 초기문해검사

(8) 중재 진전도 및 사후검사 결과와 종결 상태

① 진전도 검사 결과

검사	1회	2회	3회
초기문해검사	21	19	24

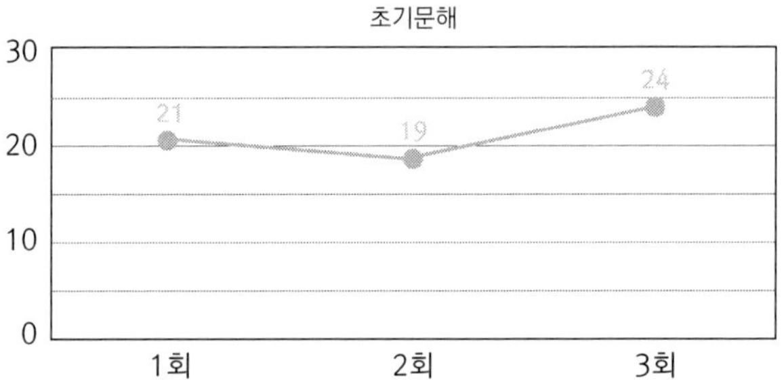

중재가 진행되는 동안 학생의 진전도를 확인하기 위하여 총 3회의 진전도 검사를 실시하였다. 그 결과, 진전도 검사 점수가 21점, 19점, 24점으로 나타났다.

② 프로그램 사전-사후 검사 결과 비교

검사	사전검사 원점수(백분위)	사후검사 원점수(백분위)
학습장애 선별검사	46(고위험군)	39(잠재적 위험군)
빈칸채우기검사	4(40)	5(50)
초기문해검사	21	21

15회기 프로그램을 통하여 학생은 간단한 이해검사인 빈칸채우기검사의 경우 처음 사전검사보다 사후검사 결과에서 향상을 보였다. 하지만 검사가 진행되는 동안 관찰하였을

때 문제를 이해하고 푼 것이 아니라 찍는 형식으로 풀었기에 검사 결과를 신뢰할 수 없다. 초기문해에서는 동일한 점수를 보였다. 진전도에서는 점수의 등락이 보이면서 향상하는 모습을 보였다. 하지만 지속적인 지도가 이루어진다면 향상될 것으로 기대한다. 학습장애 선별검사에서는 고위험군에서 잠재적 위험군으로 나타났다. 수업에 참여하고 열심히 하려는 데 있어 향상된 모습을 보였는데 글자를 보고 읽으려고 노력하는 모습에서 찾아볼 수 있었다.

(9) 제언

해당 학생의 학년 수준을 생각한다면 현재 수준은 학년 수준에 많이 미치지 못한 수준이다. 가장 기본적인 글자 읽기에서 어려움을 가지고 있다. 앞으로 글을 이해하기보다는 음운인식에서 보인 글자를 읽을 수 있고 그다음에 글자 또는 단어의 뜻을 아는 것이 중요하다. 지속적으로 일상생활에서 기본적인 글자부터 받침이 들어가고 겹받침이 있는 글자까지 읽어야 다음에 유창하게 글을 읽을 수 있을 것으로 기대된다. 아동센터에서도 다른 영역들보다 한글에 대한 지도가 더욱더 필요하며 집에서도 책을 읽으면서 글을 읽고 쓰는 데 많은 지도가 필요하다. 마지막으로, 학생의 읽기 실력을 학년 수준으로 올리기 위해서는 센터와 집뿐만 아니라 학교에서도 유기적인 관심과 지도가 필요하다. 그렇기 때문에 해당 학생이 특수교육 대상자로 선정될 필요가 있다고 생각된다.

4. 초기문해 사례 보고서 III

(1) 성별

① 남(✓) ② 여

(2) 학년

2학년

(3) 중재 사유

해당 학생은 학습장애 선별검사에서 59점으로 고위험군으로 분류되었다. 실제로 한글을 읽는 데 어려움이 있어 학습내용을 따라가는 데 어려움을 보인다. 음운인식검사에서도 20점을 보이며 중재가 필요한 것으로 판단되었다.

(4) 일반적 특성

① 학습

기본 모음과 자음을 인지하고는 있었으나 자음과 모음의 결합을 인지하고 발음하는 데 많은 시간이 필요하였다. 또한 무엇보다 학생이 학습을 하는 데 많은 거부감이 있었고 힘들어하였다.

② 정서 및 행동

책상에 앉아 공부하는 것을 매우 힘들어하였다. 담임선생님과 면담을 하며 알게 되었는데 평소 수업시간에도 매우 힘들어한다고 한다. 반면, 체육 등에서의 신체활동은 즐겁게 하며 실제로 뛰어난 운동신경을 보였다. 이에 중재기간 동안 앉지 않고 서서 칠판에 한글을 쓰기도 하였으며, 신체를 이용한 활동들을 최대한 진행하여 학생이 즐겁게 중재에 임할 수 있도록 하였다.

③ 사회성

신체활동을 좋아하다 보니 친구관계는 매우 원만하다.

④ 가정배경

학부모가 학생의 학습에 매우 관심이 많아 숙제를 매우 철저하게 확인하고 관리해 주신다.

(5) 사전검사 결과

학년	이름	학습장애 선별검사	
		총점	분류
2	노우석(가명)	59	고위험군

해당 학생은 학습장애 선별검사 결과 고위험군에 해당하며, 읽기이해를 측정하는 빈칸채우기검사와 유창하게 읽을 수 있는지를 확인하는 읽기유창성검사를 실시하는 데 어려움이 있어 향후 초기문해검사로 선별검사를 대체하여 활용하였다.

(6) 중재 목표

① 장기 목표

빈칸채우기검사나 읽기유창성검사 실시에 어려움이 있어 한글에 대한 기초적인 학습이 필요하다고 판단하였으며, 이에 따로 음운인식(초기문해) 영역부터 기본모음과 자음인식에서 이중모음과 자음 그리고 쌍자음까지 학습할 수 있도록 한다.

② 단기 목표

자음과 모음의 조합으로 이루어진 낱말 · 단어를 정확하게 읽을 수 있다.

(7) 중재 프로그램

회기	중재내용	중재방법 및 중재자료
1	[BASA 초기문해검사 실시(현재 수행 수준 확인)] • BASA 초기문해 읽기검사를 실시하여 음운인식 및 변별 능력과 읽기유창성을 평가하여 학생의 현재 읽기 수행 수준을 파악하고, 향후 읽기 교육의 방향성과 구체적인 중재 영역을 설정하고자 하였다. 또한 검사 실시과정에서 학생이 보이는 여러 가지 오류 패턴을 분석하고, 읽기에 어려움을 보이는 원인들을 다양한 측면에서 살펴보고자 하였다. • 학생과의 유대관계 형성을 위해 가정 및 학교생활과 친구들에 대한 이야기를 간단히 나누었으며, 앞으로 제공받을 교육에 대한 흥미와 참여도를 높이기 위해 학생들이 평소 좋아하는 놀이나 활동, 흥미 있어 하는 요소들에 대한 정보를 수집하였다. • 담임 면담 및 관찰 결과 학생의 흥미가 반영된 신체활동이 많이 반영된 중재 프로그램을 계획하였다.	○ BASA 초기문해검사
2	[교재 5~10차시] • 기본적인 자음과 모음을 학습하고 있어 빠르게 교재를 학습하였다. • 학생에게 상대적으로 쉬운 내용으로, 쉽고 재미있게 집중하는 모습을 보였다.	○『읽기 나침반 ① 음운인식편』
3	[교재 10~16차시] • 교재를 학습하였다. • 수업 후반에 프로그램 참여에 대한 집중 부족을 보여 읽기 나침반에서 학습한 단어들을 칠판에 적고 읽어 보는 활동을 하였다.	○『읽기 나침반 ① 음운인식편』
4	[교재 24차시, 자음+이중모음 글자 학습하기 1] • 자음과 이중모음 'ㅘ, ㅚ, ㅙ'로 이루어진 글자를 따라 적으면서 크게 발음하는 연습을 실시하였다. • 특정 단어 '괴, 쾨, 퇴, 괘, 쾌, 퇘'를 매우 혼동하는 모습을 보였다. 이에 이 부분을 집중적으로 연습하였으며 과제로도 제시하였다.	○『읽기 나침반 ① 음운인식편』

5	[교재 24차시, 자음+이중모음 글자 학습하기 2] • 자음과 이중모음 'ㅝ, ㅟ, ㅞ, ㅢ'로 이루어진 글자를 따라 적으면서 크게 발음하는 연습을 실시하였다. • 모음 'ㅢ'의 발음들을 다소 어려워하였다. 이에 이 부분을 집중적으로 학습하였다.	○『읽기 나침반 ① 음운인식편』
6	[교재 25차시, 자음+이중모음(ㅘ, ㅚ, ㅙ, ㅝ, ㅞ, ㅢ) 단어 전체적 학습] • 교재 25차시에 제시된 자음+이중모음(ㅘ, ㅚ, ㅙ, ㅝ, ㅞ, ㅢ) 단어들을 전체적으로 학습하였다. • 여전히 자음 'ㄱ, ㅋ, ㅌ'을 다소 혼동하는 모습을 보였다. 이에 이 부분을 반복 복습하여 진행하였다.	○『읽기 나침반 ① 음운인식편』
7	[교재 26차시, 쌍자음+이중모음(ㅐ, ㅔ, ㅘ, ㅝ, ㅢ) 학습] • 쌍자음과 이중모음 'ㅐ, ㅔ, ㅘ, ㅝ, ㅢ'를 쓰고 읽으면서 학습하였다. • 쌍자음을 발음하는 데 다소 시간이 걸리긴 했지만 주어진 과제를 매우 잘 수행하였다.	○『읽기 나침반 ① 음운인식편』
8	[교재 26차시, 쌍자음+이중모음(ㅐ, ㅔ, ㅘ, ㅝ, ㅢ) 복습] • 지난 차시 때 학습했던 쌍자음과 이중모음을 복습하였다. 특히 항상 혼동하는 'ㅋ'과 'ㅌ'을 집중적으로 학습하였다. • 반복되는 학습에 다소 지루해했지만, 칠판에 적어 가며 활동하니 흥미를 보였다. 또한 혼동했던 단어들을 능숙하게 읽고 쓰는 모습을 보였다.	○『읽기 나침반 ① 음운인식편』 ○ 낱말카드
9	[일기 쓰기] • 주말 동안 있었던 일을 교사에게 이야기하게 하였고 교사와 함께 일기를 써 보았다. • 이제 한글 읽기가 다소 수월해진 듯하고, 평소 이루어졌던 수업에 대해 다소 지루한 감을 보여 주말 동안 있었던 일들에 대한 일기를 썼다. 친구들과 팽이치기를 했던 이야기, 자전거 탔던 이야기를 적으며 흥미롭게 참여하였다. 어려워했던 단어들은 별도로 연습해서 쓸 수 있도록 숙제로 나갔다.	○ 도화지, 크레파스

10	[동화책 읽기] • 지난 시간의 숙제를 검사하고 받아쓰기 복습을 하였다. 이후 동화책을 교사와 함께 읽었다. 어려운 단어들을 쓰고 복습할 수 있도록 하였다. • 학생에게 새로운 학습을 제공하기 위해 학생 수준에 맞는 동화책을 준비해 함께 읽었다. 학생의 현재 흥미와 수준을 반영한 교재를 사용하니 적극적으로 참여하였다. 대부분의 단어를 읽을 수 있었으나 아직도 'ㅋ'과 'ㅌ'을 헷갈려 하였으며 'ㅙ' 등 이중모음의 발음을 조금 어려워하였다.	ㅇ 동화책『운동장에서 놀아요』(학생이 운동을 좋아하는 점을 감안해 운동장에서 활동하는 동화책을 준비)
11	[장보기 활동] • 각종 전단지를 준비해 학생이 갖고 싶은 것들을 화지에 붙이도록 하였다. 이후 이에 맞는 이름을 적을 수 있도록 하였다. • 본 수업은 '장보기 활동'으로 학생이 마트 전단지에서 마음에 드는 사물을 선택하고 이를 오려 화지에 붙이는 활동이었다. 이후 오려 붙인 사물 옆에 사물의 이름을 적고, 모를 경우 교사가 불러 주면 적었다. 그러고 나서 직접 전단지에 명시된 이름을 보면서 확인하고 수정하는 과정을 거쳤다. 또한 마트에서 어떠한 일이 있었는지 직접 적어 보기도 하였다.	ㅇ BASA 초기문해검사 ㅇ 전단지, 스케치북, 사인펜
12	[나의 감정 알기] • 학생이 자신의 감정을 표현하는 데 어려움을 보이는 듯하여 본 활동을 실시하였다. • 내 마음의 감정단어 찾기를 활동한 후 감정을 그림으로 그리기, 감정 단어 적어 보기를 하였다. • 학생이 평소 자신의 감정을 잘 이야기하지 못하는 점을 감안해 감정에 대한 학습을 진행하였다. 이후 한글학습을 위해서 감정단어들을 받아쓰기하였다.	
13	[진전도 검사 및 후기 나눔] • 마지막 수업으로, 초기문해검사를 실시하였다. • 그간 수업이 어땠는지, 학생이 하고 싶은 일, 발전이 필요한 부분들을 편안하게 이야기 나누었다.	ㅇ BASA 초기문해검사

(8) 중재 진전도 및 사후검사 결과와 종결 상태

① 진전도 검사 결과

검사	1회	2회	3회
음운인식검사	20	37	39

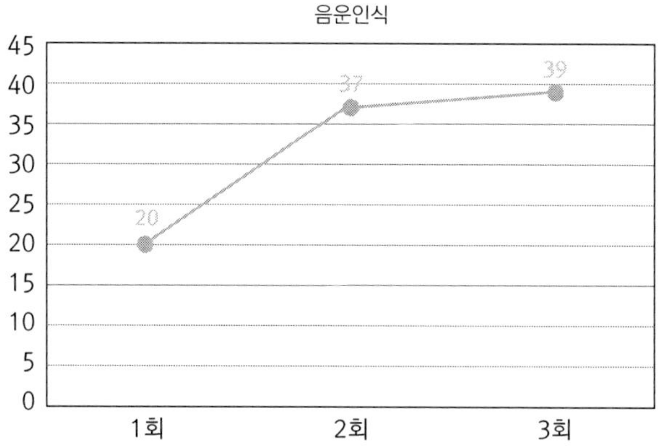

중재가 진행되는 과정에서 총 3회의 진전도 검사를 실시하였다. 그 결과 각각 20점, 37점, 39점으로 점수가 상승하는 것을 확인할 수 있었다.

② 프로그램 사전-사후 검사 결과 비교

검사	사전검사 원점수(백분위)	사후검사 원점수(백분위)
학습장애 선별검사	59(고위험군)	20(일반군)
음운인식검사	20	39

13회기 프로그램을 통하여 해당 학생은 학습장애 선별검사와 음운인식검사에서 모두 향상된 모습을 확인할 수 있다. 특히 학습장애 선별검사에서 고위험군으로 분류되었는데, 프로그램 종료 시점에서는 일반군으로 분류된 것을 확인할 수 있다. 또한 음운인식 역시 19점이 상승해 월등한 발전을 이뤘음을 알 수 있다.

(9) 제언

프로그램 13회기 이후 해당 학생은 음운인식능력뿐만 아니라 읽기, 쓰기 능력도 향상되었다. 세 달 정도의 짧은 시간 동안 많은 발전을 하였는데, 이는 이 프로그램과 동시에 가정에서의 교육, 지역센터에서의 추가적인 학습이 병행되어 가능했던 것으로 여겨진다. 이러한 집중적인 교육으로 학생의 한글 실력이 월등히 향상하였으나 학교생활 면에서 지쳐 있는 모습을 보이기도 한다. 이에 따라 국어능력 유지 및 점진적 향상을 위해 학생이 공부에 흥미를 잃지 않도록 놀이와 함께 스스로 공부할 수 있는 환경과 여건을 조성하면 더욱 좋을 것으로 사료된다.

5. 초기문해 사례 보고서 IV

(1) 성별

① 남(✓) ② 여

(2) 학년

2학년

(3) 중재 사유

해당 학생은 글을 더디게 읽을 뿐 아니라 읽은 내용을 이해하지 못한다. 학부모는 물론 학교 담당교사가 학생의 누적된 학습 결손을 막기 위해 중재에 학생을 의뢰하였다.

(4) 일반적 특성

① 학습

글을 매우 더디게 읽거나 정확하게 읽지 못하였다. 단어를 읽게 하는 경우에도 시작 소리가 같은 다른 단어로 말하는 경우가 잦아 글을 읽지 못하였다.

② 정서 및 행동

전반적으로 학습 상황에서 조용하고 위축된 모습을 보였다. 또한 교사에게 화내지 않고 친절하게 공부하기라는 규칙을 요구한 것을 미루어 볼 때 이전 학습 경험이 부정적이었다고 판단되었다.

③ 사회성

수업 전후에 또래 친구들과 긍정적인 관계를 형성하고 있었으나, 학교생활에 대한 질문에는 매우 제한적인 정보를 제공하였다.

④ 가정배경

담당교사에 따르면 어머니는 조울증, 형은 아스퍼거 증후군 진단을 받았으며, 그리하여 학생이 제공받는 정서적 또는 학업적 지원이 불안정적이고 간헐적이었다.

(5) 사전검사 결과

학년	이름	학습장애 선별검사	
		총점	분류
2	이근명(가명)	65	고위험군

해당 학생은 학습장애 선별검사 결과 고위험군에 해당하며, 읽기이해를 측정하는 빈칸 채우기검사와 유창하게 읽을 수 있는지를 확인하는 읽기유창성검사를 실시하는 데 어려움이 있어 초기문해검사로 선별검사를 대체하여 활용하였다.

(6) 중재 목표

① 장기 목표

- 음절 수준에서 종성(받침) 소리의 분해 및 결합을 숙지할 수 있다.
- 자음과 모음의 조합으로 이루어진 글자가 상징하는 소리를 알고 정확하게 읽을 수 있다.

② 단기 목표

- 자음과 모음을 알며, 이들을 구별할 수 있다.
- 자음과 모음의 조합으로 이루어진 단어를 정확하게 읽을 수 있다.

(7) 중재 프로그램

회기	중재내용	중재방법 및 중재자료
1	[선별 심화검사 실시 및 라포 형성] • 교사에 의해 지명된 학생으로 기존 선별검사에서 바닥효과가 관찰되어 주강사가 직접 방문하여 심화검사를 실시하였다. 심화검사는 글씨를 읽지 못하여 검사를 실시할 수 없다는 교사의 의뢰에 BASA 초기문해검사를 실시하여 학생의 수준을 확인하였다.	○ BASA 초기문해검사

	• 향후 원활하고 효과적인 중재 진행을 위해 라포를 형성하는 것에 목적을 두고 중재를 제공하였다.	
2	[기본 자음 및 모음 훈련] • 기본 자음과 모음을 활용한 글쓰기 및 발음훈련을 실시하였다. • 기본모음 10개는 무리 없이 알고 있었지만, 자음이 받침으로 사용될 때와 그렇지 않을 때 소리가 변하는 개념을 어려워하여 반복훈련의 필요성을 확인하였다.	○『읽기 나침반 ① 음운인식편』
3	[기본자음의 위치에 따른 음가 이해하기] • 지난 시간에 어려움을 보인 자음이 받침으로 사용될 때와 그렇지 않을 때 소리가 변하는 것을 훈련하였다. 반복적으로 훈련하였음에도 불구하고 자음이 받침으로 사용될 때의 소리를 정확하게 알지 못하였다. • 학생은 자신이 모르는 것에 대한 두려움을 많이 표현하였다. 그래서 과제로 받침으로 사용될 때를 제외하고 연습하게 하였고, 학생은 자신이 아는 것에 대해 적극적으로 반응하였다.	○『읽기 나침반 ① 음운인식편』
4	[쌍자음] • 기본자음이 받침으로 사용될 때 나는 소리(ㄱ, ㄴ, ㄷ)를 복습하였다. • 기본 자음과 모음을 복습하고 쌍자음(ㄲ, ㄸ, ㅃ, ㅆ, ㅉ)을 새로 학습하도록 지도하였다. • 상대적으로 모음에 비해 자음을 학습하는 데 어려움을 보였고, 받침을 이해하는 데 어려움을 보였다. 또한 학습한 내용을 유지 · 재산출하는 데 어려움이 관찰되어 반복학습의 중요성이 확인되었다.	○『읽기 나침반 ① 음운인식편』
5	[진전도 검사 1] • 여태까지 진행된 음운인식 중재에 대한 효과성을 살펴보고 학생의 발달 여부를 알아보기 위해 1차 진전도 검사를 실시하였다. • 여전히 검사의 연습문제를 말로 듣고 이해하는 데 어려움을 보여 직접 쓰고 이해하게 한 뒤 검사를 실시하였다. 최근에 학습한 내용에 대해서는 빠른 반응을 보였으나 그 외의 분야에서는 어려움을 보였다. 특히 통글자를 대치 또는 탈락시키는 과제는 쉽다고 생각하였으나, 음소 탈락 및 대치 과제는 여전히 어려워하였다.	○ BASA 초기문해검사

6	[기본자음이 받침으로 사용될 때] • 학생은 받침이 있는 단어에 대해 여전히 어려움을 느끼고 있기에 기본자음이 받침으로 사용될 때의 음가를 단계적으로 익힐 수 있도록 지도하였다. • 기본자음이 다른 곳(받침)에 위치할 때 다른 소리를 산출한다는 것은 이해하였으나 자음의 소리를 정확히 읽는 것에는 어려움을 느껴 숙제를 통해 반복연습을 강조하였다.	○『읽기 나침반 ① 음운인식편』
7	['ㅏ'와 'ㅓ'의 친구들, 기본자음+'ㅑ'] • 기본 자음과 모음에 대한 훈련이 완료되어 학습한 내용과 연결된 자음과 모음을 추가로 지도하였다. 이와 더불어 교재 2차시를 활용하여 기본 자음과 모음의 개별적인 소리가 합쳐져서 하나의 소리가 난다는 것을 반복교수를 통해 지도하였다. 예를 들어, 'ㄱ+ㅏ'를 읽게 할 때 '가'라고 바로 읽는 경우 각각의 소리가 어떻게 나는지를 이해할 수 있도록 하였고, 이와 더불어 약 5개의 단어를 활용하여 자신이 아는 글씨를 직접 말하고 쓰는 연습을 할 수 있도록 하였다. • 학생은 음운인식에 대한 부족한 이해를 가지고 있으나 여태까지는 통글자 위주의 교육을 받아 자신이 아는 단어로 비슷한 모양을 가진 단어를 읽는 경향이 있다. 반복적인 교수를 통해 자음의 변화를 이해하기 시작하였다.	○『읽기 나침반 ① 음운인식편』
8	['ㅗ'의 친구들과 기본자음+'ㅕ'] • 지난 시간과 연결되는 중재로 동일한 형태의 중재가 'ㅗ'와 'ㅕ'를 활용하여 진행되었다. • 전반적인 학습에서 향상된 모습을 보였다. 그러나 자신이 생각한 단어를 쓰는 데 어려움을 보여 교사가 음소 단위로 분절해서 스스로 글을 쓸 수 있도록 도와주었다. 특히 받침이 있는 경우 상당한 어려움을 보이고 있어 단계적이고 장기적인 지도가 필요하다. 현 중재는 음소합성 위주로 활동이 진행되고 있으나 이 개념이 완전히 습득된 이후에는 음소분절 연습이 이루어져야 할 필요가 있다.	○『읽기 나침반 ① 음운인식편』

9	[진전도 검사 2] • 교사가 제공하는 중재의 효과를 점검하고 학생의 발달 경향성을 확인하기 위하여 2차 진전도 검사를 실시하였다. • 음소 변별과 합성에서는 중재 초기보다는 확실히 향상된 능력을 보였으나, 음소 대치와 탈락에서는 상대적으로 어려워하였다. 아직 중재가 제공되지 않은 받침과 관련된 문항에서는 거의 정답을 맞히지 못하였다.	○ BASA 초기문해검사
10	[기본자음 'ㅗ'] • 교재 p. 35를 지도하였다. 학생이 익숙함을 느끼는 지도 패턴을 유지하였으나 학생이 직접 어휘를 만들게 하는 기회를 점진적으로 높여 갔다. • 'ㅋ, ㅌ, ㅎ' 쪽으로 갈수록 정확한 발음을 하지 못해 다시 'ㄱ'부터 말을 해 봄으로써 읽을 수 있었다. 학생이 익숙해질 때까지 일정한 틀 안에서 중재를 적용하는 것이 중요하지만, 익숙해진 후에는 무작위로 연습을 시켜 기본자음을 독립적으로 인식하고 발화할 수 있도록 지도해야 할 필요가 있다.	○『읽기 나침반 ① 음운인식편』
11	['ㅜ'의 친구들+기본자음] • 교재를 활용하여 연속성을 가진 중재를 제공하였다. • 이전 중재보다 프롬프트(prompt)가 빈번히 요구되었으며 학습태도 또한 산만하였다. 배운 글자를 활용하여 단어를 만들 때 혼자 생각하게 하면 단어를 생각해 내지 못하지만, 시간을 충분히 주거나 힌트를 주어 단어를 생각하게 하면 성취 정도가 높아짐을 확인하였다. 학생이 교사에게 도움을 요청하기까지 힌트를 주거나 답을 제공하지 않는 모델링 지연 전략이 효과가 있었다.	○『읽기 나침반 ① 음운인식편』
12	[기본자음 'ㅡ'과 'ㅣ'] • 중재 종료가 가까워짐에 따라 학생이 약간의 응용을 통해 어려워하는 부분을 조금 더 강도 높게 중재하였다. • 학생이 만들어 보고 싶은 단어 5개를 우선 선정하도록 하였으며, 기본자음 'ㅡ'를 활용하여 성공적으로 단어를 만든 경우, 'ㅣ'를 활용하여 추가로 단어를 만들어 보도록 지도하였다.	○『읽기 나침반 ① 음운인식편』

13	[새로운 단어 읽고 만들어 보기] • 기본 자음과 모음을 활용하여 배운 글자를 무작위로 섞고 이를 게임처럼 읽어 볼 수 있도록 하였고, 자신이 자신 있다고 생각하는 단어 3개를 골라 단어를 만들게 하였다.	○『읽기 나침반 ① 음운인식편』
14	[진전도 검사 3] • 학생의 진전도를 확인하기 위한 마지막 검사를 실시하였다. • 중재시간을 통해 전반적인 읽기의 능력은 약간 향상되었다고 보이나 여전히 15회의 중재를 통해 받침과 관련된 중재를 제공할 시간이 없었고, 학생 또한 그 영역에서 여전히 어려움을 보였다.	○ BASA 초기문해검사
15	[사후검사 및 중재 종료] • 중재를 마무리하기에 앞서 중재 제공 이전에 실시한 선별검사를 다시 활용하여 학생의 사전-사후 변화 정도를 확인하고자 하였다. • 읽고 말할 수 있는 어휘가 늘어나기는 하였으나 15차시의 중재가 이중모음이나 받침을 다루기에는 짧은 시간이어서 학생의 수행 점수의 변화가 매우 크지는 않을 것이라고 생각되었다.	○ BASA 초기문해검사 ○『읽기 나침반 ① 음운인식편』

(8) 중재 진전도 및 사후검사 결과와 종결 상태

① 진전도 검사 결과

검사	1회	2회	3회
초기문해검사	26	27	28

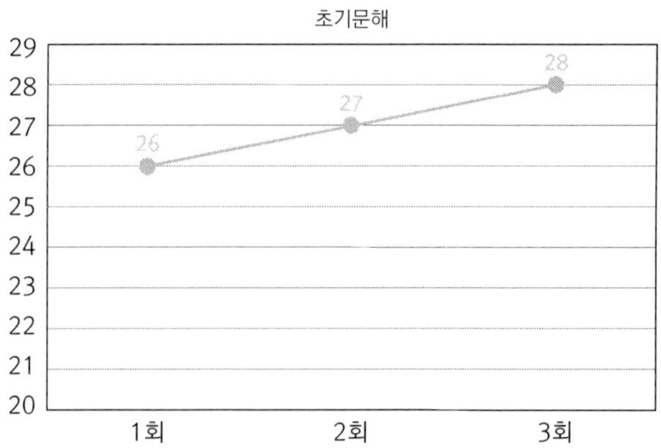

학생의 진전도는 집중적인 중재가 이루어진 음운인식을 측정하는 초기문해검사를 활용하여 측정되었다. 학생의 성취는 매우 작지만 꾸준하게 중재기간 동안 증가하였다. 학생의 학습 수행 속도가 빠르지 않다는 학습 특성을 고려하였을 때, 지속적인 중재를 제공한다면 이러한 효과는 더 커질 수 있으리라 판단된다.

② 프로그램 사전-사후 검사 결과 비교

검사	사전검사 원점수	사후검사 원점수
학습장애 선별검사	65(고위험군)	47(고위험군)
초기문해검사	33	35

15회기의 유창성 및 읽기 중재를 통해 학생의 학습장애 선별검사 결과가 65점에서 47점으로 하락하였다. 47점은 여전히 고위험군에 해당하는 점수이지만, 15회기라는 짧은 기간에 이루어진 학생의 전반적인 학습 수준의 변화를 충분히 보여 주는 수치라고 할 수 있다. 초기문해검사 결과 또한 크지는 않지만 그 수치가 증가한 것은 지속적인 지도를 통해 학생의 성취가 향상될 수 있음을 증명하는 고무적인 결과로 해석된다.

(9) 제언

해당 학생의 경우, 반복학습과 긍정적인 강화의 필요성이 강조되는 학생이다. 중재기간 동안 학생은 오답을 말하는 것에 대한 높은 불안을 느끼고 실패할 경우 정서적으로 힘들어하는 모습을 보였다. 이는 반복된 실패가 누적되어 관찰되는 현상이라고 이해되기에 안전한 상황에서 학생이 학습을 할 수 있는 수용적인 학습 분위기를 조성하는 것이 필요해 보인다. 또한 비교적 유연하지 않는 학생의 학습을 지원하기 위해서는 반복적이고 지속적인 학습을 강조해야 할 것이다.

제 2 장

읽기유창성

1. 읽기유창성 대표 사례 보고서

(1) 성별

① 남(✓)　　　　　　　　② 여

(2) 학년

2학년

(3) 중재 사유

해당 학생은 글자를 더디게 읽으며 읽은 내용을 파악하는 데 어려움을 보인다. 현재 학교에서는 듣기와 말하기로 국어와 수학 능력을 평가받고 있다.

(4) 일반적 특성

① 학습

느리지만 천천히 글자를 읽을 수 있다. 천천히 읽다 보니 읽은 내용을 이해하는 데 어려움을 호소한다. 현재 학교에서는 듣기와 말하기로 국어와 수학 능력을 평가받고 있다. 수행능력에서는 보통 아이들과 비슷한 수준을 보인다. 쉬운 글자여서 더 잘 읽고 어려운 글자여서 더 못 읽고 하는 것으로 보이지 않는다. 받아쓰기를 할 때 비슷한 소리를 쓴다기보다는 전혀 다른 문장을 쓴다.

② 정서 및 행동

읽기를 할 때에 많이 힘들어하고 읽고 싶어 하지 않아 한다.

③ 사회성

또래관계에서는 매우 밝고 적극적이고 주도적이다. 읽기의 어려움으로 위축되거나 또래관계나 학교생활의 어려움은 아직 보고하지 않는다.

④ **가정배경**

어머니의 보고에 따르면, 기기, 걷기, 뛰기 등 다른 발달과정에서 또래보다 빠르거나 비슷한 속도였다. 6세 때 300개의 단어를 읽을 줄 알고, 초등학교 1학년 때 받아쓰기 시험에서 100점을 받아서 읽기에 어려움이 있는지는 작년 1학기까지 관찰되지 않았다. 하지만 받아쓰기 시험에서 100점 받은 문장을 다음 날 읽게 했을 때 못 읽는 경우가 여러 번 발생하여 작년 9월에 강남에 있는 ○○○소아청소년과를 방문하여 난독증이라 진단받았다. 사실은 그동안 읽을 수 있었던 것이 아니라 외워서 읽거나 문장을 쓴 것으로 보인다. 어머니가 작년 1학기까지는 직장생활을 해서 학생을 가까이 관찰하지 못하였던 것으로 보인다. 현재 방과 후에 따로 사교육을 받고 있지 않으며, 주로 어머니와 동생(7세)과 함께 놀면서 시간을 보낸다.

⑤ **기타**

소아청소년과 주의집중력 검사 결과, 청각 주의집중력 결핍으로 판정되었다. 검사 결과에 따르면, 외부 자극에 주의집중력이 쉽게 분산되고 부주의하다. 반응 억제의 어려움이 있어 생각하기 전에 행동하는 등 충동적이므로 주의집중력의 문제가 시사된다. 만 7세 기준으로 주의분산성을 나타내는 누락 횟수(표적자극에 반응하지 않은 횟수)에서 '결핍', 인지적 · 행동적 충동성을 나타내는 오경보 횟수(비표적자극에 반응한 횟수)에서 '결핍'을 보이고 있다. 피검자 학생의 ADHD 지수는 140으로 판정되었다. 이 지수에서는 100이 평균이며, 115부터는 ADHD가 의심되고, 123부터는 ADHD 가능성이 매우 높다고 해석할 수 있다. 반면, 시각 주의집중력은 정상으로 판정되었다.

(5) 사전검사 결과

학년	이름	학습장애 선별검사		읽기유창성검사	
		총점	분류	원점수	백분위 점수
2	정민성(가명)	45	고위험군	54	1.25

해당 학생은 학습장애 선별검사 결과 고위험군에 해당하며, 읽기유창성검사 결과는 해당 학년에서 기대되는 수준보다 낮은 수준에 해당하였다. 우선 학생의 기초선 점수가 낮

은 가장 큰 이유는 속도이다. 겉으로는 밝고 씩씩하고 열심히 하려는 등 자신감이 넘쳐 보이지만, 기초선 측정을 할 때 큰 소리로 긴장한 목소리로 한 음절씩 천천히 읽었다. 검사자는 학생이 읽는 속도가 매우 느려 혹시 학생이 내용을 이해하고 있는지 확인하기 위해 검사가 끝나고 질문을 하여 학생이 내용을 이해하고 있음을 확인하였다. 학생이 기초선 점수가 낮은 두 번째 이유는 빈번하게 보이는 오류 때문이었다. 주로 보이는 오류는 '습득오류–대체' '습득오류–누락' '숙달오류–반복'이었으며, 이 중에서도 특히 '습득오류–대체'가 가장 빈번하게 관찰되었다.

〈기초선 설정단계에서 학생이 보인 오류 유형〉

오류 유형	설명	예시
습득오류-대체	이야기에 있는 것과 다른 글자 또는 단어로 바꾸어 읽은 글자(단어)	거위, 칠면조, 잉꼬 → 거위, 칠면도, 잉또
습득오류-누락	빠뜨리고 읽지 않은 글자	오싹해짐을 느꼈습니다. → 오싹해짐을 느깁니다.
숙달오류-반복	같은 글자를 반복해서 읽은 글자	다람쥐, 너구리를 비롯하여 → 다람쥐, 너구리를 비롯하여 비롯하여

해당 중재에서는 짧은 중재 회기 수를 고려하여 중재 목표를 우선 학생의 읽기 활동량을 증가시키는 것과 '습득오류–대체'를 감소시키고 정확도를 높이는 것으로 설정하였다. 먼저, 읽기에 대한 낮은 자신감과 주의집중력 부족이 느린 속도를 야기한다고 보고, 자신감과 집중력 향상을 통한 읽기 활동량 증가를 중재의 주요 목표로 설정하고 중재 계획을 세웠다. 그다음으로는 '습득오류–대체'를 감소시키기 위해서 학생이 잦은 오류를 보이는 자음+미끌모음(ㅑ, ㅕ, ㅛ, ㅠ), 쌍자음(ㄲ, ㄸ, ㅃ, ㅆ, ㅉ)+단모음(ㅏ, ㅓ, ㅗ, ㅜ, ㅡ, ㅣ), 자음+이중자음(ㅐ, ㅔ, ㅒ, ㅖ), 자음+이중모음(ㅘ, ㅚ, ㅙ, ㅝ, ㅟ, ㅞ, ㅢ), 쌍자음+이중모음(ㅐ, ㅔ, ㅘ, ㅝ, ㅟ, ㅢ, ㅚ, ㅙ, ㅞ), 초성+단모음+기본받침(ㄱ, ㄴ, ㄷ, ㄹ, ㅁ, ㅂ, ㅇ), 초성+단모음+ㄷ소리 가족 글자 음운인식 중재를 제공하였다. 또한 띄어 읽기 능력을 향상시키고, 또래가 자주 사용하는 의태어, 의성어, 유의어를 반복적으로 읽고 쓰게 하여 읽기의 정확도를 높이고자 하였다.

(6) 중재 목표

① 장기 목표

해당 학생은 2학년 수준의 이야기가 주어지면 1분 동안 또래와 비슷한 속도로 읽는다 (총 13회기).

- 읽기에 대한 흥미와 자신감을 높여 유창성 능력을 키운다.
- 띄어 읽기, 의성어, 의태어, 유의어 읽기를 반복 학습하여 이야기를 이해하고 읽는 속도를 향상시킨다.
- 자음과 모음 조합으로 이루어진 글자가 상징하는 소리를 알고 정확하게 읽을 수 있다.
- 종성에 해당하는 소리를 변별하고 종성이 같은 단어를 구분할 수 있다.

② 단기 목표(단계별 제시하기)

- 띄어 읽기를 할 수 있다.
- 또래가 자주 사용하는 의태어, 의성어 단어들을 정확하게 읽을 수 있다.
- 자음과 모음이 상징하는 소리를 구분할 수 있다.
- 자음과 모음의 조합으로 이루어진 낱말 · 단어를 정확하게 읽을 수 있다.
- 종성(받침)에 해당하는 소리를 변별할 수 있다.
- 종성(받침)이 같은 단어를 구분할 수 있다.

③ 월 진전도를 이용한 목표치 설정

피검사자 학생은 현재의 읽기 수준을 산출할 수 없을 만큼 매우 낮은 수준으로 나왔다. 기초평가 결과 50점의 기초선(원점수) 값이 설정되었다. 학생의 학년 점수인 2.1의 해당 월 진전도(7점)를 근거로 산출한 목표치 계산은 다음과 같다.

목표치 계산: 기초선 54점+평균 월 진전도(7점) × 6개월=96점

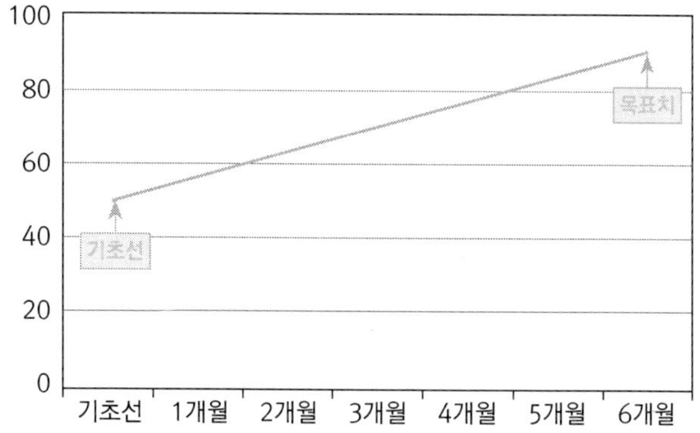

(7) 중재 프로그램

회기	중재내용	중재방법 및 중재자료
1	[교육내용] • 현재 수준 확인하기 • 읽기지도: 전이단계 중재하기 ① 따라 읽기 연습하기 ② 스스로 오류 수정하기 ③ 읽기속도 조절하기 • 독해지도: 숙달단계 중재하기 ① 질문을 가지고 이야기 읽기 ② 이야기에서 이해하지 못한 부분 알아차리기 ③ 전개될 내용 예상하기 [학습평가] • BASA 읽기유창성검사를 실시하여 학생의 현재 읽기 수행 수준을 파악하고, 향후 읽기 교육의 방향성과 구체적인 중재 영역을 설정하였다. 또한 검사 실시과정에서 학생이 보이는 여러 가지 오류 패턴을 분석하고, 읽기에 어려움을 보이는 원인들을 다양한 측면에서 살펴보았다. • 학생과의 유대관계 형성을 위해 학교생활이나 친구들에 대한 이야기를 간단히 나누었으며, 앞으로 제공받을 교육에 대한 흥미와 참여도를 높이기 위해 학생들이 평소 좋아하는 놀이나 활동, 흥미 있어 하는 요소들에 대한 정보를 수집하였다.	○『읽기 나침반 ② 읽기유창성편』 ○『읽기 나침반 ③ 어휘편』

	• 이야기에서 전개될 내용('바다' '비오는 날이면')에 흥미를 가지고 자기 스스로 이야기를 만들어 냈다. [정서 및 행동 변화] • 처음 만났을 때보다는 적당한 목소리 크기와 속도로 중재에 참여하였다(처음 만났을 때에는 목소리가 매우 크고, 읽는 속도가 매우 느렸음). [교사와의 관계 변화] • 교사의 지시사항을 잘 따랐다. • 처음 만났을 때보다는 긴장을 덜하여 자신의 학교 일과에 대해서 편하게 이야기를 나누었다.	
2	[교육내용] • 읽기지도: 습득단계 중재하기 ① 단어 정확하게 읽기 ② 문장 읽기 연습하기 ③ 이야기 반복읽기 • 독해지도: 전이단계 중재하기 ① 주제문 찾아 읽기 ② 사건 전개과정 이해하기 ③ 빈칸 채우기로 문맥 이해하기 • 음운인식 지도: 자음+미끌모음(ㅑ, ㅕ, ㅛ, ㅠ) [학습평가] • 지난 시간에 읽은 지문('바다' '비오는 날이면')을 반복해서 읽었을 때에 유창성이 많이 증가하였다. • '갸냐댜랴, 겨녀뎌려, 교뇨됴료, 규뉴듀류' 읽고 쓰기를 교사의 지시에 따라 반복하여 읽기속도와 정확도를 높이고자 시도하였다. [정서 및 행동 변화] • 가족들과 여행을 다녀와서 매우 피곤해 보였다. • 교사의 지시사항에 따르려고 하나 집중하기 힘들어 보였다. [교사와의 관계 변화] • 교사의 발음 교정을 받아들이고, 수정하려고 노력하였다. • 여행 중에 있었던 일을 교사와 편하게 이야기 나누었다.	○『읽기 나침반 ① 음운인식편』 ○『읽기 나침반 ② 읽기유창성편』 ○『읽기 나침반 ③ 어휘편』

3	[교육내용] • 읽기지도: 숙달단계 중재하기 ① 읽기 자동화 연습하기 ② 새로운 과제 소개하기 • 독해지도: 습득단계 중재하기 ① 읽기 자동화 연습하기 ② 문장의 구조 이해하기 ③ 세부사항 찾기 • 음운인식 지도: 자음+미끌모음(ㅑ, ㅕ, ㅛ, ㅠ) [학습평가] • 담임선생님과 모의 보고에 따르면, 학생은 읽기에 대한 자신감과 흥미가 매우 낮았다. 학생이 노래를 좋아한다는 것을 활용하여, 노래 가사를 통해 읽기에 대한 홍미와 자신감을 높이고자 목표를 세웠다. • 노래(〈퐁당퐁당〉, 〈섬집아기〉, 〈구슬비〉) 가사를 읽는 것에 매우 높은 홍미를 보였다. '냇물' '씻는' '간질여' '모랫길을' '송알송알' '꽃잎마다' '오색실에' '꿰어서' '맺히면서' 등의 발음을 하지 못하여 교사가 읽는 원리를 설명해 주고 반복해서 읽기를 연습하였다. • '갸냐댜랴, 겨녀뎌려, 교뇨됴료, 규뉴듀류' 읽고 쓰기를 교사의 지시에 따라 반복하였다. 지난 시간과 비교하여 읽기속도와 정확도가 높아졌다. [정서 및 행동 변화] • 새로운 과제에 처음에는 부담감을 느껴 주저하였지만, 교사의 도움으로 끝까지 읽었다. [교사와의 관계 변화] • 교사의 격려에 반응하여 어려운 과제도 해 보려고 시도하였다.	○『읽기 나침반 ① 음운인식편』 ○『읽기 나침반 ② 읽기유창성편』 ○『읽기 나침반 ③ 어휘편』
4	[교육내용] • 진전도 검사 1 • 읽기지도: 전이단계 중재하기 ① 따라 읽기 연습 ② 스스로 오류 수정하기 ③ 읽기속도 조절하기	○『읽기 나침반 ① 음운인식편』 ○『읽기 나침반 ② 읽기유창성편』 ○『읽기 나침반 ③ 어휘편』 ○ BASA 읽기검사

	• 독해지도: 숙달단계 중재하기 ① 질문을 가지고 이야기 읽기 ② 이야기에서 이해하지 못한 부분 알아차리기 ③ 전개될 내용 예상하기 • 음운인식 지도: 자음(ㄲ, ㄸ, ㅃ, ㅆ, ㅉ)+단모음(ㅏ, ㅓ, ㅗ, ㅜ, ㅡ, ㅣ) [학습평가] • '까따빠싸짜, 꺼떠뻐써쩌, 꼬또뽀쏘쪼, 꾸뚜뿌쑤쭈' 읽고 쓰기를 교사의 지시에 따라 반복하여 읽기속도와 정확도를 높이고자 시도하였다. • 유창성을 증가시키는 데에는 반복학습이 중요하므로, 지난 시간에 읽은 동요 읽기를 반복하여서 학습하였다. 지난 시간보다 학생은 동요 읽기 속도가 향상되었으며, 지난 시간에 읽지 못하였던 글자들(냇물, 씻는, 간질여, 모랫길을, 송알송알, 꽃잎마다, 오색실에, 꿰어서, 맺히면서)을 수월하게 읽어냈다. • 학생이 지문의 의태어에서 대체오류가 많이 발생하여, 의태어(번쩍, 깜짝, 깡충깡충, 휘둥그레, 살금살금, 쭈글쭈글, 허겁지겁)의 의미를 이해하고 따라 읽기 연습을 반복하여 읽기속도를 높이고자 시도하였다. 학생은 의성어 · 의태어를 어려워하지만, 따라 읽기 연습을 하려고 노력하였다. [정서 및 행동 변화] • 동요를 노래로 부르기도 하면서 읽기에 흥미를 보였으며, 이후 진전도 검사에서도 높은 집중력을 보였다. [교사와의 관계 변화] • 동요 내용에서 궁금한 부분들에 대해 자유롭게 교사에게 질문을 하였다.	
5	[교육내용] • 읽기지도: 습득단계 중재하기 ① 단어 정확하게 읽기 ② 문장 읽기 연습하기 ③ 이야기 반복 읽기	○『읽기 나침반 ① 음운인식편』 ○『읽기 나침반 ② 읽기유창성편』 ○『읽기 나침반 ③ 어휘편』

	• 독해지도: 전이단계 중재하기 ① 주제문 찾아 읽기 ② 사건 전개과정 이해하기 ③ 빈칸 채우기로 문맥 이해하기 • 음운인식 지도: 쌍자음(ㄲ, ㄸ, ㅃ, ㅆ, ㅉ)+단모음(ㅏ, ㅓ, ㅗ, ㅜ, ㅡ, ㅣ) [학습평가] • '까따빠싸짜, 꺼떠뻐써쩌, 꼬또뽀쏘쪼, 꾸뚜뿌쑤쭈' 읽고 쓰기를 교사의 지시에 따라 반복하였으며, 읽기속도와 정확도가 많이 향상되었다. • 지난주에 비해서 의성어 · 의태어를 읽는 정확도가 높아지고 속도가 빨라졌다. • 의성어(찰칵찰칵, 아삭아삭, 깔깔, 딩동딩동, 소곤소곤, 달그락달그락, 짹짹)에 대한 학생의 이해가 높아지고, 발음의 정확도가 높아졌다. [정서 및 행동 변화] • 글을 읽기 전에 부담감이 줄어들고 편안해 보였다. [교사와의 관계 변화] • 장문의 글('동물원' '다람쥐 쫑쫑이')을 읽는 과정에서 사건의 전개내용을 교사에게 나누기도 하고, 구체적인 도움을 교사에게 요청하기도 하였다. 동시에 교사의 지시에 잘 따르려고 노력하였다. 띄어쓰기에 대한 이해도를 높이기 위해 교사와 한 단어씩 번갈아 읽는 연습을 시도하였다.	
6	[교육내용] • 읽기지도: 숙달단계 중재하기 ① 읽기 자동화 연습하기 ② 새로운 과제 소개하기 • 독해지도: 습득단계 중재하기 ① 읽기 자동화 연습하기 ② 문장의 구조 이해하기 ③ 세부사항 찾기 • 음운인식 지도: 자음+이중자음(ㅐ, ㅔ, ㅒ, ㅖ)	○『읽기 나침반 ① 음운인식편』 ○『읽기 나침반 ② 읽기유창성편』 ○『읽기 나침반 ③ 어휘편』

	[학습평가] • 지난 시간에 배운 장문의 글('동물원' '다람쥐 쫑쫑이')을 읽는 속도와 정확성이 좋아졌으며, 띄어 읽기가 많이 향상되었다. • 새로운 과제('친구 지영이에게')에 높은 흥미를 보였다. • '개내대래매, 게네데레메, 걔냬댸럐먜, 계녜뎨례몌' 읽고 쓰기를 교사의 지시에 따라 반복하여 읽기속도와 정확도를 높이고자 시도하였다. [정서 및 행동 변화] • 이전보다 새로운 과제에 부담을 느끼기보다는 흥미를 가지고 주도적으로 읽으려고 노력하였다. [교사와의 관계 변화] • 교사의 격려에 반응하여 어려운 과제도 해 보려고 시도하였다.	
7	[교육내용] • 읽기지도: 전이단계 중재하기 ① 따라 읽기 연습하기 ② 스스로 오류 수정하기 ③ 읽기속도 조절하기 • 독해지도: 숙달단계 중재하기 ① 질문을 가지고 이야기 읽기 ② 이야기에서 이해하지 못한 부분 알아차리기 ③ 전개될 내용 예상하기 • 음운인식 지도: 자음+이중자음(ㅐ ㅔ ㅒ ㅖ) [학습평가] • '개내대래매, 게네데레메, 걔냬댸럐먜, 계녜뎨례몌' 읽고 쓰기를 교사의 지시에 따라 반복하였으며 읽기속도와 정확도가 높아졌다. • 지난 시간에 배운 장문의 글('친구 지영이에게') 스스로 오류 수정하기, 읽기속도 조절하기가 매우 향상되었다. • 새로운 과제('나라를 구한 해군대장')를 읽어 보려고 시도하였다. [정서 및 행동 변화] • 지난주에 교회 캠프를 다녀와서 매우 피곤해 보였다.	○『읽기 나침반 ① 음운인식편』 ○『읽기 나침반 ② 읽기유창성편』 ○『읽기 나침반 ③ 어휘편』

	[교사와의 관계 변화] • 피곤하여 교사의 질문에 관심을 크게 보이지 않았다. 하지만 강화물에 관심을 보이며 교사가 제시한 과제를 끝까지 해내려고 노력하였다.	
8	[교육내용] • 진전도 검사 2 • 읽기지도: 숙달단계 중재하기 ① 읽기 자동화 연습하기 ② 새로운 과제 소개하기 • 독해지도: 전이단계 중재하기 ① 주제문 찾아 읽기 ② 사건 전개과정 이해하기 ③ 빈칸 채우기로 문맥 이해하기 • 음운인식 지도: 자음+이중모음(ㅘㅚㅙㅝㅟㅞㅢ) [학습평가] • 학생이 상대적으로 이중모음을 읽는 속도가 느리거나 읽지 못하는 경우가 많아, 교사의 지시에 따라 '과놔돠롸봐, 괴뇌되뢰뫼, 괘놰돼뢔뫠, 궈눠둬뤄뭐,귀뉘뒤뤼뮈, 궤눼뒈뤠뭬, 긔늬듸릐믜' 읽고 써 보기를 연습하였다. • 지난 시간에 읽은 '나라를 구한 해군대장'의 내용과 자신이 읽은 다른 동화책과 비교하여 주제문과 사건 전개과정에 대해 교사와 적극적으로 이야기 나누었다. [정서 및 행동 변화] • 글의 제목을 보며 사전에 글의 이야기를 추론해 보기도 하는 등 읽기에 대한 흥미가 높아 보였다. [교사와의 관계 변화] • 자신이 주도적으로 이야기에 대한 흥미를 나누기도 하고 수업 진행방법에 대해 제안을 하기도 하였다.	○『읽기 나침반 ① 음운인식편』 ○『읽기 나침반 ② 읽기유창성편』 ○『읽기 나침반 ③ 어휘편』 ○ BASA 읽기검사
9	[교육내용] • 읽기지도: 습득단계 중재하기 ① 단어 정확하게 읽기 ② 문장 읽기 연습하기 ③ 이야기 반복 읽기	○『읽기 나침반 ① 음운인식편』 ○『읽기 나침반 ② 읽기유창성편』 ○『읽기 나침반 ③ 어휘편』

	• 독해지도: 습득단계 중재하기 ① 읽기 자동화 연습하기 ② 문장의 구조 이해하기 ③ 세부사항 찾기 • 유의어 이해하기 • 음운인식 지도: 자음+이중모음(ㅘ, ㅚ, ㅙ, ㅝ, ㅟ, ㅞ, ㅢ) [학습평가] • '과놔돠롸뫄, 괴뇌되뢰뫼, 괘놰돼뢔뫠, 궈눠둬뤄뭐,귀뉘뒤뤼뮈, 궤눼뒈뤠뭬, 긔늬듸릐믜' 읽기속도와 정확도가 높아졌다. • 새로운 읽기 과제('사랑의 기적')를 한 단어씩 교사와 번갈아 가며 읽기를 시도하였다. • 유의어(왕–임금, 엄마–어머니, 국어–우리말, 중간–가운데)를 잘 이해하고 수행하려고 노력하였다. [정서 및 행동 변화] • 개학날이라 매우 피곤해 보이고, 수업 초기에는 과제에 집중하기 힘들어 보였다. [교사와의 관계 변화] • 강화물에 동기가 되어 교사가 제시하는 과제를 수행하려고 노력하였다.
10	[교육내용] • 읽기지도: 전이단계 중재하기 ① 따라 읽기 연습하기 ② 스스로 오류 수정하기 ③ 읽기속도 조절하기 • 독해지도: 숙달단계 중재하기 ① 질문을 가지고 이야기 읽기 ② 이야기에서 이해하지 못한 부분 알아차리기 ③ 전개될 내용 예상하기 • 음운인식 지도: 쌍자음+이중모음(ㅐ, ㅔ, ㅘ, ㅝ, ㅟ, ㅢ, ㅚ, ㅙ, ㅞ) [학습평가] • '깨때쌔째빼, 께떼쎄쩨뻬, 꽈똬쏴쫘뽜, 꿔뚸쒀쭤뿨' 읽고 쓰기를 교사의 지시에 따라 반복하여 읽기속도와 정확도를 높이고자 시도하였다.

	• 퍼즐게임을 통해 주도적으로 글자를 자신이 쓰려고 노력하였다. • 독해('바르고 고운 말을 쓰자')에서 스스로 질문을 가지면서 이야기를 읽으려고 하는 등 단순한 단어 읽기보다는 적극적인 독해를 하려고 노력하였다. [정서 및 행동 변화] • 자신감이 넘치고, 교사에게 다양한 게임 규칙을 설명하면서 글자공부에 적극성을 보였다. [교사와의 관계 변화] • 교사와 어머니가 보고하는 것과 다르게, 교사와의 관계에 있어서는 읽기활동 시 매우 적극적이고 자신감이 넘치는 모습을 보였다.	○『읽기 나침반 ① 음운인식편』 ○『읽기 나침반 ② 읽기유창성편』 ○『읽기 나침반 ③ 어휘편』 ○ 낱말퍼즐
11	[교육내용] • 읽기지도: 습득단계 중재하기 ① 단어 정확하게 읽기 ② 문장 읽기 연습하기 ③ 이야기 반복읽기 • 독해지도: 전이단계 중재하기 ① 주제문 찾아 읽기 ② 사건 전개과정 이해하기 ③ 빈칸 채우기로 문맥 이해하기 • 음운인식 지도: 쌍자음+이중모음(ㅐ, ㅔ, ㅘ, ㅝ, ㅟ, ㅢ, ㅚ, ㅙ, ㅞ) [학습평가] • 방귀 세 번 이야기 퍼즐 책을 읽으면서 사건의 전개과정을 적극적으로 추론하려고 하였다. • '깨때쌔째빼, 께떼쎄쩨뻬, 꽈똬쏴쫘뽜, 꿔뚸쒀쭤뿨' 읽고 쓰기를 교사의 지시에 따라 반복하였으며 읽기속도와 정확도가 향상되었다. [정서 및 행동 변화] • 새로운 읽기활동에 높은 관심과 흥미를 보였다. [교사와의 관계 변화] • 수업시간이 끝나가 제지를 하지만, 학생은 계속해서 읽기를 하려고 하는 등 높은 의욕을 보였다.	○『읽기 나침반 ① 음운인식편』 ○ 방귀 세 번 이야기 퍼즐

12	[교육내용] • 진전도 검사 3 • 읽기지도: 숙달단계 중재하기 ① 읽기 자동화 연습하기 ② 새로운 과제 소개하기 • 독해지도: 습득단계 중재하기 ① 읽기 자동화 연습하기 ② 문장의 구조 이해하기 ③ 세부사항 찾기 • 음운인식 지도: 초성+단모음+기본받침(ㄱ, ㄴ, ㄷ, ㄹ, ㅁ, ㅂ, ㅇ) [학습평가] • '각건골굼급강, 낙넌놀눔늡닝, 닥던돌둠듭딩, 락런롤룸릅링' 읽고 쓰기를 교사의 지시에 따라 반복하여 읽기속도와 정확도를 높이고자 시도하였다. • 'ㄱ, ㄴ, ㄹ, ㅁ, ㅂ, ㅇ' 받침 발음을 가진 단어들(자동차, 컴퓨터, 코뿔소, 사물함, 보석함, 공기밥, 신호등, 도시락, 운동장, 손가락)을 교사의 지시에 따라 읽기를 시도하였다. • 독해('바르고 고운 말을 쓰자')의 정확도가 높아지고 속도가 빨라졌다. • 이야기를 읽으면서 교사의 세부사항 질문에 대답하는 등 독해에서 세부사항 이해도가 높아졌다. • 모의 보고에 따르면, 읽기능력은 많이 향상되었으나, 쓰기활동은 여전히 어려워하여 자모음 퍼즐을 이용해 쓰기활동에 대한 학생의 흥미를 높이고자 낱말퍼즐게임을 활용하였다. 학생은 퍼즐게임을 통해 글자를 외우고 맞추는 활동에 높은 관심을 가졌다. [정서 및 행동 변화] • 모닝터링 교사의 방문에 다소 긴장되어 보이고 산만해 보였다. [교사와의 관계 변화] • 교사의 설명과 인도에 수업에 집중하려고 노력하였다.	○『읽기 나침반 ① 음운인식편』 ○『읽기 나침반 ② 읽기유창성편』 ○『읽기 나침반 ③ 어휘편』 ○ 낱말퍼즐 ○ BASA 읽기검사

13	[교육내용] • 사후검사 • 읽기지도: 전이단계 중재하기 ① 따라 읽기 연습하기 ② 스스로 오류 수정하기 ③ 읽기속도 조절하기 • 독해지도: 숙달단계 중재하기 ① 질문을 가지고 이야기 읽기 ② 이야기에서 이해하지 못한 부분 알아차리기 ③ 전개될 내용 예상하기 • 음운인식 지도: 초성+단모음+ㄷ소리 가족 글자 [학습평가] • '갇것곴궂긏깉갛, 낟넛놌눚늧닡낳, 닫덧돘둦듳딭닿, 랃럿롰룾릋릩랗' 읽고 쓰기를 교사의 지시에 따라 반복하여 읽기속도와 정확도를 높이고자 시도하였다. • 받침발음 원리를 익히고 교사가 제시하는 단어들을 따라 읽었다. • 이야기의 전개내용 질문을 가지고 이야기를 하였다. [정서 및 행동 변화] • 초반에는 다소 집중을 못하였다. 마지막 수업이라 교사와의 이별을 받아들이기 힘들어 보였다. 하지만 중반부터는 집중하면서 따라 읽기를 잘해 냈다. [교사와의 관계 변화] • 수업 시작 전에 자신이 쓴 손편지를 교사에게 전해 주었다. 아쉬움을 많이 느끼는 것으로 보였다.	○ BASA 읽기검사 ○『읽기 나침반 ① 음운인식편』

(8) 중재 진전도 및 사후검사 결과와 종결 상태

① 진전도 검사 결과

검사	1회	2회	3회
읽기유창성검사	78	110	132

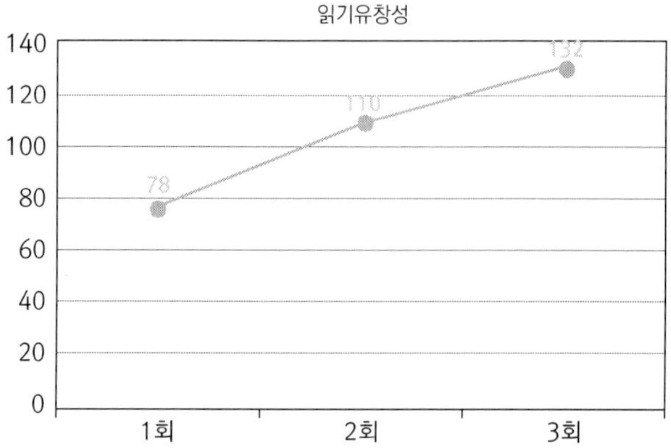

읽기유창성을 평가하는 형성평가지로 총 3회의 진전도 검사를 실시하였다. 그 결과, 읽기유창성의 원점수가 78점, 110점, 132점으로 상승한 것을 확인할 수 있었다. 점수가 상당히 큰 폭으로 상승한 것을 보아 중재가 학생의 읽기유창성 성취에 유의미한 도움이 되었다고 판단된다.

② 프로그램 사전-사후 검사 결과 비교

검사	사전검사 원점수	사후검사 원점수
읽기유창성검사	54	135

해당 연구에서는 초등학교 2학년에 재학 중인 남자 학생을 대상으로 읽기유창성 향상을 위한 개입을 실시하였다. 학생은 BASA 규준에 따라 현재의 읽기 학년을 측정할 수 없을 만큼 매우 낮은 읽기 수준을 보이고 있었다. 이는 학생의 낮은 자신감과 주의집중력 결핍과 관련이 있는데, 읽기 경험의 성공 부족으로 학생은 또래에 비해서 읽기활동을 계속해서 회피하고 있었다. 또한 학생은 비표적자극에 반응하는 횟수(오경보 횟수)와 표적자극에 반응하지 않는 횟수(누락 횟수)가 높아 몇 가지 오류를 계속 반복하고 있었다. 연구자는 우선 매우 느린 속도로 인한 낮은 기초선 점수를 향상시키기 위해 학생의 읽기 경험을 늘리는 것을 주요 목표로 설정하였다. 또한 주의력 결핍도 느린 속도를 야기한다고 해석하고 이러한 증상을 감소시키기 위한 개별화된 중재 계획을 세워 실시하였다.

첫째, 학생이 읽기에 거부감을 갖는 이유를 먼저 살펴보았다. 학생은 또래관계에서 매우 리더십이 있고 주도적이다. 태권도와 축구에서도 좋은 성과를 내기 위해 노력하며, 상을 받고 친구들의 인정을 얻을 만큼 좋은 결과를 얻고 있다. 반면, 또래처럼 읽을 수 없는 것에 대한 심리적 불편감을 가지고 있고, 다른 활동처럼 읽기를 자주 하려고 하지 않는다. 밝은 성향으로 자신이 위축되는 모습을 보이지는 않지만 읽기에 대한 거부감으로 자신의 어려움을 호소하고 있다고 판단하여, 검사자는 우선 학생이 읽기에 흥미와 재미를 느낄 수 있는 환경을 조성하였다. 학생의 중요한 일과에 대해서 검사자가 관심을 갖고 친해지고 편해지는 분위기를 조성하였다. 또한 학생이 흥미를 주로 느끼는 읽기 과제를 사용하여 읽기에 대해 편한 분위기를 형성하려고 노력하였다. 그 결과, 학생은 읽기에 대한 흥미가 높아졌고, 스스로 먼저 자신이 읽고 싶은 주제들을 말하기도 하였다.

둘째, 읽기 과제에서 학생의 집중력을 향상시키기 위해서 구조화를 섬세하게 진행하였다. 중재 시 학생은 다른 자극들에 쉽게 산만해졌는데, 검사자가 강화물을 사용하여 지속적으로 읽기 수업에 집중할 수 있도록 격려하였다.

셋째, 학생이 잦은 오류를 보이거나 속도가 늦어지는 음운인식 중재를 집중적으로 제공하였다. 자음+미끌모음(ㅑ, ㅕ, ㅛ, ㅠ), 쌍자음(ㄲ, ㄸ, ㅃ, ㅆ, ㅉ)+단모음(ㅏ, ㅓ, ㅗ, ㅜ, ㅡ, ㅣ), 자음+이중자음(ㅐ, ㅔ, ㅒ, ㅖ), 자음+이중모음(ㅘ, ㅚ, ㅙ, ㅝ, ㅟ, ㅞ, ㅢ), 쌍자음+이중모음(ㅐ, ㅔ, ㅘ, ㅝ, ㅟ, ㅢ, ㅚ, ㅙ, ㅞ), 초성+단모음+기본받침(ㄱ, ㄴ, ㄷ, ㄹ, ㅁ, ㅂ, ㅇ), 초성+단모음+ㄷ소리 가족 글자 음운인식 중재를 제공하였다. 또한 띄어 읽기 능력을 향상시키고, 또래가 자주 사용하는 의태어, 의성어, 유의어를 반복적으로 읽고 쓰게 하여 읽기의 정확도와 속도를 높이고자 하였다.

진전도 분석 결과, 학생은 설정한 목표치보다 높은 수준의 성취도를 보였다. 학생은 초반에 자신이 관심을 갖고 있는 주제에 대해서는 매우 높은 흥미를 보이고 높은 수행률을 보였다. 반면, 자신이 관심을 갖고 있지 않은 주제나 이야기의 특정 부분에 몰두하면 치료사가 지시하는 다른 과업에 대한 수행률이 현저하게 떨어졌다. 하지만 중재 중반을 넘어가면서 교사가 제시하는 강화물과 지속적인 격려로 전반적으로 읽기에 대한 흥미와 집중도가 높아졌다.

'습득오류-대체' 오류는 초반에는 학생의 컨디션에 따라 크게 감소하기도 하고 다시 증가하기도 하는 등 변화율이 크게 나타났다. 하지만 중반이 넘어가 학생이 발음의 원리를 이해하고 반복적으로 학습하면서 '습득오류-대체' 오류가 크게 감소하였다.

(9) 제언

BASA 중재는 피검자 학생의 읽기수행능력 부족의 원인을 파악함으로써 개별적이고 세부적인 중재를 개입할 수 있다. 그 결과, 설정한 목표치보다 높은 수준의 성취도를 보이는 등 학생이 읽기에서 성공 경험을 가질 수 있었다. 학생의 어머니는 중재 이후 학생이 예전보다 읽기에 흥미를 갖고 읽기 활동량이 예전보다 증가하였다고 보고하였다. 프로그램을 진행하면서 학생은 실생활에서 접하는 단어들을 읽어 보거나 자신이 생각한 단어를 조합하는 등 흥미를 보였다. 읽기활동에 대한 흥미가 높아졌고 자신감도 향상되었다. 구체적으로 음운인식능력에서는 이중자음이 있는 단어와 받침(종성) 있는 글자 읽기 오류가 감소하였다. 유창성에서는 띄어 읽기가 가능해졌으며, 또래가 자주 사용하는 의태어, 의성어, 유의어를 이해하고 읽는 속도가 향상되었다.

중재 결과, 학생은 현재 1~3학년 수준에 해당되는 읽기유창성 능력을 갖고 있으며, 지속적으로 읽기활동에 흥미와 자신감을 가지고 접할 수 있는 환경이 중요하다고 할 수 있겠다. 긴 지문의 경우에는 시작하기 전에 많이 압도되고 위축되는 경향이 아직 있으므로 이야기 퍼즐과 같이 흥미를 유도하는 놀이도구들이 도움이 될 것으로 보인다. 또한 받침이 들어간 글자들에서는 여전히 읽기속도가 늦어지거나 읽기오류가 자주 발생하므로 본 중재에서 다루지 못한 받침이 들어간 글자들(예: 초성+단모음+ㄱ·ㅋ·ㄲ, 이중모음+기본받침, 초성+이중미끌모음+ㄷ소리 글자)을 반복적으로 읽고 쓰는 연습이 필요할 것으로 보인다. 그 외에도 학생이 의성어, 의태어, 유의어, 반의어, 동음이의어, 상의어, 하의어, 다의어 등 더 많은 어휘력을 갖출 수 있도록 지도가 필요할 것으로 보인다.

참고 활동지 및 교구

차시	활동지 및 교구 예	
4	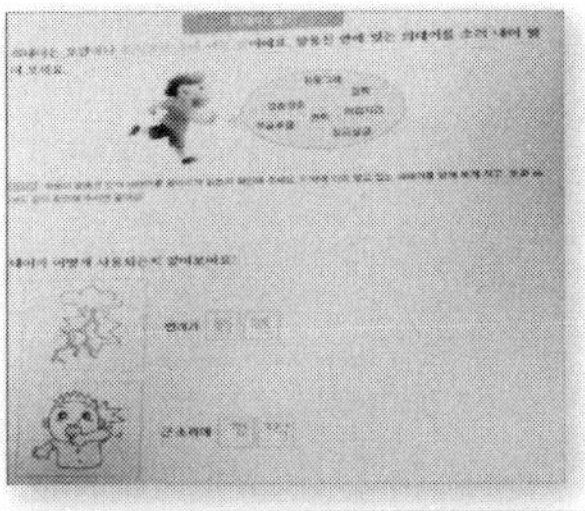	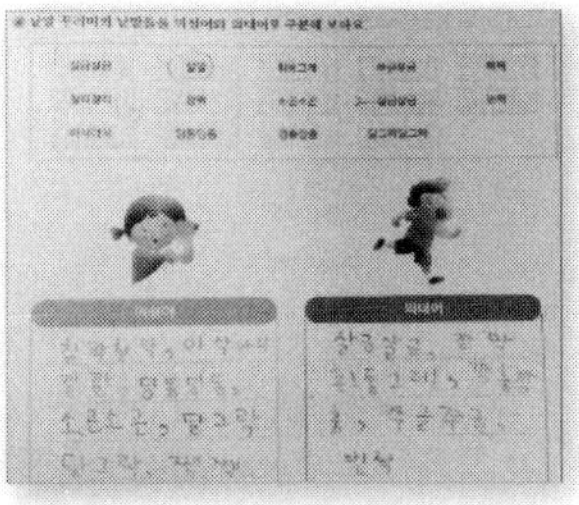
8		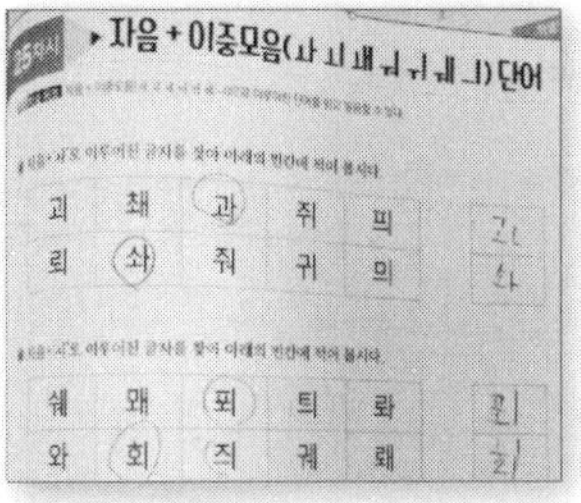
10		
11		
12		

2. 읽기유창성 사례 보고서 I

(1) 성별

① 남(✓) ② 여

(2) 학년

3학년

(3) 중재 사유

해당 학생은 글을 읽을 때 글자를 빼먹고 읽거나 글자를 앞뒤 바꾸어서 읽는 현상이 보인다고 한다. 이에 따라 학생은 글을 읽는 것을 피하는 경향을 보이며, 읽기이해에서도 매우 낮은 이해력을 보인다.

(4) 일반적 특성

① 학습

학습에 대한 관심이 매우 낮다. 즉, 학습동기가 부재하여 학습에 대한 어떠한 의욕도 보이지 않을뿐더러 기본적으로 가지고 있는 학생의 산만한 성향으로 인하여 더욱 학습에 관심을 두고 있지 않은 상태이다. 인지적인 부분에서는 문제가 없는 것으로 보이기에 학생에게 학습동기를 부여함으로써 학습에 대한 학생의 관심을 심어 주는 것이 가장 중요할 것으로 보인다.

② 정서 및 행동

밝은 성격의 소유자이지만, 매우 산만하고 상황에 적절한 행동을 하지 못하는 경우가 종종 나타난다. 학교에서 제공하고 있는 Wee상담센터를 주 1회 이용하고 있다.

③ 사회성

교우관계에서는 큰 어려움을 보이고 있지 않고 있으나, 어른들에게는 다소 무례한 언어 사용 및 태도를 보이고 있다.

④ **가정환경**

한부모가정으로 현재 외할머니와 어머니와 함께 살고 있다. 친동생은 있으나 2세경 헤어진 이후 본 적이 없다고 한다. 애완동물로 햄스터를 키우면서 햄스터에 대한 다소 과한 애착 내지 집착을 보이고 있다.

(5) 사전검사 결과

학년	이름	학습장애 선별검사		빈칸채우기검사		읽기유창성검사	
		총점	분류	원점수	백분위 점수	원점수	백분위 점수
3	한승재(가명)	58	고위험군	8	26	99	–

해당 학생은 학습장애 선별검사 결과 고위험군에 해당한다. 읽기이해를 측정하는 빈칸채우기검사를 비롯한 어휘검사와 읽기이해검사 모든 영역에서 백분위 점수가 30 이하로 학년 수준보다 낮은 편에 속한다. 글을 유창하게 읽을 수 있는지를 확인하는 읽기유창성검사 결과 또한 학년 수준에 비해 매우 낮은 편에 속한다. 검사 결과를 종합해 본 결과, 학생은 학년 수준에 비해 모든 영역에서 읽기능력이 낮게 나타남에 따라 지속적이고 전문적인 읽기지도가 절실히 필요한 상황이다. 현재 학생은 읽기능력의 기초 단계인 음운인식에서는 문제가 드러나지 않음에 따라 읽기 자신감과 읽기이해 향상을 위한 첫 단계인 읽기유창성 향상을 프로그램 목표로 설정하여 진행하기로 하였다.

(6) 중재 목표

① **장기 목표**

- 학년 수준 80%에 해당하는 정확도와 속도를 보이며 글을 읽을 수 있다.
- 학년 수준에 맞는 태도를 보일 수 있다.

② **단기 목표(단계별 제시하기)**

- 1~3회기: 띄어 읽기 방법에 대해 80% 이상 이해한다.

• 4~6회기: 띄어 읽기에 대한 이해를 바탕으로 80% 정확도를 보이며 글을 읽을 수 있다.
• 7~10회기: 음운변동에 대해 80% 이상 이해한다.
• 11~15회기: 음운변동에 대한 이해를 바탕으로 80% 정확도를 보이며 글을 읽을 때 적용할 수 있다.

(7) 중재 프로그램

회기	중재내용	중재방법 및 중재자료
1	[읽기유창성검사 실시(현재 수행 수준 확인)] • 라포 형성하기(자기소개하기): 학생과의 라포 형성을 위해 학생과 서로 소개하는 시간을 가졌다. 학생은 타인에게 큰 관심도 보이지 않을뿐더러 본인의 소개에 있어서도 매우 제한적인 정보, 즉 이름만을 설명하였다. 따라서 자기소개에 대한 개념을 같이 생각해 보고, 연습해 보고, 실행해 보는 시간을 가졌다. • 읽기유창성검사 실시: 읽기 사전검사를 바탕으로 학생의 현재 읽기 수준을 정확히 판단하기 위하여 읽기유창성검사를 실시하였다. 그 결과, 학생은 음운인식에는 문제가 드러나지 않지만, 글을 읽는 속도 및 정확도에서 문제가 드러났다. 검사 실시 후, 학생에게 검사에 대한 생각을 물어보고 학생의 현재 수준에 대해 잘한 부분과 부진한 부분을 같이 설명함으로써 앞으로의 중재 계획에 대해 소개하였다.	○ BASA 읽기검사
2	[띄어 읽기 이해하기 I] • 학생과 한 주에 있었던 일들과 학생의 관심사를 중심으로 이야기함으로써 학생과의 라포 형성을 위해 노력하였다. • 띄어 읽기의 개념과 그 중요성에 대해 설명하였다(예: 아버지 가방에 들어가신다, 용돈 이만 원이 있다). • 띄어 읽는 법 설명하기 ① 낱말과 낱말 사이는 띄어 읽기 ② 은/는, 이/가, 을/를, 의 등과 같은 앞말과 붙여 읽기 ③ 문장부호 뒤에서 띄어 읽기	○『읽기 나침반 ② 읽기유창성편』

	• 문장 내 띄어 읽는 부분 체크해 보기 ① 학생과 교사가 각자 단문에서 띄어 읽는 곳에 체크해 보기 ② 서로 바꿔서 상대방의 체크된 부분을 살펴보고 점수 주기 • 띄어 읽는 부분이 체크된 문장을 같이 읽어 보았다. 처음 시도 시 교사가 먼저 모델링을 하고 학생이 그다음에 하게 하였다. 두 번째에는 학생이 먼저 하도록 하였다. • 학생의 주의 산만한 행동이 나타날 시 학생에게 상황에 적절한 행동인지에 대해 직접 물어보고 스스로 절제하도록 기회를 주었다.	
3	[띄어 읽기 이해하기 II] • 복습하기 ① 지난 시간에 학습한 띄어 읽기 방법에 대해 같이 얘기해 보기 ② 지난 수업시간에 활동한 자료 중 하나를 가지고 같이 띄어 읽는 부분에 체크해 보기 ③ 체크한 부분을 중심으로 크게 읽기 연습하기 • 의미단어 찾기 연습하기 ① 학생의 집중력 향상과 수업의 적극적 참여를 위한 게임 활동을 통한 띄어 읽기 연습 실시하기 ② 1분 제한시간 내에 찾을 수 있을 만큼의 단어 찾기 ③ 1분 후 교사와 서로 바꿔서 체크하기 • 띄어쓰기가 되어 있지 않은 문장 내에서 띄어 써야 할 부분 체크하기 ① 의미단어 찾기와 유사하지만, 본 활동에서는 완벽한 문장 내에서 띄어 써야 할 부분을 스스로 찾는 활동 실시하기 ② 단문으로 5개 실시(글 한 단락을 단문장으로 제시) ③ 띄어쓰기 체크 후 5문장을 연결하여 소리 내어 읽기 • 학생의 적극적인 참여 활동을 격려함으로써 읽기에 대한 자신감을 불어넣어 주었다.	○『읽기 나침반 ② 읽기유창성편』

4	[띄어 읽기 활용편 I] • 복습하기 ① 지난 시간에 학습한 띄어 읽기 방법에 대해 같이 얘기해 보기 • 보드게임(사회성 및 띄어 읽기 학습, 게임 세팅하기) ① 학년 수준에 맞는 사회성 발달 및 읽기 학습을 위해 보드게임 선정하기 ② 보드게임에 대한 이해를 얻기 위해 보드게임 활용방법 소개하기 ③ 본인이 직접 설명서를 읽어 가면서 게임 준비하기 • 구체물을 활용하여 활동함으로써 학생이 자연스럽게 적극적으로 수업에 참여하고 바르게 띄어 읽기를 활용한 읽기학습을 시행하였다.	○『읽기 나침반 ② 읽기유창성편』 ○ 보드게임(인생게임)
5	[띄어 읽기 활용편 II(진전도 검사 1)] • 복습하기 ① 지난 시간에 활용한 보드게임에 대해 설명하기 • 보드게임 활용(사회성 및 띄어 읽기 학습, 실전 게임하기) ① 지난 시간에 이어 동일한 보드게임을 활용하여 게임 시작하기 ② 게임 활동 내 주어진 선택사항에서 판단하고 결정하기 ③ 게임 활동에 주어진 카드를 소리 내어 읽기(학습된 띄어 읽기 방법 활용) • 진전도 검사 실시	○『읽기 나침반 ② 읽기유창성편』 ○ 보드게임(인생게임)
6	[띄어 읽기 활용편 III] • 복습하기 ① 띄어 읽기의 중요성 및 방법에 대해 이야기해 보기 • 다양한 형태의 글 읽기 ① 시와 동화와 같은 다른 형태의 글들을 단계적으로 제시하고 그에 맞게 읽기 연습하기 ② 학생의 관심을 높이기 위해 학년 수준에 맞는 글(3학년 1학기)을 준비하여 같이 읽어 보기(긴 글의 경우, 교사와 학생이 돌아가며 한 문장씩 읽기)	○『읽기 나침반 ② 읽기유창성편』 ○ 3-1 국어 교과서
7	[음운변동 이해하기 I] • 음운변동 알기 ① 표기와 발음이 일치하지 않는 경우 제시(단어 활용)	○『읽기 나침반 ② 읽기유창성편』 ○ 햄스터 관련 기사

	② 가장 많이 쓰이는 연음법칙에 대해 설명 • 연음법칙이 적용되는 단어들을 나열하여 소리 나는 대로 쓰기 연습 ① 단어(국어, 음악, 어린이, 글쓴이, 목욕탕, 놀이터, 웃음) 제시 ② 쓰는 것과 소리 나는 것의 다른 점 찾아보기 ③ 문장 내에서 연음법칙이 적용되는 부분 체크하기 ④ 체크 후 소리 내어 읽어 보기 • 학생의 관심사인 햄스터 관련 기사 활용 ① 연음법칙 활용 단어 10개 찾아보기 • 학습에 대한 낮은 관심도를 높이기 위해서 학생이 관심 있는 토픽 내용을 준비하여 수업 참여도를 높였다.	
8	[음운변동 이해하기 II] • 복습하기 ① 연음법칙에 대해 설명하고 기억하는 단어 이야기해 보기 ② 연음법칙을 따르는 단어 제시 후 연음법칙에 해당하는 부분 동그라미치기 ③ 체크한 부분을 단서로 소리 나는 대로 쓰기 연습하기 ④ 소리 나는 대로 쓴 단어들을 소리 내어 읽어 보기(반복학습을 통한 자동화) • 학생의 관심사인 햄스터 관련 기사 활용 ① 연음법칙 활용 단어 20개 찾아보기 ② 찾은 단어에 유의하여 소리 내어 읽기	○『읽기 나침반 ② 읽기유창성편』 ○ 햄스터 관련 기사
9	[음운변동 이해하기 III(진전도 검사 2)] • 복습하기 ① 연음법칙에 대해 설명하고 기억하는 단어 이야기해 보기 ② 단문장 제시 후 연음법칙에 해당하는 부분 동그라미치기 ③ 체크한 부분을 단서로 소리 나는 대로 쓰기 연습하기 ④ 소리 나는 대로 쓴 부분들을 유의하여 소리 내어 읽어 보기(반복학습을 통한 자동화) • 학년 수준 글(3학년 1학기) 활용 읽기유창성 ① 연음법칙 활용 단어 20개 찾아보기 ② 찾은 단어에 유의하여 1분 동안 소리 내어 읽기 ③ 1분 동안 읽은 글자 수 세기(교사와 게임하기)	○『읽기 나침반 ② 읽기유창성편』 ○ 3-1 국어 교과서

10	[음운변동 이해하기 IV] • 복습하기 ① 지난 시간 학습한 글을 연음법칙에 유의하여 1분간 읽기 • 학년 수준 글(3학년 1학기) 활용 읽기유창성 및 읽기이해 ① 연음법칙 활용 단어 모두 찾아보기 ② 찾은 단어에 유의하여 소리 내어 읽기(1분간 읽기) ③ 읽은 내용을 바탕으로 내용 파악하기(주어, 서술어 찾기)	○『읽기 나침반 ② 읽기유창성편』 ○ 3-1 국어 교과서
11	[음운변동 활용편 I] • 보드게임(사회성 및 읽기유창성 향상) ① 지난 보드게임과 다른 게임 선정하기 ② 학생이 처음 시도하는 게임으로 선정하여 게임 방식을 습득하도록 지난 보드게임 활용 학습방법 상기시키기 ③ 게임 안내서 읽기(띄어 읽기와 음운변동에 유의하여 읽기) ④ 오류가 나올 경우 즉시 수정하여 오류 수 최소화하기 ⑤ 게임 안내서를 바탕으로 게임 세팅하기 ⑥ 게임 안내서에 제시된 게임 목표 및 방법 체크하기(읽기이해) • 한국의 주 명소들을 소개하는 보드게임으로 학생의 읽기유창성과 더불어 일반 상식에 도움이 될 것이다.	○『읽기 나침반 ② 읽기유창성편』 ○ 보드게임(투어코리아)
12	[음운변동 활용편 II] • 보드게임(사회성 및 읽기유창성 향상) ① 지난 시간 게임 안내서를 통해 습득한 정보로 보드게임 실전을 위해 게임 세팅하기 ② 지난 시간 습득한 정보를 체크해 가며 게임방법에 대해 설명해 보기 • 게임 실시 ① 게임 순서 및 게임 규칙에 대해서 게임 안내서에서 제시한 내용을 같이 읽기(띄어 읽기와 음운변동 유의하여 읽기)	○『읽기 나침반 ② 읽기유창성편』 ○ 보드게임(투어코리아)

	② 게임카드에 나온 내용 같이 읽기 ③ 모르는 어휘의 경우, 교사가 설명 후 학생이 재설명하도록 하기(읽기이해력 체크) • 한국의 주 명소들을 소개하는 보드게임으로 학생의 읽기유창성과 더불어 일반 상식에 도움이 될 것이다.	
13	[음운변동 활용편 III(진전도 검사 3)] • 보드게임(사회성 및 읽기유창성 향상) ① 게임에 대한 전반적 정보를 설명하기(게임 목표, 방법 등) • 게임 실시 ① 게임 순서 및 게임 규칙에 대해서 게임 안내서에서 제시한 내용을 같이 읽어 보기(띄어 읽기와 음운변동 유의하여 읽기) ② 게임카드에 나온 내용 같이 읽기 ③ 모르는 어휘의 경우, 교사가 설명 후 학생이 재설명하도록 하기(읽기이해력 체크) • 한국의 주 명소들을 소개하는 보드게임으로 학생의 읽기유창성과 더불어 일반 상식에 도움이 될 것이다.	○『읽기 나침반 ② 읽기유창성편』 ○ 보드게임(투어코리아)
14	[음운변동 활용편 IV] • 읽기 오류 줄이기 ① 읽기 오류를 줄이기 위해 본 프로그램에서 활용된 띄어 읽기와 음운변동을 중심으로 읽기 연습하기 ② 학년 수준에 맞는 글을 선택하여 소리 내어 읽기(오류 수 최소화하기) • 읽기유창성 ① 같은 글을 다시 소리 내어 읽고 시간 재기(교사도 같은 글을 읽고 시간 재기) • 읽기이해 ① 읽은 내용을 바탕으로 본인의 언어로 읽은 내용 설명하기	○『읽기 나침반 ② 읽기유창성편』
15	[읽기이해 및 읽기유창성 사후검사 실시] • 본 프로그램을 통해 습득한 읽기유창성 및 읽기이해능력 검사 실시	○ BASA 읽기검사 ○ BASA 읽기이해검사

(8) 중재 진전도 및 사후검사 결과와 종결 상태

① 진전도 검사 결과

검사	1회	2회	3회
읽기유창성검사	99	126	135

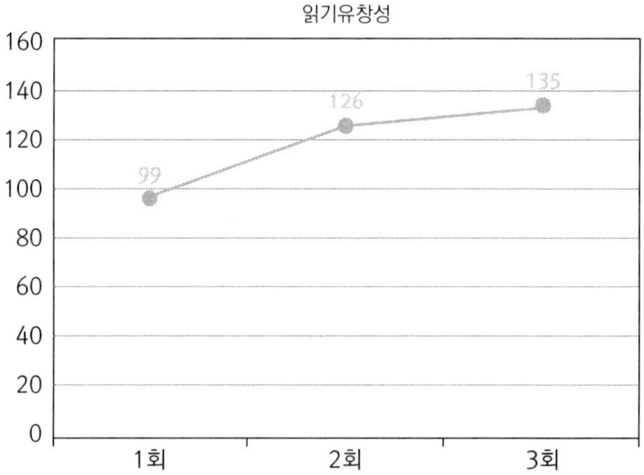

읽기유창성 향상을 확인하기 위해 총 3회의 진전도 검사를 실시하였다. 그 결과, 원점수가 99점, 126점, 135점으로 큰 폭으로 상승한 것을 확인할 수 있었다.

② 프로그램 사전-사후 검사 결과 비교

검사	사전검사 원점수(백분위)	사후검사 원점수(백분위)
학습장애 선별검사	58(고위험군)	52(고위험군)
빈칸채우기검사	8(26)	6(17)
어휘검사	5(2)	2(2)
읽기이해검사	4(6)	5(6)
읽기유창성검사	99	131

해당 학생의 읽기능력검사 결과를 바탕으로 하여 읽기유창성 향상을 목표로 총 15회기 프로그램을 실시한 결과, 사전검사 원점수 99점에서 사후검사 원점수 131점으로 많은 향상을 보였다. 그러나 학년 수준에 해당하는 표준화된 성취검사에서는 향상이 나타나지 않았다. 본인이 직접 작성하는 학습장애 선별검사에서도 아직까지는 고위험군에 속하지만, 프로그램 실시 전후 차이가 나타나는 것은 읽기에 대한 학생의 심리적 부담감이 감소

된 것임을 알 수 있다. 본 프로그램이 2인 1조 수업인 짝 수업으로 진행됨에 따라 다양한 활동을 할 수는 있었지만, 개별화된 수업 진행이 어려움에 따라 학생의 진전도를 높이는 데는 한계가 있는 것 같다.

(9) 제언

해당 학생은 본 프로그램을 통해 읽기에 대한 자신감과 읽기유창성에 뚜렷한 향상을 보였다. 이에 따라 학년 수준에 맞는 학습을 위해 어휘지식과 읽기이해 전략 등에 대한 학습이 점진적으로 시작될 필요가 있다. 학교, 센터, 집에서 꾸준히 다양한 책 읽기를 통하여 읽기전략을 제시하고, 학생이 다양한 읽기자료를 경험하여 배경지식을 활성화함으로써 어휘지식을 늘려 가는 것이 중요하다.

3. 읽기유창성 사례 보고서 II

(1) 성별

① 남(✓)　　　　　② 여

(2) 학년

4학년

(3) 중재 사유

해당 학생은 읽기이해 및 학습장애 선별검사에서 각각 하위 15% 및 잠재적 위험군으로 결과가 나타났으며, 동학년 대비 낮은 읽기성취 수준으로 인해 중재를 시작하였다.

(4) 일반적 특성

① 학습

기본적으로 공부에 대한 강한 거부감을 가지고 있다. 또한 자신의 학습 수준에 비해 조금만 어려운 내용이 나올 경우 쉽게 포기하거나 지루해하는 경향이 있으며, 이러한 태도가 전반적인 학습 수준에 영향을 미치고 있다.

② 정서 및 행동

수업을 진행하는 데 있어 소극적이거나 지나치게 산만한 행동을 보이지는 않는다. 수업 진행 시 교사의 지시를 비교적 잘 따르는 편이며, 집중력이 흐트러지는 경우가 있으나 크게 문제가 될 정도는 아니었다.

③ 사회성

다른 학생들과도 잘 지내는 편이며 강사와도 좋은 관계를 유지하였다. 자신의 의견을 제시하는 데 어려움이 없으며 매사에 적극적인 모습을 볼 수 있었다.

(5) 사전검사 결과

학년	이름	학습장애 선별검사		읽기이해검사		읽기유창성검사	
		총점	분류	원점수	백분위 점수	원점수	백분위 점수
4	우진우(가명)	33	잠재적 위험군	1	1	177	15

해당 학생은 학습장애 선별검사 결과 잠재적 위험군에 해당한다. 읽기이해검사에서는 1점을 받아서 백분위 점수 1점(하위 1%)의 결과를 보여 같은 학년에 비해 낮은 읽기이해력을 보이고 있다. 읽기유창성검사에서는 177점으로 백분위 점수 15점(하위 15%)의 결과를 보여 같은 학년에 비해 낮은 읽기유창성을 보이고 있다. 이에 지속적인 지도가 많이 필요한 상황으로 판단되어, 글을 빠르게 읽는 읽기유창성과 4학년인 해당 학생의 학년 수준을 고려하여 읽은 내용을 이해하기 위한 읽기이해력의 향상을 목표로 설정하여 프로그램을 진행하였다.

(6) 중재 목표

① 장기 목표

읽기유창성 및 읽기이해력을 향상시킨다(총 15회기).

- 제시된 지문을 빠르게 읽을 수 있다.
- 지문을 읽고 해당 내용을 이해할 수 있으며, 읽은 내용을 바탕으로 제시된 문제를 해결할 수 있다.

② 단기 목표(단계별 제시하기)

- 각 단어 끝의 조사를 틀리지 않고 읽을 수 있다.
- 지문을 읽고 중심내용을 파악할 수 있다.
- 문제를 풀 때 효율적으로 푸는 방법을 익힐 수 있다.

(7) 중재 프로그램

회기	중재내용	중재방법 및 중재자료
1	[라포 형성, 기초평가 실시] • BASA: 읽기를 통한 읽기유창성검사 및 유창성 연습을 실시하였다. • 학생은 자신의 학년인 4학년에 비해 유창성도 낮을뿐더러 읽는 도중 틀리는 부분도 가끔 발생하였다. 하지만 짧은 시간 동안 정해진 과제를 수행하는 데에는 집중하는 모습을 보였다. • 집중력이 많이 부족하기도 하며, 쉽게 산만해져 수업에 집중을 잘 하지 못하는 모습을 보여 향후 이에 대한 적절한 중재가 필요할 것으로 예상된다. • 첫 만남이다 보니 조금 어색한 면이 없지 않아 있었지만, 학생이 활발한 편이어서 수업을 하는 데 무리는 없었다.	○ BASA 읽기유창성검사 ○ BASA 읽기이해검사
2	[읽기유창성 오류패턴 알기] • 학생은 자신의 학년인 4학년에 비해 유창성이 낮기 때문에 지문을 읽은 후 오류가 보이는 글자를 중심으로 반복적인 훈련을 하였다. 반복적으로 보이는 오류는 '스님'을 '스승님'으로 읽는 것과 조사의 생략이었다. 따라서 학생에게 보이는 오류를 알려 주자 본인도 인지하고 있었으며, 천천히 반복적으로 읽는 연습을 통해 오류를 줄여 나가는 연습을 하였다. • 교사가 수업시간에 제시한 과제를 수행하고, 다음 과제를 제시하기까지의 틈이 있을 때 집중력이 많이 낮아지지만, 구체적으로 과제를 제시하면 수업으로 돌아오는 모습을 보였다. • 학생이 활발한 편이라 수업을 하는 데 있어서 교사와의 관계에는 큰 문제가 없었다.	○『읽기 나침반 ② 읽기유창성편』 ○『읽기 나침반 ④ 읽기이해편』
3	[읽기유창성 오류패턴 연습 1] • 지난 시간과 마찬가지로 조사에서 오류가 발생하였다. 지난 시간에 읽었던 지문을 다시 한 번 읽게 하였는데 반복적으로 '스님'을 '스승님'으로 읽는 오류를 보였다. 그 외에도 '을, 를, 이' 등의 조사에서 오류를 보였다. 빠르게 읽으려고 할 때 글자를 놓치는 경우가 많았다.	○『읽기 나침반 ② 읽기유창성편』 ○『읽기 나침반 ④ 읽기이해편』

	• 교사가 제시하는 과제와 수업에 대해서는 잘 따라오는 것 같다. 중간중간 집중력이 낮아져 흐트러지는 모습을 보이기는 했으나 문제가 될 만한 정도는 아니었다. • 학생이 활발한 편이라 수업을 하는 데 있어서 교사와의 관계에는 큰 문제가 없었다.	
4	[읽기유창성 오류패턴 연습 2] • 이번 수업에서도 각 단어의 끝(예: 조사)에서 오류가 발견되었다. 완전히 틀리게 읽는다기보다는 '있는데 → 있었는데'와 같이 자신이 기존에 익숙한 형태로 읽는 오류를 보이고 있다. • 수업을 조금 지루해하는 모습이 보이나, 교사가 시키는 과제에 대해서 성실하게 수행하였다. • 학생이 활발한 편이라 수업을 하는 데 있어서 교사와의 관계에는 큰 문제가 없었다.	○『읽기 나침반 ② 읽기유창성편』 ○『읽기 나침반 ④ 읽기이해편』
5	[조사의 종류 알고 읽기] • 읽기유창성 향상을 위해 조사가 들어가 있는 문장 읽기 및 조사의 종류를 익히는 활동을 하였다. • 읽기이해력 향상을 위한 수업을 진행하였다. 전체적으로 교재 난이도가 낮아서 수월하게 푸는 모습을 보였다. 하지만 조금 어려운 문제가 나오자 쉽게 포기하려는 모습을 보였다. • 난이도가 높아지자 평소와는 다르게 쉽게 지치고 산만해지는 모습을 볼 수 있었다. 교사가 충분한 시범을 보이자 수업을 따라오는 모습을 볼 수 있었다. • 학생이 활발한 편이라 수업을 하는 데 있어서 교사와의 관계에는 큰 문제가 없었다.	○『읽기 나침반 ② 읽기유창성편』 ○『읽기 나침반 ④ 읽기이해편』
6	[문장 속 조사 읽기] • 읽기유창성 향상을 위해 문장 속에 있는 조사에 표시를 하고 읽기 연습을 하였다. • 읽기이해력 중간점검을 위해 읽기이해 및 읽기유창성 검사를 실시하였다. 또한 읽기유창성 지문을 바탕으로 인물, 사건, 배경을 찾는 연습을 실시하였다. • 읽기이해력 중간점검 동안 의욕적으로 문제를 푸는 모습을 보였다. 하지만 시간이 흐르면서 조금 지쳐하는 모습을 보였다. • 학생이 활발한 편이라 수업을 하는 데 있어서 교사와의 관계에는 큰 문제가 없었다.	○『읽기 나침반 ② 읽기유창성편』 ○『읽기 나침반 ④ 읽기이해편』

7	[글문단에서 조사 읽기 1] • 읽기유창성 향상을 위해 조사가 들어간 문장이 있는 글문단을 빠르고 정확하게 읽는 연습을 하였다. • 읽기이해력 중간점검을 한 결과를 통해 틀린 문항들에 대한 풀이를 진행하였다. 난이도가 어려워서인지 이전 수업보다 어려워하고 집중력이 많이 낮아진 모습을 보였다. • 쉬운 문제에는 의욕적인 모습을 보이지만 어려운 문제에서는 집중력이 많이 낮아지는 모습을 보이기 때문에 학생을 지도할 때 난이도에 대한 고려가 중요한 것으로 예상된다. • 학생이 활발한 편이라 수업을 하는 데 있어서 교사와의 관계에는 큰 문제가 없었다.	○『읽기 나침반 ② 읽기유창성편』 ○『읽기 나침반 ④ 읽기이해편』
8	[읽기 오류 스스로 알기] • 읽기유창성 향상을 위해 조사가 들어간 문단을 읽고 녹음하여 자신의 오류를 찾고 수정하는 연습을 하였다. • 읽기이해력 중간점검을 한 결과를 통해 틀린 문항들에 대한 풀이를 진행하였다. • 학생의 컨디션에 따라 학습수행능력이 크게 차이가 나는 것을 알 수 있었다. 이번 수업의 경우 학생의 참여도가 높아 기존의 검사에 대한 풀이를 빠르고 잘 수행하였으며, 읽기유창성도 높은 결과를 보였다. 따라서 학생이 흥미를 끌 만한 주제의 지문과 기타 환경을 잘 구성해야 더욱 효과적인 수업이 진행될 수 있음을 확인하였다. • 학생이 활발한 편이라 수업을 하는 데 있어서 교사와의 관계에는 큰 문제가 없었다.	○『읽기 나침반 ② 읽기유창성편』 ○『읽기 나침반 ④ 읽기이해편』
9	[글문단에서 조사 읽기 2] • 읽기유창성 향상을 위해 조사가 들어간 문장이 있는 지문을 정확하게 읽는 연습을 하였다. • 읽기이해 진전도 검사에서 틀린 문항에 대한 풀이를 진행하였다. 특히 '사실과 의견'의 구별을 어려워하는 모습을 보였다. 다양한 예를 들어 설명하였지만, 완전히 이해하지 못하는 모습을 보였다. 하지만 다른 문제들에 대해서는 잘 이해하고 풀어내는 것을 볼 수 있었다. • 집중적으로 어려워하는 부분을 가르치자 빠르게 지쳐하는 모습을 볼 수 있었다. • 학생이 활발한 편이라 수업을 하는 데 있어서 교사와의 관계에는 큰 문제가 없었다.	○『읽기 나침반 ② 읽기유창성편』 ○『읽기 나침반 ④ 읽기이해편』

10	[진전도 검사] • 2차 진전도 검사를 위해 15분간 읽기이해검사, 1분간 읽기유창성검사를 진행하였다. • 조금 어려웠지만 열심히 문제를 푸는 모습을 보였다. • 학생이 활발한 편이라 수업을 하는 데 있어서 교사와의 관계에는 큰 문제가 없었다.	ㅇ BASA 읽기유창성검사 ㅇ BASA 읽기이해검사
11	[나의 읽기 특성 알기 1] • 읽기유창성 진전도 검사 지문에서 틀린 부분을 확인하고 다시 읽고 오류를 확인하여 연습하였다. • 2차 진전도 검사에서 실시한 읽기이해검사에서 틀린 문항들을 점검하였다. 학생 수준에 어려운 문항들이 있어 어려워하는 모습을 보였으나, 강사가 함께 도와주자 의욕을 갖고 푸는 모습을 볼 수 있었다. • 조금 어려웠지만 열심히 문제를 푸는 모습을 보였다. 또한 강사가 지시하는 사항들에 대해 성실하게 임하는 모습을 볼 수 있었다. • 학생이 활발한 편이라 수업을 하는 데 있어서 교사와의 관계에는 큰 문제가 없었다.	ㅇ『읽기 나침반 ② 읽기유창성편』 ㅇ『읽기 나침반 ④ 읽기이해편』
12	[나의 읽기 특성 알기 2] • 읽기유창성 진전도 검사에서 나타난 오류 패턴과 유사한 문장이 있는 글을 읽고 연습하였다. • 2차 진전도 검사 후 오답을 보인 문제에 대한 풀이는 마무리하였다. 학생의 이해력이 나쁘지는 않으나 어려운 문제에 직면했을 때 이를 해결하고자 하는 의지가 낮아 이에 대한 교육적인 지도가 필요하다. • 학생이 어려워할 때마다 교사의 적극적인 격려가 필요했으며, 격려가 있은 후에는 열심히 수업에 참여하였다. • 학생이 활발한 편이라 수업을 하는 데 있어서 교사와의 관계에는 큰 문제가 없었다.	ㅇ『읽기 나침반 ② 읽기유창성편』 ㅇ『읽기 나침반 ④ 읽기이해편』
13	[진전도 검사] • 3차 진전도 검사를 위해 15분간 읽기이해검사, 1분간 읽기유창성검사를 진행하였다. • 조금 어려웠지만 열심히 문제를 푸는 모습을 보였다. • 학생이 활발한 편이라 수업을 하는 데 있어서 교사와의 관계에는 큰 문제가 없었다.	ㅇ BASA 읽기유창성검사 ㅇ BASA 읽기이해검사

14	[사후검사] • 1회 때 실시한 사전검사와 BASA 읽기유창성검사와 읽기 이해검사를 실시하였다.	○ BASA 읽기유창성검사 ○ BASA 읽기이해검사

(8) 중재 진전도 및 사후검사 결과와 종결 상태

① 진전도 검사 결과

검사	1회	2회	3회
읽기유창성검사	161	195	194

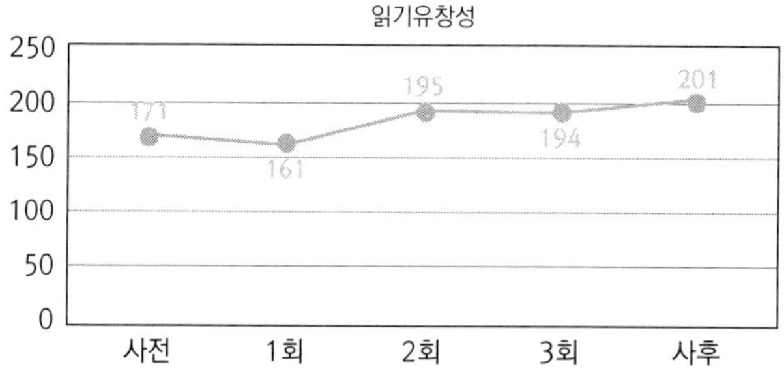

읽기유창성 향상을 확인하기 위하여 총 3회의 진전도 검사를 실시하였다. 그 결과, 진전도 검사 점수가 161점, 195점, 194점으로 상승한 것을 확인할 수 있었다. 첫 번째 진전도 검사 점수는 사전검사(171점)보다 다소 낮았지만 이후 큰 폭으로 향상하였고, 사후검사에서는 사전검사보다 30점 상승한 201점으로 나타났다.

② 프로그램 사전-사후 검사 결과 비교

검사	사전검사 원점수(백분위)	사후검사 원점수(백분위)
학습장애 선별검사	33(잠재적 위험군)	45(잠재적 위험군)
읽기유창성검사	171	201
읽기이해검사	1	8

15회기 프로그램을 통하여 해당 학생의 읽기유창성은 사전검사 점수인 171점보다 30점 상승한 201점으로 나타났다. 또한 읽기이해는 1점에서 8점으로 큰 폭으로 상승한 것을 확인할 수 있었다. 무엇보다 읽기유창성이 향상하면서 자연스럽게 지문을 읽는 양과 정

확도가 증가하여 읽기이해 점수가 상승한 것으로 예측된다.

(9) 제언

해당 학생에게는 무엇보다 학습 상황에 대한 부담감을 줄이는 것이 가장 중요한 것으로 보인다. 그러한 학습환경이 조성된다면 학생의 집중력을 끌어올릴 수 있어 더 좋은 수행결과를 보일 것으로 추측된다. 또한 읽기유창성의 경우 교육적 지원이 투입된다면 향상되는 것으로 보아 앞으로도 꾸준히 중재가 이루어진다면 읽기유창성도 성장할 것으로 기대된다.

4. 읽기유창성 사례 보고서 III

(1) 성별

① 남(✓)　　② 여

(2) 학년

4학년

(3) 중재 사유

작년 난독증 프로그램에 참여한 학생으로, 읽기속도가 느리고 유창하게 글을 읽는 데 어려움이 있다. 특히 쌍자음을 읽을 때 쌍자음 소리가 아닌 자음 소리로 읽는 오류 패턴이 많이 보였기 때문에 읽기유창성 집중중재를 시작하였다.

(4) 일반적 특성

① 학습

'읽기' 활동에 부담감을 나타냈다. 본인이 읽는 속도가 느리다는 것을 인지하고 부끄러워하였다. 또한 국어 외의 학습에서도 또래에 비해 낮은 성취 수준을 보인다. 그리고 교사가 질문을 하면 모른다고 대답하는 경우가 대부분이었다. 음운인식은 100% 되지만 빨리 읽기를 하거나 집중력이 떨어질 때 읽기 오류가 많이 보였다. 그래서 자신감을 충분히 가질 수 있는 강의 구성과 집중력을 스스로 기를 수 있는 중재방법이 필요하다고 판단된다.

② 정서 및 행동

평소에는 학습에 무관심하거나 자신감이 없어 보이지만, 게임으로 구성된 학습활동을 하거나 칭찬 강화를 많이 받으면 적극적인 태도를 보인다.

③ 사회성

담당교사 및 부모님과 면담한 결과, 교우관계에서 문제행동이 종종 드러난다고 한다.

④ 가정배경

위로 나이 터울이 큰 형과 누나가 있고, 밑으로 어린 동생이 있으며, 부모님이 맞벌이를 하신다. 교육환경 노출이 적다. 작년 난독증 프로그램 참여 이후, 전문적인 진단을 받고 ADHD 약물을 복용 중이며 이에 관련된 치료를 받고 있다.

(5) 사전 검사 결과

학년	이름	학습장애 선별검사		빈칸채우기검사		읽기유창성검사	
		총점	분류	원점수	백분위 점수	원점수	백분위 점수
4	정우영(가명)	47	고위험군	8	26	116	–

해당 학생은 작년에 이어 올해에도 프로그램에 참여한 학생이다. 학습장애 선별검사 결과 고위험군에 해당하였다. 읽기이해를 측정하는 빈칸채우기검사와 유창하게 읽을 수 있는지를 확인하는 읽기유창성검사를 실시하였고 빈칸채우기검사는 백분위 점수가 26%로 낮은 편에 속하며, 읽기유창성검사에서는 원점수 116점을 받았다. 작년에 학생은 쌍자음 읽기에서 오류를 보였던 빈도가 낮았고, 선별검사 결과 및 담당교사의 면담내용을 참고하여 읽기유창성 중재 프로그램을 계획하였다.

(6) 중재 목표

① 장기 목표

교재 속 짧은 글을 읽을 때 빠르고 정확하게 읽는다(총 15회기).

- 쌍자음 소리를 알고 정확하게 읽을 수 있다.
- 읽기를 할 때 학년 수준에 맞는 빠르기로 읽을 수 있다.

② 단기 목표(단계별 제시하기)

- 쌍자음+모음 조합의 글자를 정확하게 읽을 수 있다.

- 쌍자음이 들어간 단어를 정확하게 읽을 수 있다.
- 문장 속에서 쌍자음 단어를 읽을 때 오류 없이 읽을 수 있다.
- 짧은 글 속에서 쌍자음 글자를 읽을 때 오류 없이 읽을 수 있다.

(7) 중재 프로그램

회기	중재내용	중재방법 및 중재자료
1	[BASA 읽기유창성검사 실시(현재 수행 수준 확인) 및 담당 교사 면담] • BASA 읽기유창성검사를 실시하여 읽기유창성을 평가함으로써 학생의 현재 읽기 수행 수준을 파악하고, 향후 읽기 교육의 방향성과 구체적인 중재 영역을 설정하고자 하였다. 또한 검사 실시과정에서 학생이 보이는 여러 가지 오류 패턴을 분석하고, 읽기에 어려움을 보이는 원인을 다양한 측면에서 살펴보고자 하였다. • 학생과의 유대관계 형성을 위해 학교생활이나 친구들에 대한 이야기를 간단히 나누었으며, 앞으로 제공받을 교육에 대한 흥미와 참여도를 높이기 위해 학생들이 평소 좋아하는 놀이나 활동, 흥미 있어 하는 요소들에 대한 정보를 수집하였다. • 담당교사와의 면담을 통해 학생의 학습능력, 가정환경에 대한 정보를 얻었고, 교사관찰을 통해 알게 된 학생의 특성 및 강약점을 알 수 있었다.	○ BASA 읽기유창성검사
2	[자음+이중모음으로 이루어진 글자 읽기] • 학생이 지난 시간 평가 때 자음+이중모음 글자 읽기에 오류를 보였기 때문에 이 부분에 대한 평가와 집중중재를 실시하였다. • 교사는 자음과 모음 'ㅘ'로 이루어진 글자의 구조를 설명하고 정확한 발음을 들려주었다. • 학생은 따라 발음한 뒤 교재(『읽기 나침반 ① 음운인식편』 24차시) 속 글자를 따라 적으면서 크게 발음한다. 이와 같은 활동을 'ㅘ, ㅚ, ㅙ, ㅟ, ㅢ'에서 반복하였다. • 『읽기 나침반 ② 읽기유창성편』 1차시의 동요 '퐁당퐁당'을 읽어 보았다. 학생은 빠르게 읽어 보기, 천천히 읽어 보기, 읽은 내용 녹음한 것 들어 보기 활동을 하였다.	○『읽기 나침반 ① 음운인식편』 ○『읽기 나침반 ② 읽기유창성편』

	• ‘퐁당퐁당’을 부르며 교사와 함께 게임을 하여 집중도를 유지하였다.	
3	[자음+미끌모음으로 이루어진 단어 유창하게 읽기] • 자음+미끌모음(ㅑ, ㅕ, ㅛ, ㅠ)으로 이루어진 글자 소리를 안다. • 자음+미끌모음(ㅑ, ㅕ, ㅛ, ㅠ)으로 이루어진 글자를 찾아 빈칸에 적었다. • 자음+미끌모음(ㅑ, ㅕ, ㅛ, ㅠ)으로 이루어진 단어를 읽어 본다. • 오늘 배운 글자를 정확하고 빠르게 읽기 게임을 하였다. • 『읽기 나침반 ② 읽기유창성편』 1차시의 동요 ‘섬 집 아기’를 읽고 자신의 목소리를 녹음하였다. • 녹음한 목소리를 듣고 오류를 찾아보았다. • 오류를 확인한 후 다시 읽어 보았다. • 시간을 기록하며 읽어 보았다. • 자신의 이전 기록보다 빨리 읽었을 시 강화물을 받았다.	○『읽기 나침반 ① 음운인식편』 ○『읽기 나침반 ② 읽기유창성편』 ○ 휴대폰 녹음기
4	[쌍자음+모음으로 이루어진 단어 유창하게 읽기] • 쌍자음+모음(ㅏ, ㅓ, ㅗ, ㅜ, ㅡ)으로 이루어진 글자의 소리를 들어 보았다. • 쌍자음+모음(ㅏ, ㅓ, ㅗ, ㅜ, ㅡ)으로 이루어진 글자를 읽어 보았다. • 쌍자음+모음(ㅏ, ㅓ, ㅗ, ㅜ, ㅡ)으로 이루어진 글자를 따라 적으면서 크게 발음하여 보았다. • 『읽기 나침반 ② 읽기유창성편』 1차시의 동요 내용을 빠르게 읽기 게임을 하였다. • 자신 있는 내용을 선택하여 빠르고 정확히 읽고 시간을 기록하였다. • 자신의 이전 기록을 넘어섰을 경우 강화물을 받았다.	○『읽기 나침반 ① 음운인식편』 ○『읽기 나침반 ② 읽기유창성편』 ○ 휴대폰 녹음기
5	[자음+모음 발음하기/동시 읽어 보기] • 교재에 소개된 쌍자음+모음 글자를 집중적으로 읽었다. • 쌍자음+모음 글자를 빠르게 읽었다. • 쌍자음+모음 글자 읽기를 녹음하여 들어 보았다. • 오류가 있는 글자를 확인하여 다시 읽었다. • 자음+이중모음(ㅐ, ㅔ, ㅒ, ㅖ) 글자 읽기를 하였다. • 『읽기 나침반 ② 읽기유창성편』의 동시(‘바다’ ‘비오는 날이면’)를 바르게 읽었다. • 교사가 먼저 읽고 따라 읽었다.	○『읽기 나침반 ① 음운인식편』 ○『읽기 나침반 ② 읽기유창성편』 ○ 휴대폰 녹음기

	• 자신이 읽은 것을 듣고 오류를 찾아냈다. • 빠르기 읽기를 연습한 뒤 시간을 기록하였다. • 지난 시간보다 많은 단어를 읽으면 강화물을 받았다.	
6	[쌍자음+모음 발음하기/짧은 글 읽기 1] • 『읽기 나침반 ① 음운인식편』의 쌍자음+모음 조합 단원에 제시된 글자를 읽었다. • 오류가 난 글자를 확인한 후 다시 읽었다. • 교사가 읽어 주는 『읽기 나침반 ② 읽기유창성편』 3차시의 짧은 글('동물원' '다람쥐 쫑쫑이')을 듣고 읽기 연습을 하였다. • 한 문장씩 교사와 번갈아 가면서 짧은 글을 읽었다. • 혼자서 짧은 글을 소리 내어 읽었다. • 짧은 글 읽기를 녹음하여 들어 보고 다시 정확히 읽기 연습을 하였다. • 시간을 재고 읽고, 시간을 기록하였다. • 이전보다 빠르고 많은 단어를 읽으면 강화물을 받았다.	○『읽기 나침반 ① 음운인식편』 ○『읽기 나침반 ② 읽기유창성편』 ○ 휴대폰 녹음기
7	[쌍자음+단순모음 발음하기/짧은 글 읽기 2] • 쌍자음+단순모음 글자를 구별하여 읽어 보았다. • 쌍자음+단순모음 글자를 바르게 읽고 오류를 찾아보았다. • 자주 있는 오류를 반복적으로 읽어 보았다. • 포스트잇에 쌍자음+단순모음 글자 10개를 적어 상대방이 말하는 두 글자 찾기 게임을 하였다. • 짧은 글 '친구 지영이에게'를 반복적으로 읽고 녹음하였다. • 녹음한 내용을 듣고 오류를 정정하였다. • 빠르게 읽고 시간을 기록하는 것을 반복하여, 지난 시간보다 빠르게 많은 단어를 읽으면 강화물을 받았다.	○『읽기 나침반 ① 음운인식편』 ○『읽기 나침반 ② 읽기유창성편』 ○ 휴대폰 녹음기, 포스트잇, 크레파스
8	[쌍자음+단순모음 유창하게 읽기/짧은 글 읽기 3] • 『읽기 나침반 ① 음운인식편』에 나오는 쌍자음+단순모음 글자 읽기 연습을 하였다. • 쌍자음+단순모음 글자를 읽고 스스로 정정하며 읽기를 반복 연습하였다. • 자주 있는 오류를 체크하여 반복적으로 읽기 연습을 하였다. • 포스트잇에 쌍자음+단순모음 글자 10개를 적어 상대방이 말하는 두 글자 찾기 게임을 하였다.	○『읽기 나침반 ① 음운인식편』 ○『읽기 나침반 ② 읽기유창성편』 ○ 휴대폰 녹음기, 포스트잇, 크레파스

	• 『읽기 나침반 ② 읽기유창성편』의 설명글 '국경일'을 읽고 국경일의 의미를 알았다. • 반복적으로 읽고 녹음하기를 하였다. • 녹음한 내용을 듣고 오류 정정하기를 하였다. • 빠르게 읽고 시간을 기록하는 것을 반복하여, 지난 시간보다 빠르게 많은 단어를 읽으면 강화물을 받았다.	
9	[쌍자음+단순모음 유창하게 읽기] • 지난 시간 반복적으로 보인 읽기오류 패턴 'ㄲ, ㄸ'에 대한 집중중재를 하였다. • 『읽기 나침반 ① 음운인식편』에 나온 쌍자음(ㄲ)+단순모음 글자를 읽어 보고 소리를 듣고 'ㄲ'과 'ㄱ'을 구별하고 두 자음이 들어간 글자들을 보고 구별하는 연습을 하였다. • 쌍자음(ㄸ)+단순모음도 위의 과정과 같은 연습을 하였다. • 포스트잇에 쌍자음(ㄲ, ㄸ)+단순모음 글자 10개를 적어 상대방이 말하는 두 글자 찾기 게임을 하였다. • 교구를 이용하여 배운 단어들의 자음만 제시하고 맞히기와 모음만 제시하고 맞히기를 하였다.	○『읽기 나침반 ① 음운인식편』 ○『읽기 나침반 ② 읽기유창성편』 ○ 휴대폰 녹음기, 포스트잇, 크레파스 ○ 의성어/의태어 카드(교구)
10	[쌍자음+단순모음 유창하게 읽기] • 『읽기 나침반 ① 음운인식편』에 나온 쌍자음+단순모음 조합 단어를 바르게 읽었다. • 쌍자음이 들어간 의성어/의태어 카드(교구)를 읽고 의미를 알았다. • 쌍자음이 들어간 의성어/의태어 카드(교구) 소리를 듣고 맞는 소리가 있는 카드를 찾았다. • 쌍자음이 들어간 의성어/의태어 카드(교구)를 빠르게 읽기 연습을 하였다. • 교구를 이용하여 자음만 보고 의성어/의태어 맞히기 게임을 하였다.	○『읽기 나침반 ① 음운인식편』 ○『읽기 나침반 ② 읽기유창성편』 ○ 휴대폰 녹음기, 포스트잇, 크레파스 ○ 의성어/의태어 카드(교구)
11	[의성어 · 의태어 쌍자음+단순모음 유창하게 읽기/전래동화 <심청전> 읽기] • 『읽기 나침반 ① 음운인식편』에 소개된 쌍자음+단순모음 조합 글자들을 정확하고 빠르게 읽기 연습을 하였다. • 반복적으로 보이는 오류를 보이는 글자를 포스트잇에 적고, 소리만 듣고 찾기 게임과 스스로 읽어 보고 상대방이 찾게 하는 게임을 하였다.	○『읽기 나침반 ① 음운인식편』 ○『읽기 나침반 ② 읽기유창성편』 ○ 휴대폰 녹음기, 포스트잇, 크레파스 ○ 의성어/의태어 카드(교구)

	• 지난 시간에 배운 쌍자음이 들어간 의성어/의태어 카드(교구)의 의미를 알고 빠르게 읽기를 하였다. • 카드를 읽고 몸으로 표현하기와 몸으로 표현한 의성어/의태어 단어를 맞히기 게임을 하였다. •『읽기 나침반 ② 읽기유창성편』 7차시의 전래동화 '심청전 이야기'를 읽었다. 전래동화를 택한 것은 학생에게 흥미를 가지고 읽을 수 있는 내용을 교재에 나와 있는 주제 중에서 스스로 선택하게 하였는데 학생이 전래동화를 선택하였기 때문이다. • 교사가 먼저 소리 내어 읽으면 연필로 소리를 따라 같이 내용 밑에 밑줄을 그어 가며 눈으로 읽었다. • 혼자서 짧은 글을 소리 내어 읽었다. • 자신의 목소리를 녹음하여 들어 보고, 오류를 확인한 후 정정하여 다시 정확히 읽기 연습을 하였다. • 빠르게 글 읽기를 연습하기 위해 시간을 기록하여 이전보다 많은 단어를 빠르게 읽으면 강화물을 받았다.	
12	[문장 속의 재미있는 단어 유창하게 읽기/전래동화 <별주부전> 읽기] •『읽기 나침반 ① 음운인식편』에 소개된 쌍자음+단순모음 조합 글자들을 정확하고 빠르게 읽기 연습을 하였다. • 반복적으로 보이는 오류를 보이는 글자를 포스트잇에 적고, 소리만 듣고 찾기 게임과 스스로 읽어 보고 상대방이 찾게 하는 게임을 하였다. • 지난 시간에 배운 쌍자음이 들어간 의성어/의태어 카드(교구)의 의미를 알고 빠르게 읽기를 하였다. •『읽기 나침반 ③ 어휘편』 1단계의 의성어/의태어 단어들을 읽어 보았다. 의성어/의태어의 종류를 구별하여 읽어 보았다. 교재에 제시된 문장을 읽고 그 속의 의성어/의태어를 재미있게 읽어 보았다. • 스스로 의성어/의태어가 들어간 문장을 만들어 읽어 보았다. •『읽기 나침반 ② 읽기유창성편』 3단계 7차시의 전래동화 〈별주부전〉을 읽었다. 전래동화를 택한 것은 학생에게 흥미를 가지고 읽을 수 있는 내용을 교재에 나와 있는 주제 중에서 스스로 선택하게 하였는데 학생이 전래동화를 선택하였기 때문이다.	○『읽기 나침반 ① 음운인식편』 ○『읽기 나침반 ② 읽기유창성편』 ○『읽기 나침반 ③ 어휘편』 ○ 핸드폰 녹음기, 포스트잇, 크레파스 ○ 의성어/의태어 카드(교구)

	• 교사가 먼저 소리 내어 읽으면 연필로 소리를 따라 같이 내용 밑에 밑줄을 그어 가며 눈으로 읽었다. • 역할을 나누어 역할에 맞는 목소리를 내어 읽기 연습을 하였다. • 역할을 바꾸어 역할극을 읽었다. • 자신의 목소리를 녹음하여 들어 보고, 오류를 확인한 후 정정하여 다시 정확히 읽기 연습을 하였다. • 빠르게 글 읽기를 연습하기 위해 시간을 기록하여 이전보다 많은 단어를 빠르게 읽으면 강화물을 받았다.	
13	[짧은 글 유창하게 읽어 보기 1] • 지난 중재기간 동안 배운 글자를 빠르고 정확하게 읽기 연습을 하였다. • 자신의 오류 패턴을 확인하고 빈번하게 보이는 오류에 대해 왜 그렇게 읽는지 이야기를 나누어 보고 분석해 보았다. • 자신의 오류 패턴을 인지하고 다시 글자를 빠르고 정확하게 읽었다. • 중재기간 동안 배운 의성어/의태어를 빠르고 정확하게 읽기를 연습하였다. • 스스로 오류가 자주 난 글자를 넣은 문장을 작성해 보고 스스로 읽기를 연습하였다. • 중재기간 동안 읽은 글자들을 10개 이상 사용하여 짧은 글을 써서 읽어 보았다.	○『읽기 나침반 ① 음운인식편』 ○『읽기 나침반 ② 읽기유창성편』 ○ 의성어/의태어 카드(교구)
14	[짧은 글 유창하게 읽어보기 2] • 오류 패턴을 막을 수 있는 집중중재를 하였다. • 자신의 오류 패턴 정리장을 만들었다. • 단어장에 있는 단어를 읽고 오류가 나타나지 않을 때까지 반복적으로 읽었다. • 짧은 글을 교사와 한 문장씩 번갈아 가면서 읽기를 하였다. • 한 문단씩 교사와 번갈아 가면서 읽기를 하였다. • 혼자서 짧은 글을 소리 내어 읽었다. • 자신의 목소리를 녹음하여 들어 보고 다시 정확히 읽기를 연습하였다.	○『읽기 나침반 ① 음운인식편』 ○『읽기 나침반 ② 읽기유창성편』 ○『읽기 나침반 ③ 어휘편』 ○ 의성어/의태어 카드(교구) ○ 단어장

15	[사후검사 및 부모면담] • BASA 읽기유창성 사후검사를 실시하였다. • 중재기간에 진행하였던 진전도 검사 및 중재 결과를 바탕으로 어머니와 면담하였다. • 학생의 읽기에서의 강약점을 이야기하고 중재 때 보였던 반복적인 오류 유형에 대해 설명하였다. 또한 집에서 지도할 때 사용할 수 있는 교수법을 전달하였다.	○ BASA 읽기검사

(8) 중재 진전도 및 사후검사 결과와 종결 상태

① 진전도 검사 결과

검사	1회	2회	3회
읽기유창성검사	157	174	208

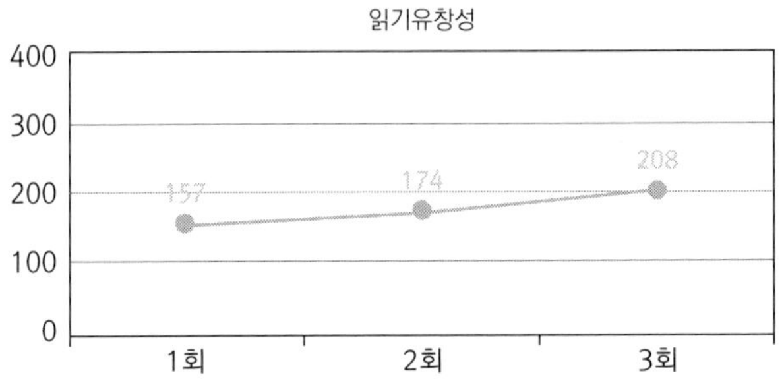

읽기유창성 증진을 확인하기 위하여 총 3회의 진전도 검사를 실시하였다. 그 결과, 진전도 검사 점수가 157점, 174점, 208점으로 상당히 큰 폭으로 향상하는 모습을 보였다.

② 프로그램 사전-사후 검사 결과 비교

검사	사전검사 원점수	사후검사 원점수
읽기유창성검사	116	123

해당 학생은 읽기유창성 집중 프로그램을 통하여 사전에 1분 동안 읽은 글자가 116개였던 것에 비해 같은 사후검사지에서 7개 글자를 더 읽어 총 123개 글자를 읽었다. 속도가 눈에 띄게 증가하지는 않았지만, 작년과 비교하여 가장 인상 깊은 차이점은 오류가 적게 나타난다는 점이다. 이 결과를 고려해 보면, 읽기유창성 집중 프로그램이 학생의 읽기

유창성 능력을 증진시키는 데 효과가 있다는 것을 확인할 수 있었다.

(9) 제언

해당 학생은 읽기오류 빈도가 많이 줄었기 때문에 읽기속도에 집중하여 지도해 준다. 초시계를 가지고 스스로 읽기속도를 기록하게 하고 칭찬해 준다. 또한 자신이 그래프를 만들어 지난 시간에 1분 동안 읽은 글자의 수와 비교하여 기록을 쌓아 나가는 것도 큰 동기부여가 될 수 있다. 자신감을 가지고 읽기를 할 수 있도록 많은 격려가 필요하다.

참고 활동지 및 교구

차시	활동지 및 교구 예
쌍자음 글자 유창하게 말하기	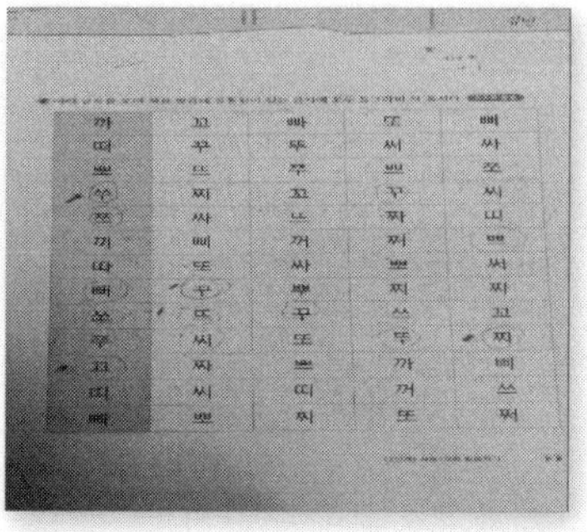
쌍자음 소리 알고 말하기	
의성어/ 의태어 재미있게 읽기	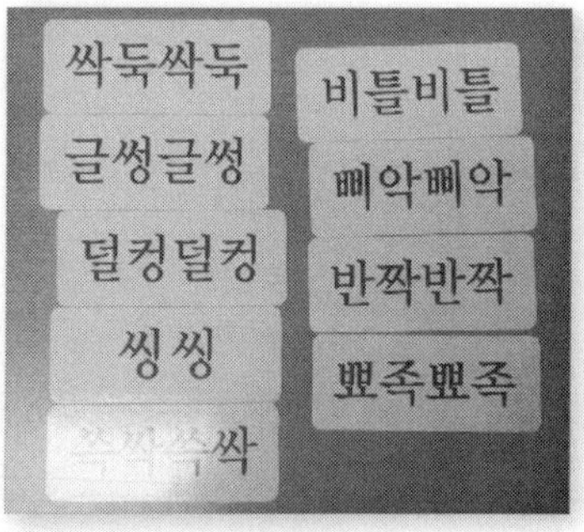
동시/동요/ 짧은 글 유창하게 읽기	

5. 읽기유창성 사례 보고서 IV

(1) 성별

① 남(✓)　　　　② 여

(2) 학년

6학년

(3) 중재 사유

해당 학생은 글을 유창하게 읽지 못하고 읽은 내용을 이해하는 것도 어려워한다. 학부모와 지역아동센터 담당교사는 읽기부진으로 인한 학습 결손을 줄이고 중학생이 되기 전에 기초읽기능력을 향상시키고자 중재에 학생을 의뢰하였다.

(4) 일반적 특성

① 학습

학년 수준에 비해 읽기속도가 매우 느리고 읽지 못하는 글자들이 있었다. 조사나 부사 등에서 대치오류가 나타났고, 읽기유창성 부족으로 인해 어휘력과 읽기이해력도 부족하여 학습 전반에 걸쳐 새로운 지식을 받아들이는 데 어려움을 느꼈다.

② 정서 및 행동

자신의 학습과 관련된 선택 상황에서 다소 수동적인 모습을 보였고 학습에 대해서는 이미 초월한 듯한 태도를 보였다. 그러나 모르는 것에 대해 부끄러워하지 않고 자신이 아는 것과 모르는 것에 대해 잘 이야기하였으며 틀리더라도 낙심하지 않고 반복해서 시도하였다. 학습하는 습관은 형성되지 않았지만 일관되게 예의 바른 언행을 보였다.

③ 사회성

스스로의 부족한 면에 집중하기보다는 자신이 잘하는 것(축구)에 대한 자부심이 있어 긍정적인 자아개념을 갖고 있었으며, 그로 인해 교우관계가 좋아 공부는 어렵지만 학교 가는 것을 즐거워하였다.

(5) 사전검사 결과

학년	이름	학습장애 선별검사		빈칸채우기검사		읽기유창성검사	
		총점	분류	원점수	백분위 점수	원점수	백분위 점수
6	장순호(가명)	36	잠재적 위험군	8	26	159	7

해당 학생은 학습장애 선별검사 결과 잠재적 위험군에 해당하였다. 2차 컨설팅 때 실시한 개별 추가검사인 읽기유창성검사에서는 대치오류가 나타났고, 학년에 비해 읽기속도가 매우 느리고 '칠면조, 꿩, 있어, 반기는' 등과 같은 자신 있게 읽지 못하는 글자들이 있었다. 또한 자신감이 없고 다소 수동적인 모습을 보였으며, 어휘력 부족으로 읽은 내용에 대한 이해도 또한 떨어졌다.

(6) 중재 목표

① 장기 목표

- 짧은 글(약 12문장)을 빠르고 정확하게 읽을 수 있다.

② 단기 목표

- 짧은 동요를 빠르고 정확하게 읽을 수 있다.
- 짧은 동시를 빠르고 정확하게 읽을 수 있다.

(7) 중재 프로그램

회기	중재내용	중재방법 및 중재자료
1	[자기점검표 작성법 안내 및 라포 형성/기본적인 자음 · 모음 · 받침 가족검사] • 자기점검표 작성: 본시 학습 내용 인지, 수업 태도/과제 난이도에 대한 자기평가, 차시 학습내용 인지가 목적이다. 점검표 작성에 익숙해지면 점차 학습 분량을 스스로 조절할 수 있게 해도 좋다[사례: 글씨를 많이 흘려 쓰는 경향이 있어 또박또박 쓸 것을 권하자 잘 쓰려고 노력하는 모습을 보임. 수업 태도는 '잘함', 과제 난이도는 '보통'으로 평가함]. • 자음 · 모음 · 받침 가족검사: 유창하게 읽기를 위해 필요한 기본적인 음운인식능력을 확인하고 읽기 시 어려움을 느낄 수 있는 부분을 미리 지도하고자 하였다.	○ 자기점검표 ○『읽기 나침반 ① 음운인식편』
2	[전시 복습('ㅐ, ㅔ, ㅚ, ㅞ' 발음하기)/'퐁당퐁당' 동요의 가사를 정확하게 읽기] • 전시에 배운 내용을 확인하여 학생의 기억 수준을 확인하고 불분명한 부분을 다시 명확히 하고자 하였다. ① 손가락으로 가리키며 눈으로 읽기 ② 손가락으로 가리키며 소리 내어 읽기 ③ 손가락으로 가리키지 않고 소리 내어 읽기 • 위의 3단계 과정을 가르쳐 주고 반복 연습하여 읽기정확도를 높인 후 속도의 증가까지 꾀하였다. • 읽은 내용에 대한 질문과 대화, 맞춤법 확인을 통해 어휘력과 읽기이해력 향상까지 꾀하였다.	○『읽기 나침반 ① 음운인식편』
3	['섬 집 아기' '구슬 비' 동요의 가사를 정확하게 읽기/ 한 걸음 더 나아가기 1/끝소리 규칙 1] • 손가락으로 가리키며 눈으로 읽기가 익숙하지 않아 가장 시간이 많이 걸리므로 그 방법에 대한 연습에 집중하였다. • 학생이 읽는 도중 모르는 단어는 스마트폰을 활용하여 직접 찾아 알 수 있게 하고, 읽지 못하는 단어는 집중적으로 수차례 반복하여 읽어 눈과 입에 익도록 하였다. • 이미 배운 받침 가족 소리를 한 번 더 확인하고 문제 속에서 적용하고 바르게 읽도록 하였다.	○『읽기 나침반 ① 음운인식편』

4	[진전도 검사 1] • 지금까지 진행된 읽기유창성 중재에 대한 효과성을 살펴보고 학생의 발달 여부를 알아보기 위해 진전도 검사를 실시하였다.	○ BASA 읽기검사
5	['바다' '비 오는 날' 동시 정확하게 읽기] • 읽기의 3단계 과정에 익숙해짐에 따라 1단계를 생략하고, 2, 3단계만으로 읽기 연습을 진행하였다. • 동기 유발: 교사가 읽기 시범을 보이며 시간을 재어 학생이 자극을 받고 동기 유발되도록 하였다(실제로 더 집중하고 열심히 읽는 모습을 보임). • 4회기 때의 진전도 평가 결과(속도는 그대로지만 정확도 높아짐)를 알려 주어 스스로를 칭찬하고 동기 유발되도록 하였다.	○『읽기 나침반 ① 음운인식편』
6	['꽃밭' 동시 정확하게 읽기/한 걸음 더 나아가기 2/끝소리 규칙 2] • 읽기정확도와 함께 속도를 높이기 위한 반복 연습을 실시하였다. • 받침 가족 연습 시 읽기와 쓰기를 동시에 진행하여 눈과 입과 손에 익도록 하였다.	○『읽기 나침반 ① 음운인식편』
7	['동물원' 짧은 글 정확하게 읽기] • 12문장의 짧은 글이지만 그동안 연습한 동요나 동시보다 많은 양이므로 적절히 끊어(쉬어) 읽기 요령을 지도하였다(긴 문장의 경우 의미를 생각하며 3~4어절로 끊어 읽는 연습을 함). • 속도보다는 정확하게 읽기에 목표를 두고 지도하였다.	○『읽기 나침반 ② 읽기유창성편』
8	['다람쥐 쫑쫑이' 짧은 글 정확하게 읽기] • 10문장의 글을 한 번 읽고 등장인물, 배경, 사건 등에 대한 이야기를 나눈 후 반복읽기 연습을 하여 의미를 생각하면서도 빠르고 정확하게 읽도록 지도하였다. • 막히는 문장만 따로 수차례 읽기를 연습한 후 전체를 읽게 하여 전문을 막힘없이 자연스럽게 읽을 수 있도록 지도하였다.	○『읽기 나침반 ② 읽기유창성편』
9	[진전도 검사 2] • 교사가 제공하는 중재의 효과를 점검하고 학생의 발달 경향성을 확인하기 위하여 진전도 검사를 실시하였다.	○ BASA 읽기검사

10	['친구 지영이에게' 짧은 글 정확하게 읽기] • 15문장의 편지글을 의미를 생각하며 빠르고 정확하게 읽고, 보지 않고 빈칸 채우기를 할 수 있도록 지도하였다. • 회기가 진행될수록 읽기 정확도와 속도가 증가하였으므로 점차 내용까지 이해하는 것으로 목표를 확대 · 수정하였다.	○『읽기 나침반 ② 읽기유창성편』
11	[한 걸음 더 나아가기 3/자음동화 1] • '자음동화'와 '비음화/유음화'에 대한 이론적 설명과 예를 통한 연습으로 읽기 시에서 그것을 바르고 유창하게 읽을 수 있게 하고자 하였다.	○『읽기 나침반 ② 읽기유창성편』
12	[진전도 검사 3] • 진전도를 확인하기 위한 마지막 검사를 실시하였다.	○ BASA 읽기검사
13	[사후검사 및 중재 종료] • 중재를 마무리하기에 앞서 중재 제공 이전에 실시한 선별검사를 다시 활용하여 아동의 사전–사후 변화 정도를 확인하고자 하였다.	○ BASA 읽기검사

(8) 중재 진전도 및 사후검사 결과와 종결 상태

① 진전도 검사 결과

검사	1회	2회	3회
읽기유창성검사	158	161	190
빈칸채우기검사	8	14	13

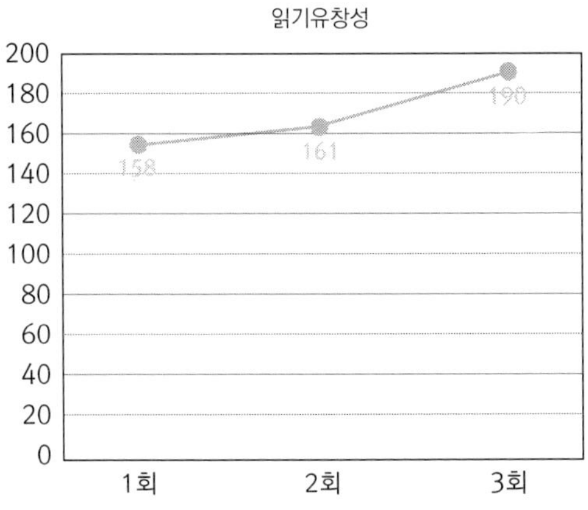

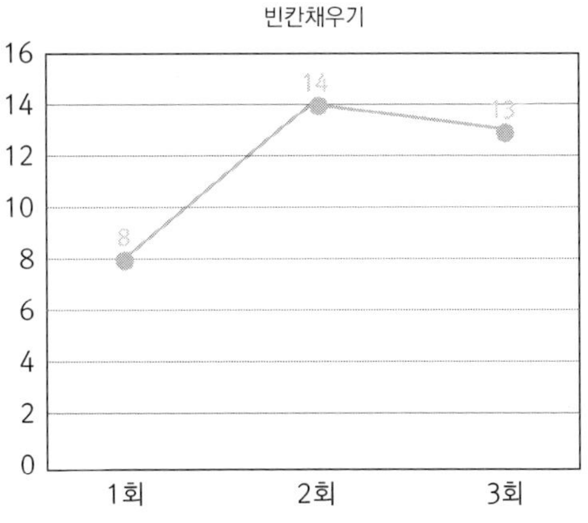

진전도는 집중적인 중재가 이루어진 읽기유창성을 측정하는 형성평가지를 활용하여 측정되었다. 학생의 성취는 중재 초반에 미약하게 나타나다가 중재 후반(진전도 검사 3)에 큰 폭으로 증가하였다. 학생이 충분히 동기 유발이 되어 스스로 설정한 목표에 도달하고자 하는 욕구가 컸던 것, 그리고 회기마다 똑같은 패턴의 반복적인 읽기 연습에도 지루해하거나 지치지 않고 끝까지 집중하는 끈기와 노력이 반영된 결과로 보인다. 또한 읽기속도와 이해력을 측정하는 빈칸채우기검사 점수가 증가한 것을 보아도 '빠르고 정확하게 읽기' 중재의 효과가 나타난 것이라 판단된다.

② 프로그램 사전-사후 검사 결과 비교

검사	사전검사 원점수	사후검사 원점수
학습장애 선별검사	36(잠재적 위험군)	36(잠재적 위험군)
읽기유창성검사	159(7)	169(10)
빈칸채우기검사	8(26), 미실시	12(44), 10(36)

해당 학생은 학습장애 선별검사 결과 사전·사후 모두 잠재적 위험군으로 나타났다. 중재 중점 영역이었던 읽기유창성에 대한 사전·사후 검사 결과, 점수상으로는 '10음절/1분'의 미약한 향상을 보였으나 사전검사에서 읽지 못하였던 글자들을 읽을 수 있게 되었고 대치가 확연히 줄었다. 또한 읽기에 대한 자신감이 생기고 실력이 늘었다고 스스로 인식하게 된 것과 집중하여 한 번에 읽을 수 있는 글의 분량이 많아진 것(약 12문장)이 중재의 큰 효과로 보인다. 그러나 한창 읽기에 대한 흥미와 욕구가 커 동기 유발이 잘 되었을 때는 '190음절/1분'까지 속도가 증가하였다가 10일의 공백 후(사후검사)에는 향상도가 다시 떨어졌다.

(9) 제언

13회기 프로그램 이후 해당 학생은 중재 목표였던 '빠르고 정확하게 읽기'에서 읽기정확도, 집중력과 자신감이 향상되었다. 그러나 아직 읽기 경험과 어휘력 부족으로 어절단위가 아닌 음절단위로 해독하는 수준에 가까워 읽기속도가 빠르게 증가하지 않고 있어 읽기이해에도 영향을 미치는 것으로 보인다. 따라서 다소 향상된 읽기 실력의 유지와 향상을 위해서는 학생의 동기와 목표 수준을 잘 조절하면서 글의 분량과 내용의 수준을 점진적으로 높여 가며 반복읽기 연습을 지속적으로 하는 것이 도움이 될 것으로 판단된다.

제 3 장

어휘

1. 어휘 대표 사례 보고서

(1) 성별

① 남　　　　　　　　　② 여(✓)

(2) 학년

4학년

(3) 중재 사유

해당 학생은 기초적인 읽기, 쓰기 능력에 어려움이 있다.

(4) 일반적 특성

① 학습

글을 쓰거나 읽을 때 집중해서 하려는 모습을 보이지만, 기본적인 맞춤법에 맞게 글을 쓸 때 어려움을 보이며 이에 따라 학습속도가 다른 친구들보다 더딘 것에 대해 민감해하고 의식하는 경향이 있다. 담임교사는 학생이 기초학습능력 부진이 뚜렷하며, 지속적인 중재가 필요하다고 본다. 교실에서 다른 학생들과 수행속도에서 현저한 차이를 보이며, 기초학습 중재 프로그램이 필요하다고 생각한다.

② 정서 및 행동

평소 자신의 이야기를 하는 것을 좋아하며, 수업과 관계없는 이야기를 지나치게 많이 하는 등 집중하는 데 어려움을 보일 때도 있지만, 전반적인 학습 상황에서 집중도는 높다.

③ 사회성

교사에게 적극적으로 다가오며, 함께 공부하는 친구들에게도 우호적인 태도를 보인다. 또한 학교생활 전반적으로 만족도가 높으며, 주변 친구들과도 우호적인 관계를 맺기 위해 먼저 인사하거나 밝게 행동하는 모습을 보인다.

④ 가정배경

학부모의 경우 학생이 더디게 학습하는 것을 다른 친구들, 교사들로부터 지적받는 것을 원치 않으며 학생의 속도대로 수업이 맞춰지길 원한다. 학생이 자신감을 잃거나 학습 속도의 문제가 정서적인 어려움을 초래하지 않기를 원하고 있다. 학부모는 학생의 학습에 관심도가 높으며, 교사 및 프로그램에 대해 우호적인 태도를 보이고 관심이 많다. 학생은 정규수업 이후 학교에서 방과 후 댄스 활동 및 가정에서 일대일로 기초학습 수업을 매주 2회씩 받고 있다.

(5) 사전검사 결과

학년	이름	난독증/학습 장애 선별검사		빈칸채우기 검사		수학검사		어휘검사		읽기이해 검사	
		총점	분류	원점수	백분위 점수	원점수	백분위 점수	원점수	백분위 점수	원점수	백분위 점수
4	김선영 (가명)	39	잠재적 위험군	6	17	8	1	4	1	5	4

난독증/학습장애 선별검사 결과에서 잠재적 위험군을 나타냈다. 빈칸채우기검사에서는 정상적인 읽기 수준을 보였지만, 어휘와 읽기이해 검사에서 백분위 5 이하의 수행을 나타냈으므로 전반적이고 지속적인 어휘, 읽기이해 지도가 필요하였다. 추가로 실시한 유창성검사에서 원점수 159점, 백분위 7, 유창성 4단계, 학년 점수 1.6으로 지속적이고 전반적인 지도가 필요하였다. 학생은 읽기에 대한 태도 면에서는 읽기자료 및 읽기활동에 대한 높은 관심도 및 긍정적인 태도를 보였다. 쓰기검사에서는 원점수 70점, 백분위 28, 3단계, 학년 점수 2.8을 나타냈다. 쓰기 영역에서도 전반적이고 지속적인 지도가 필요하였으며, 맞춤법에 맞게 글쓰기에 어려움을 보였지만, 글의 내용을 풍부하게 쓰기 위해 노력하였으며, 자신이 경험하거나 생각을 담아 글을 완성할 수 있었다.

(6) 중재 목표

어휘의 특성을 이해하고 종류대로 분류할 수 있다.

(7) 중재 프로그램

회기	중재내용	중재방법 및 중재자료
1	[세부검사 실시 및 라포 형성] • BASA 어휘검사 기초평가를 실시하였다. • BASA 읽기유창성검사 기초평가를 실시하였다. • 학생이 선호하는 강화물, 활동 관련 이야기를 나누었다.	○ BASA 어휘검사
2	[품사 확인하기 및 응용하기] • 동사, 형용사, 불변어를 구분하며 색칠하였다. • 품사별로 단어의 특성을 구분하였다. • 해당 학생은 공룡 모양의 그림판을 보고 색칠하거나 단어를 소리 내어 읽는 것에 흥미가 높았다. 단어의 종류에 따라 다르게 색칠하는 것을 흥미로워하였지만, 단어를 품사에 따라 구별하는 데 어려움을 보였다.	○『읽기 나침반 ③ 어휘편』 ○ 색연필
3	[의성어] • 의성어의 정의에 대해 설명하는 글을 소리 내어 읽어 보았다. • 다양한 의성어(소곤소곤, 짹짹, 달그락달그락, 딩동딩동, 찰칵찰칵 등)의 소리를 실제로 내보고 구별하였다. • 그림에서 적절한 의성어를 골라서 문장을 완성하였다. • 뜻을 보고 예문에 적절한 의성어를 골라서 문장을 완성하고 소리 내어 읽어 보았다. [의태어] • 의태어의 정의에 대해 설명하는 글을 소리 내어 읽어 보았다. • 다양한 의태어(휘뚱그레, 털썩, 아장아장, 허겁지겁 등)를 실제 몸짓으로 표현하면서 구별하였다. • 그림에서 적절한 의태어를 골라서 문장을 완성하였다. • 의태어를 사용하여 그림을 묘사하는 문장을 완성하였다. • 해당 학생을 의성어와 의태어를 구분할 수 있으나, 보지 않고 교사가 불러 주는 소리에 맞게 단어 쓰기에 어려움을 보였다. 의태어를 활용하여 완벽한 문장을 완성하는 데 어려움을 보이며, 교사의 도움으로 맞춤법에 맞게 문장을 완성할 수 있었다.	○『읽기 나침반 ③ 어휘편』

4	[의성어, 의태어 구별하기 및 문장 완성하기] • 의성어, 의태어 개념을 복습하였다. • 여러 개의 단어 꾸러미들에서 의성어와 의태어를 구별하여 정리하였다. • 문장에 알맞은 의성어와 의태어를 구별하여 적고, 의성어와 의태어를 구별하여 표시하였다. • 그림에서 알맞은 의성어와 의태어를 찾아 문장을 스스로 완성하였다. • 해당 학생은 그림을 보고 수업과 관련되지 않은 개인적인 이야기를 하려는 경향이 있었다. 의성어와 의태어를 활용하여 그림을 보고 2개 이상의 문장을 만들 수 있었으며, 교사의 도움을 받아 맞춤법을 교정하여 문장을 완성할 수 있었다.	○『읽기 나침반 ③ 어휘편』
5	[합성어] • 합성어의 뜻에 대해 설명하는 글을 소리 내어 읽어 보았다. • 그림을 보고 나눌 수 있는 단어를 찾았다(색종이, 꽃잎, 문고리, 장미꽃, 사과나무 등). • 두 단어로 이루어진 단어를 나누어 보았다(편지글, 엿장수, 밤송이, 콩나물 등). • 제시된 합성어의 뜻에 맞게 연결하였다. • 합성어를 활용하여 뜻에 맞게 단어를 만들었다. • 제시된 합성어를 활용하여 예문을 완성하였다. • 해당 학생은 '편/지글'과 같은 합성어를 구분하는 데 어려움을 보였다. 받침이 있는 글자를 쓰는 데 정확도가 떨어졌다.	○『읽기 나침반 ③ 어휘편』
6	[파생어 익히기] • 파생어의 뜻에 대해 설명하는 글을 소리 내어 읽어 보았다. • 헛수고, 풋사과, 맨주먹, 덧버선, 잠꾸러기, 나무꾼의 단어를 두 개로 나누어 보았다. • 나눈 단어들을 혼자 쓸 수 없는 단어와 실제 뜻을 가진 단어로 구분하였다(스티커 붙이기 활동). • 같은 파생어를 쓰는 단어들끼리 연결하였다. • 헛, 풋, 맨, 덧, 꾼, 꾸러기와 같은 단어의 뜻에 맞게 연결하였다.	○『읽기 나침반 ③ 어휘편』

	• 파생어와 관련된 문제를 풀었다. [파생어 다지기] • 공통으로 들어갈 수 있는 파생어를 찾아 단어를 완성하였다. • 헛, 꾸러기, 덧, 맨, 풋, 꾼의 파생어를 활용하여 문장을 완성하였다. • 해당 학생은 보기에 있는 파생어를 찾아서 단어를 완성할 수 있었다.	
7	[상의어] • 상의어의 개념을 소리 내어 읽어 보고 그림으로 이해하였다. • 여러 단어를 상의어에 따라 묶어 보았다. • 미로 찾기를 통해 상의어에 따라 단어를 구분하였다. • 그림을 보고 상의어를 만들었다. • 해당 학생은 수업 중에 적극적으로 참여하였다. 혼자서 맞춤법에 맞는 단어를 쓰기 어려워하며, 보기에 제시된 단어를 따라 쓰는 경우가 많았다. 상의어의 개념에 대해 이해할 수 있으며, 상의어로 대표되는 단어들을 이해할 수 있었다.	○『읽기 나침반 ③ 어휘편』
8	[하의어] • 하의어의 개념을 소리 내어 읽어 보고 그림으로 이해하였다. • 상의어에 따라 하의어를 분류하여 스티커로 단어를 붙였다. • 마인드맵 방법으로 하의어를 다양하게 찾았다. • 화살표 방향으로 단어의 상하관계를 파악하고 빈칸을 채웠다. • 해당 학생은 신체의 상체 · 하체의 기관을 말하는 것을 헷갈려 하였고 '티셔츠'의 맞춤법 오류를 보였다.	○『읽기 나침반 ③ 어휘편』
9	[상의어, 하의어 구별하기] • 상의어와 하의어의 관계에 따라 단어를 구별하였다. • 다양한 단어 자료에서 하의어와 상의어의 관계에 따라 단어를 배열하였다. • 상의어와 하의어의 범주를 구분하고 도식에 알맞게 배열하였다.	○『읽기 나침반 ③ 어휘편』

	• 해당 학생은 의욕적으로 수업에 참여하려고 하나, 종종 다른 이야기를 할 때가 있었다. 문제에서 질문에 따라 정확하게 답을 할 수 있으나, 철자 오류 빈도가 높았다.	
10	[유의어 이해하기] • 유의어의 설명글을 소리 내어 읽어 보았다. • 제시된 단어에서 유의관계에 따라 단어를 묶어 보았다. • 초성게임을 통해 유의관계에 있는 단어들끼리 연결하였다. • 유의어와 관련된 문제를 풀었다. • 해당 학생은 유의어에 따라 단어를 구별할 수 있으나, 유의어와 관련된 문제형식을 이해하는 데 어려움을 보이며 오류를 나타냈다. 어려운 말을 이해하기 쉬운 말로 바르게 고쳐 쓴 것을 찾는 데 어려움을 나타냈다.	○『읽기 나침반 ③ 어휘편』
11	[유의어와 반의어의 차이 알기] • 제시된 여러 가지 단어에서 유의관계에 따라 단어를 묶어 보았다. [반의어] • 반의어의 개념에 대해 설명하는 글을 소리 내어 읽어 보았다. • 그림을 보고 반대되는 단어를 보기에서 골라서 써 보았다. • 단어들끼리 반의어 관계를 찾아 묶어 보았다. • 해당 학생은 여러 가지 단어 중에 유의관계에 있는 단어들끼리 정리하며 묶을 수 있고, 반의어 관계를 이해할 수 있으며, 친구와 교사와 함께 반의어 단어를 연결하고 구별하여 정리할 수 있었다.	○『읽기 나침반 ③ 어휘편』
12	[반의어 이해하기] • 그림을 보고 알맞은 반의어끼리 연결하고 해당하는 반의어 단어를 적어 보았다. • 반의어를 활용하여 문장을 완성해 보고 소리 내어 문장을 읽어 보았다. • 다양한 단어 속에서 반의어 관계의 단어를 찾았다. • 해당 학생은 반의어의 개념에 따라 단어끼리 짝지을 수 있으며 소리 내어 문장을 유창하게 읽을 수 있었다.	○『읽기 나침반 ③ 어휘편』

13	[반의어를 활용하여 문장 완성하기] • 그림을 보고 알맞은 반의어끼리 연결하였다. • 반의어를 활용하여 문장을 완성하였다. • 다양한 단어 속에서 반의어 관계의 단어를 찾았다. • 여러 단어를 유의어와 반의어 관계에 따라 구별하였다. • 해당 학생은 반의어의 개념을 이해할 수 있으나 문제 형식으로 제시했을 때 문항별로 반의어를 구별하는 데 어려움을 나타냈다. 반의어 관계를 문제에서 제시하며 답을 구하는 문제에서 답을 찾기 어려워하였다. 한 단어를 유의어와 반의어 관계로 구별하는 연속적 과정을 이해하기 어려워하였으나, 교사의 도움을 받아 단어를 맞춤법에 맞게 쓸 수 있었다.	○『읽기 나침반 ③ 어휘편』
14	[동음이의어 이해하기] • 그림을 보고 다양한 종류의 동음이의어를 알아보았다(눈, 꿈, 김, 다리, 깨다). • 문장에서 알맞은 동음이의어 단어를 고르고, 다른 뜻을 가진 단어로 활용하여 문장을 완성하였다(키, 지다, 낫다, 부인, 부자, 대신, 거리, 자리). • 문장에 공통으로 들어갈 다의어를 확인하였다. • 단어의 뜻이 나머지와 다르게 사용된 것을 구별하였다. • 동음이의어와 관련된 문제를 풀었다. • 다의어에 대한 설명글을 소리 내어 읽어 보았다. • 그림과 예문에 알맞은 다의어를 적어 보았다. • 해당 학생은 동음이의어를 활용하여 문장을 완성할 수 있으나, 쓰기 오류가 빈번하였다. 동음이의어로 제시된 문제를 푸는 데 어려움을 보였다. 다의어의 뜻을 구별할 수 있었다.	○『읽기 나침반 ③ 어휘편』
15	[다의어 이해하기] • 다의어를 활용하여 관련된 예문을 완성하였다. • 단어의 뜻이 나머지와 다르게 사용된 다의어를 골랐다. • '모으다, 버리다, 가볍다, 마르다'와 같은 상태와 움직임을 나타내는 다의어의 뜻에 맞게 예문을 연결하였다. • '깎다, 넣다, 맡다, 볶다, 잡다, 좇다'의 다의어 뜻에 맞게 단어를 정리하였다.	○『읽기 나침반 ③ 어휘편』

- 같은 뜻으로 쓰인 다의어를 사용한 문장을 연결하였다.
- 해당 학생은 다의어의 뜻을 구별할 수 있으나 다의어가 사용된 다양한 문장으로 활용된 뜻을 구별하는 데 어려움을 보였다.

[사후검사]

- BASA 어휘검사 기초평가를 실시하였다.
- BASA 읽기유창성검사 기초평가를 실시하였다.

(8) 중재 진전도 및 사후검사 결과와 종결 상태

① 진전도 검사 결과

검사	1회	2회	3회
읽기유창성검사	152	192	162
어휘검사	9	4	13

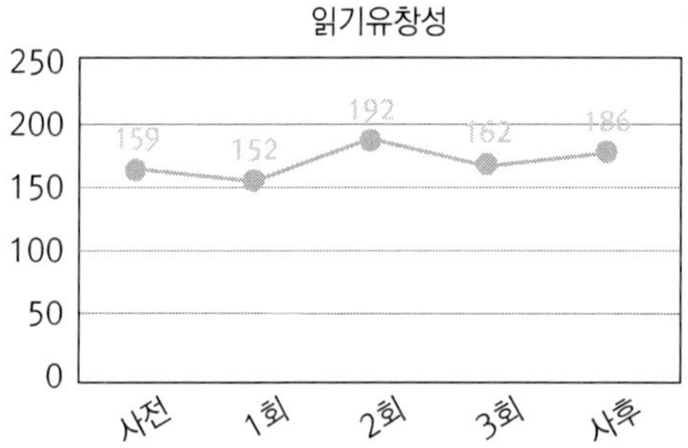

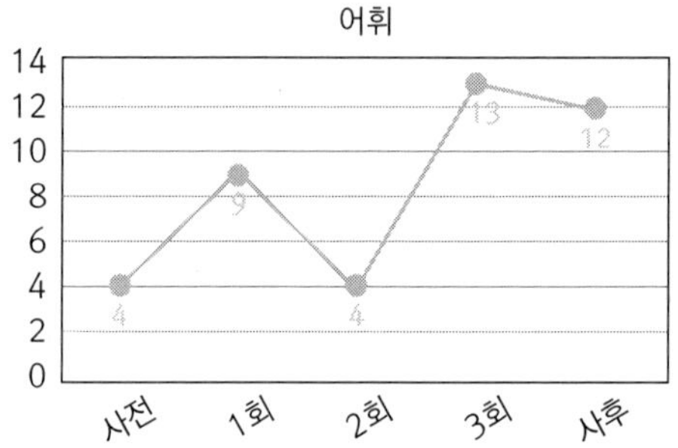

읽기유창성은 사전검사와 비교하였을 때, 진전도 1회에서는 하락하였으나, 2회에서 가장 높은 점수를 기록하였고, 3회에는 다시 낮아졌지만 사전검사보다 향상되었다. 읽기유창성에 대한 중재는 별도의 프로그램으로 실시하지 않았지만, 진전도 그래프가 사전-사후까지 포함하였을 경우 변화하는 기울기가 크지는 않지만 상향선을 그리고 있다. 어휘는 진전도 1회에서 향상을 보였으나, 2회에서 사전검사와 동일한 결과를 보였다. 3회에서 가장 높은 점수를 나타냈으며, 진전도 결과에서 상향선의 그래프를 나타냈다.

② **프로그램 사전-사후 검사 결과 비교**

검사	사전검사 원점수	사후검사 원점수
읽기유창성검사	159	186
어휘검사	4	12

사전검사에서 읽기유창성의 경우 1분당 159어절을 읽었으며, 월 진전도는 8어절이 목표였다. 목표 진전도로는 171어절을 나타냈으며, 사후검사에서 186어절로 목표보다 높은 결과를 나타냈다. 어휘 영역에서는 사전검사에서 4개를 맞혔으나, 사후검사에서는 반대말끼리 짝지은 것, 비슷한 뜻을 가진 연결어 구별하기, 높임말 구별하기, '멀다'의 반대말 찾기, 시간을 나타내는 말, '간직하다'의 뜻 찾기, 철봉에 매달린 모습을 흉내 내는 의태어 구별하기, '덧' 파생어 구별하기, '왜냐하면' 연결어 구별하기, 높임말과 예삿말 구별하기, 소리를 흉내 내는 말(의성어) 찾기의 영역을 맞혀서, 총 12개 문항을 맞힘으로써 사전검사보다 향상된 결과를 나타냈다. 중재 프로그램에서 의성어와 의태어를 구별하고 반의어와 유의어를 구별하는 것을 학습하였는데, 사후검사에서 학습한 영역에서 정답을 보임으로써 중재 프로그램의 학습내용이 학생에게 유의미한 영향을 주었음을 확인할 수 있다. 또한 어휘 영역을 중재하면서 어휘 뜻을 설명하는 글을 소리 내어 읽게 하고, 친구들과 함께 읽는 활동을 하는 등 유창성 향상을 위한 별도의 프로그램을 적용하지 않았지만 다양한 읽기활동을 지속적으로 활용하였다. 이에 따라 학생이 사후검사에서 읽기유창성 원점수 역시 상승하는 결과를 보였다. 평소에 학생이 읽기 자료에 대한 관심이 있으며, 소규모 학습 상황에서 다른 친구들과 번갈아 읽거나 함께 읽는 것과 같은 유창성 향상을 위한 활동을 지속적으로 실시하는 방법이 효과적이었음을 알 수 있다.

(9) 제언

해당 학생은 수업 중 적극적으로 참여하고 학습 의욕이 높았으며 사전-진전도-사후 검사에서 상향선을 나타냈다. 또한 오늘의 목표와 자기 수행에 대한 종합평가에서도 교사의 지도 및 친구들과의 수업에 대해 만족하고 스스로 긍정적인 평가를 많이 보였다. 학생은 소규모 학습 형태로 어휘 수업을 할 때 적극적으로 참여하며, 친구들을 가르쳐 주려는 모습 또한 보였다. 소규모 학습활동에서 읽기자료를 먼저 읽으려는 자신감 있는 모습을 보이기도 하였고, 친구들과 함께 읽을 때도 즐겁게 읽는 모습을 보였다. 또한 학생은 평소에 있었던 일을 이야기하거나 다양한 주제에 대해 이야기하는 것을 좋아한다. 그러므로 학생의 말하기 및 읽기유창성은 향상 가능성이 높았으며, 어휘들에 대해 분류하고 뜻을 이해하는 데 흥미를 보였다. 학생은 자신이 알고 있는 어휘에 대해서 뜻을 설명하는 데 자신감이 있었고, 적극적으로 설명하려고 하였다. 그러나 보기에 제시된 단어를 활용하여 문장을 완성하거나 단어를 받아쓰기해야 하는 상황에서는 종종 어려움을 나타냈다. 학생은 쓰기 사후검사에서도 다양하고 풍부한 내용을 구성하려고 시도하였다. 학교에 가기 전에 집에서 세수 · 양치하는 과정 및 학교 가는 과정을 포함하여 있었던 일을 순서대로 쓸 수 있고, 내용 안에서 다양한 사건이나 감정을 표현하려는 정성적 영역에서 우수한 모습을 나타냈다. 그러나 맞춤법에 맞추어 글쓰기에 어려움을 보였다. 또한 쓰기속도도 더딘 모습을 보여서, 말하기 및 읽기 영역보다 쓰기 영역에서는 지속적이며 개별적인 중재가 필요하다. 따라서 이후 맞춤법에 맞게 쓰기 위한 개별적인 지도시간을 가지며, 소규모 수업 형태로 어휘 및 읽기이해를 위한 학습을 지속적으로 진행한다면 읽기의 전 영역에서 진전을 보일 것으로 기대된다.

2. 어휘 사례 보고서 I

(1) 성별

① 남　　② 여(✓)

(2) 학년

4학년

(3) 중재 사유

해당 학생은 어휘 및 읽기이해 영역에 향상이 필요하다.

(4) 일반적 특성

평소 활동에 집중력이 좋으며, 자신이 맡은 일을 잘 수행해 낼 수 있다. 수업 중 공상에 빠지는 것처럼 보여 학습속도가 더딘 경향이 있지만 교사의 지시사항을 잘 따르고 학습 태도가 잘 형성되어 있다.

(5) 사전검사 결과

학년	이름	난독증/학습장애 선별검사		빈칸채우기 검사		수학검사		어휘검사		읽기이해 검사	
		총점	분류	원점수	백분위 점수	원점수	백분위 점수	원점수	백분위 점수	원점수	백분위 점수
4	안유진 (가명)	50	고위험군	11	40	20	2	11	1	6	5

해당 학생은 난독증/학습장애 선별검사 결과에서 고위험군을 나타냈으며, 빈칸채우기 검사에서는 정상적인 읽기 수준을 보였으나, 어휘와 읽기이해 검사에서 백분위 5 이하의 수행을 나타냈다. 그러므로 전반적이고 지속적인 어휘, 읽기이해 지도가 필요하다.

(6) 중재 목표

어휘의 특성을 이해하고 종류대로 분류할 수 있다.

(7) 중재 프로그램

회기	중재내용	중재방법 및 중재자료
1	세부검사 실시 및 라포 형성하기	○ BASA 어휘검사
2	품사 확인하기 및 응용하기	○『읽기 나침반 ③ 어휘편』 ○ 색연필
3	의성어와 의태어 알아보기	○『읽기 나침반 ③ 어휘편』
4	의성어와 의태어 구별하기 및 문장 완성하기	○『읽기 나침반 ③ 어휘편』
5	합성어와 파생어 알아보기	○『읽기 나침반 ③ 어휘편』
6	파생어 익히기, 다지기	○『읽기 나침반 ③ 어휘편』
7	상의어 개념 이해하기	○『읽기 나침반 ③ 어휘편』
8	하의어 구별하기	○『읽기 나침반 ③ 어휘편』
9	상의어와 하의어 구별하기	○『읽기 나침반 ③ 어휘편』
10	유의어 이해하기	○『읽기 나침반 ③ 어휘편』
11	유의어와 반의어의 차이 알기	○『읽기 나침반 ③ 어휘편』
12	반의어 이해하기	○『읽기 나침반 ③ 어휘편』
13	반의어를 활용하여 문장 완성하기	○『읽기 나침반 ③ 어휘편』
14	동음이의어와 다의어 이해하기	○『읽기 나침반 ③ 어휘편』
15	사후검사	○『읽기 나침반 ③ 어휘편』

어휘의 다양한 종류와 특성에 대해 이해하기 위한 프로그램을 진행하였다. 어휘의 품사를 확인하는 것부터 시작하여 의성어와 의태어 구별하기, 합성어와 파생어 구별하기, 상의어와 하의어 구별하기, 유의어와 반의어 관계에 있는 단어 구별하기, 동음이의어와 다의어 이해하기를 위한 학습을 진행하였다. 회기 중간마다 어휘 형성평가를 실시하여 진전도를 확인하였다. 본 프로그램을 새로운 어휘량이 급격히 증가하는 고학년 시기로 접어들 때 새로운 어휘를 구분할 수 있는 체계를 잡기 위한 프로그램으로 진행하였다. 어휘 간의 관계가 있음을 확인하였으며, 어휘량을 늘리는 것뿐만 아니라 어휘의 구성을 확

인할 수 있도록 하였다.

(8) 중재 진전도 및 사후검사 결과와 종결 상태

① 진전도 검사 결과

검사	1회	2회	3회
읽기유창성검사	261	228	246
어휘검사	17	17	15

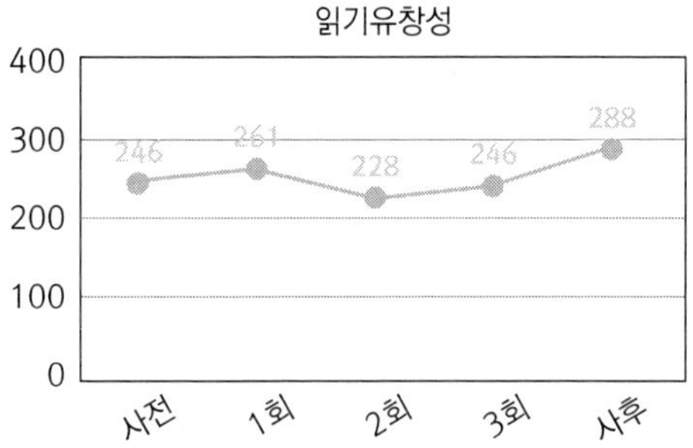

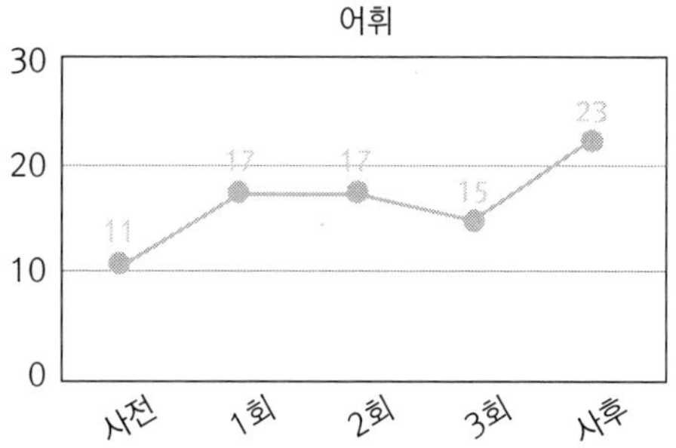

읽기유창성은 사전검사와 비교하였을 때 진전도 1회에서 상승하였으나, 2회에서 하락하였고, 이후 3회에서 향상을 보였으며 사후검사까지 그래프가 상향을 보이고 있다. 어휘는 진전도 1회에서 향상을 보였으나, 2회에서 1회와 같았으며, 3회에서 수행이 조금 감소하였다.

② 프로그램 사전-사후 검사 결과 비교

검사	사전검사 원점수	사후검사 원점수
읽기유창성검사	246	288
어휘검사	11	23

학생은 사전검사에서 정상적인 읽기 수준으로 유창성을 나타냈다. 사후검사에서는 유창성이 향상하였으며, 어휘 영역에서도 사전-사후 검사에서 원점수가 크게 향상하였고, 백분위도 2에서 10으로 향상을 나타냈다.

(9) 제언

해당 학생은 집중력이 뛰어나며 학습에 꾸준하게 참여할 수 있다. 소규모의 중재환경에서 적응할 수 있었으며, 사전-사후 검사에서도 진전을 나타냈다. 학생은 어휘에 대한 이해 및 어휘 지식이 있기 때문에 이후 읽기이해 단계로 확장하여 지속적으로 지도한다면 전반적인 언어능력이 크게 향상될 것으로 기대된다.

3. 어휘 사례 보고서 II

(1) 성별

① 남　　　　　② 여(✓)

(2) 학년

4학년

(3) 중재 사유

해당 학생은 어휘력 및 읽기이해력의 향상이 필요하다.

(4) 일반적 특성

기초적인 학습 기능 및 기술이 있으나, 소지품을 정리하는 것과 수업 중에 바른 자세를 유지하는 것 등의 주의집중에 어려움을 나타내는 경우가 종종 있다. 또한 수업 중에 다른 이야기를 하거나 교사의 지시 따르기에 어려움을 보이는 경우가 있다. 다른 친구들과의 관계가 원만하며, 어려움이 있는 친구들을 가르쳐 주는 등의 모습을 나타내는 경우도 있다.

(5) 사전검사 결과

학년	이름	난독증/학습장애 선별검사		빈칸채우기 검사		수학검사		어휘검사		읽기이해 검사	
		총점	분류	원점수	백분위 점수	원점수	백분위 점수	원점수	백분위 점수	원점수	백분위 점수
4	이지수 (가명)	50	고위험군	7	24	9	1	17	2	4	3

난독증/학습장애 선별검사 결과에서 고위험군을 나타냈으며, 빈칸채우기검사에서는 정상적인 읽기 수준을 보였지만, 어휘와 읽기이해 검사에서 백분위 5 이하의 수행을 나타냈으므로 전반적이고 지속적인 어휘, 읽기이해 지도가 필요하다.

(6) 중재 목표

어휘의 특성을 이해하고 종류대로 분류할 수 있다.

(7) 중재 프로그램

회기	중재내용	중재방법 및 중재자료
1	세부검사 실시 및 라포 형성하기	○ BASA 어휘검사
2	품사 확인하기 및 응용하기	○『읽기 나침반 ③ 어휘편』 ○ 색연필
3	의성어와 의태어 알아보기	○『읽기 나침반 ③ 어휘편』
4	의성어와 의태어 구별하기 및 문장 완성하기	○『읽기 나침반 ③ 어휘편』
5	합성어와 파생어 알아보기	○『읽기 나침반 ③ 어휘편』
6	파생어 익히기, 다지기	○『읽기 나침반 ③ 어휘편』
7	상의어 개념 이해하기	○『읽기 나침반 ③ 어휘편』
8	하의어 구별하기	○『읽기 나침반 ③ 어휘편』
9	상의어와 하의어 구별하기	○『읽기 나침반 ③ 어휘편』
10	유의어 이해하기	○『읽기 나침반 ③ 어휘편』
11	유의어와 반의어의 차이 알기	○『읽기 나침반 ③ 어휘편』
12	반의어 이해하기	○『읽기 나침반 ③ 어휘편』
13	반의어를 활용하여 문장 완성하기	○『읽기 나침반 ③ 어휘편』
14	동음이의어와 다의어 이해하기	○『읽기 나침반 ③ 어휘편』
15	사후검사	○『읽기 나침반 ③ 어휘편』

어휘의 다양한 종류와 특성에 대해 이해하기 위한 프로그램을 진행하였다. 어휘의 품사를 확인하는 것부터 시작하여 의성어와 의태어 구별하기, 합성어와 파생어 구별하기, 상의어와 하의어 구별하기, 유의어와 반의어 관계에 있는 단어 구별하기, 동음이의어와 다의어 이해하기를 위한 학습을 진행하였다. 회기 중간마다 어휘 형성평가를 실시하여 진전도를 확인하였다. 어휘뿐만 아니라 읽기유창성을 점검하여 학생의 읽기에 대한 전반적인 향상도를 살펴보고자 하였다. 본 프로그램을 새로운 어휘량이 급격히 증가하는 고학년 시기로 접어들 때 새로운 어휘를 구분할 수 있는 체계를 잡기 위한 프로그램으로 진

행하였다. 어휘 간의 관계가 있음을 확인하였으며, 어휘량을 늘리는 것뿐만 아니라 어휘의 구성을 확인할 수 있도록 하였다.

(8) 중재 진전도 및 사후검사 결과와 종결 상태

① 진전도 검사 결과

검사	1회	2회	3회
읽기유창성검사	223	231	217
어휘검사	13	16	9

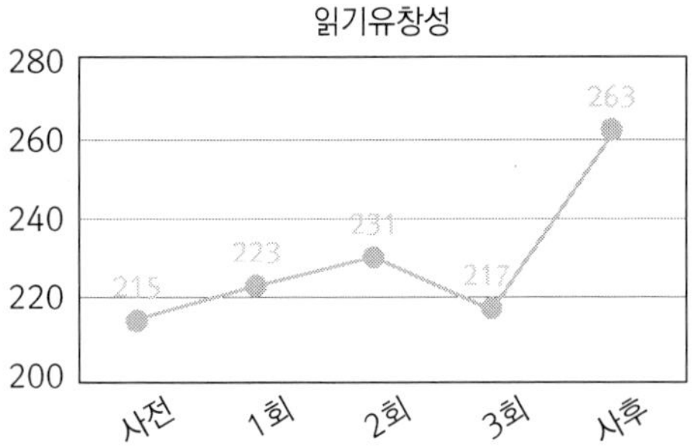

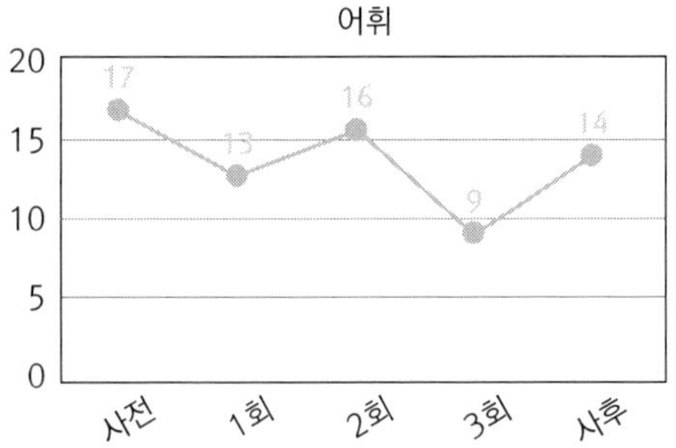

읽기유창성은 사전검사와 비교하였을 때, 진전도 1회, 2회에서 점차 상승하는 그래프를 그리다가, 3회에는 다시 낮아졌지만 사후검사 결과 사전검사보다 향상되었다. 어휘는 진전도에서 하향식 그래프를 보이고 있다.

② 프로그램 사전-사후 검사 결과 비교

검사	사전검사 원점수	사후검사 원점수
읽기유창성검사	215	263
어휘검사	17	14

학생은 정상적인 읽기 수준으로 사후검사에서 많은 향상을 보였다. 어휘검사 결과에서는 사후검사에서 사전검사보다 낮은 수행을 나타냈는데, 이는 사전검사는 원래 학급에서 다른 학생들과 함께 평가를 하였지만 진전도 검사 및 사후검사는 개별적 검사여서 학생의 집중도 및 반응도에 차이가 나타난 것이다.

(9) 제언

해당 학생은 소그룹 형태의 중재 상황에 집중하기 어려워하는 모습을 보였으므로 1:1 혹은 1:2 정도의 수업 형태로 집중력을 향상시키기 위한 환경을 변화시키는 것이 필요하다. 또한 추후 검사 상황에서의 태도 및 집중력에 대한 중재 및 지도가 필요하다. 학생의 읽기유창성 및 어휘력을 토대로 이후 학습에서는 읽기이해 및 쓰기 영역에 대한 추가적인 중재를 통해 언어능력의 전반적인 향상이 필요하다.

4. 어휘 사례 보고서 III

(1) 성별

① 남(✓)　　　　　　　　② 여

(2) 학년

5학년

(3) 중재 사유

다문화 배경의 학생으로 아직 5학년임에도 불구하고 한글 일부 부분(끝소리 규칙)의 해득에 어려움이 있고 어휘력이 부족하여 글을 읽고 이해하는 데 어려움이 있다.

(4) 일반적 특성

① 학습

특정 받침, 끝소리, 이중자음/모음 소리를 명확하게 이해하지 못하여 글을 추측해서 읽는 경향이 크다. 시계를 보지 못하고 받아올림/내림이 있는 연산을 풀지 못한다. 또래보다 두 학년 이상 나는 격차로 인하여 수업시간에 힘들어한다.

② 정서 및 행동

중재시간에 강사의 지시에 잘 따르고, 집중하는 모습을 보인다.

③ 사회성

또래보다 늦은 성취에 담임교사는 또래 친구가 잘 없다고 보고하였으며, 학생도 중재자에게 "저 친구 한 명도 없어요."라고 자주 말하였다. 담임교사는 학습동기를 북돋아 주려고 해도 공부를 잘하려고 하는 의지를 보이지 않아 걱정이라고 한다. 또래보다 지나치게 격차가 벌어져 또래들이 친구로 잘 인식하지 않고 수업시간에 소외될 때가 많다.

④ 가정배경

다문화 배경으로 어머니가 베트남계이나 어머니와는 한국말로 대화한다고 한다. 나이가 많은 아버지의 말투를 닮아 일반 학생이 잘 사용하지 않는 어휘(예: 회식, 회사 용어 등)을 줄곧 사용한다.

(5) 사전검사 결과

학년	이름	난독증/학습장애 선별검사		빈칸채우기 검사		수학검사		어휘검사		읽기이해검사	
		총점	분류	원점수	백분위 점수	원점수	백분위 점수	원점수	백분위 점수	원점수	백분위 점수
5	고상호 (가명)	49	고위험군	10	36	15	1	10	1	5	1

해당 학생은 학습장애 선별검사 결과 고위험군에 해당하며, 추가적인 세부 선별검사로 읽기유창성검사에서는 4단계로 지속적인 지도가 필요한 수준(원점수 132)으로 파악되었다. 어휘검사와 읽기이해검사에서도 5단계(백분위 점수 1)로 전반적이고 지속적인 읽기지도가 필요한 수준으로 나타났다.

학생이 현재 학습클리닉센터를 통해 한글해득 지도를 받고 있으며, 교과서에서 모르는 어휘가 많아 글을 이해하는 데 어려움이 있다는 상담 결과가 나와 본 프로그램에서는 중재 영역을 '어휘'로 설정하였다. 단, 학생의 읽기유창성 향상을 위해 단어를 지도할 때 단어와 글감을 소리 내어 반복하여 읽으면서 지도할 수 있도록 하였다.

(6) 중재 목표

본 프로그램은 학생의 어휘력 향상을 위하여 5~6학년 교육과정의 고빈도 어휘 및 3~6학년 공통출현 어휘를 기반으로 상의어 · 하의어, 유의어 · 반의어, 동음이의어 · 다의어 등을 학습할 수 있도록 하였다. 어휘 구성의 개념을 알고, 다양한 상황 속에서 활용할 수 있는 용례를 학습하여 읽기이해에도 도움이 될 수 있도록 구성하였다.

(7) 중재 프로그램

회기	중재내용	중재방법 및 중재자료
1	[심층평가(쓰기, 읽기유창성, 초기수학)] • 수요일과 금요일마다 경기도 학습 클리닉에서 1:1 지도를 받고 있고 담임교사와도 아침마다 한글공부를 하고 있어서, 새라배움 프로젝트에 대한 초기 거부감이 심한 상태였다. 이 일로 부모님과 심하게 다투어(뺨까지 맞았다고 함) 속상하다는 것으로 면담을 시작하였다. • 전학을 왔는데 친구가 한 명도 없어서 속상하다 하였는데, 함께 공부하는 친구가 있어서 그런지 함께 자연스럽게 대화하며 일상생활 얘기를 하였다. 김○○ 학생도 동생이 있고, 생일도 하루 차이라 묘한 공통점이 둘을 빠르게 친해지게 하였다. • 다른 중재에서는 주로 쓰기나 한글 단어 해독공부를 진행하고 있는데 교과서 속 모르는 뜻이 너무 많다고 하여 어휘를 주 영역으로 삼되, 유창성 영역을 함께 지도하기로 결정하였다. • 담임교사와의 면담에서 또래관계의 어려움과 돌발행동에 대한 어려움이 있음을 보고받았다. 다문화 학생으로 어머님은 한국어를 잘 못하신다.	○ 어휘 퀴즈 자료
2	[모르는 뜻을 잘 아는 방법 세 가지 알기] • 합성어(단어 쪼개기), 문맥 이용, 사전 찾기 [합성어 공부하기] • 형태소와 형태소가 합성하여 새로운 어휘가 생겨날 수 있음을 알고 재미있는 수수께끼 활동처럼 "초콜릿이 밀크 맛이 나면 '밀크 초콜릿'입니다. 그렇다면 고추장 맛이 나는 초콜릿은?"이라고 물어봤을 때 "고추장 초콜릿" 등으로 대답할 수 있었다.	○『읽기 나침반 ③ 어휘편』
3	[어근의 개념과 합성어 익히기] • 어근 개념을 시각적으로 이해할 수 있도록 단어 쪼개기를 통하여 개념을 익혔다. • 어근 개념을 연결시켜 합성어 개념을 알고 합성어 단어를 익혔다.	○『읽기 나침반 ③ 어휘편』

	[합성어 응용하기(교재 1단계 13~15차시)] • 어근의 의미를 이해하지 못하고, 단어를 쪼갤 때 편/지글, 콩나/물, 장바/구니 등 어근과 상관없이 단어를 합성하거나 또는 분절하는 데 어려움을 보인다. • 교재 중 1단계 앞부분은 3~4학년 어휘 수준으로 구성되어 1단계 후반부 13~15차시 지도를 시작하고 의미가 되는 최소의 단위로 단어가 만들어져 새로운 단어가 됨을 이해시키고 지도하였을 때, 두 학생 모두 평균 3~4개 정도 틀리는 등 오류를 보였으나, 어근의 개념을 다시 설명하였을 때 이해하고 마지막 활동 문제는 단어를 대입해 보며 잘 풀었다.	
4	[파생어 익히기(교재 1단계 16~17차시)] • 합성어와 비교하여 접두어 개념을 익혔다. • 파성어 개념을 시각적으로 이해할 수 있도록 파생어 단어 쪼개기 활동을 하였다. [파생어 응용하기(교재 1단계 18차시)] • 문제들을 소리 내어 읽으면서 이해하고 소리 내지 않으면 잘 이해하기 어려워한다. 문제 자체를 이해하지 못하는 경우가 있으나 교사가 말로 이해했을 때 듣고 이해하는 능력은 높아 이해가 가능하였다. • '풋, 맨, 헛' 등의 접두어가 붙은 파생어가 어떤 뜻으로 변하는지 이해하고, 교재 속에 다뤄지지 않는 단어들을 제시하였을 때 뜻을 유추하여 설명할 수 있었다.	○『읽기 나침반 ③ 어휘편』
5	[상의어, 하의어 익히기(교재 2단계 8~9차시)] • 교재에 제시되어 있는 낱말을 4×2.5cm 크기의 작은 카드(30~40개)로 제작하여 같은 집단으로 묶어 보고 이름 짓는 활동을 진행하였다. [읽기유창성, 어휘 진전도 평가 1 실시] • 감정, 도시 이름, 그릇/식기, 예술 등의 군집으로 잘 묶어서 제시할 수 있었다. • 예술에 속한 단어들이 실제로 뜻하는 바를 접해 본 적이 없어 그 자체가 무엇인지 모르는 경우가 많았다(유화, 수묵화, 전통음악, 현대음악 등).	○ 단어 분류 ○ 게임

	• 특정 단어가 어떨 때는 하위어이지만, 어떨 때는 더 작은 하위어들을 대표하는 상의어가 될 수 있음을 인식하였다. • 읽기유창성검사는 사전검사 점수 132점이 184점으로 상승하여 +52점의 차이를 보였다. • 어휘검사를 힘들어하고 포기하려 하였다. 진전도 점수 11점으로 사전점수(10점)와 +1점의 차이를 보였다.	
6	[반의어 익히기(교재 2단계 15차시)] • 반의어 개념을 이해할 수 있는 예시를 보고 개념을 익혔다. 알고 있는 반의어 단어들을 말하였다. [반의어 응용하기(교재 2단계 17차시)] • '선의'와 '악의'의 뜻을 여러 번 설명했을 때 이해할 수 있었다. '부정하다'와 '부인하다'가 비슷한 뜻이라는 것을 헷갈려 하였다. 부인을 떠올릴 때 남편만을 떠올려 어휘망 확장에 다소 어려움을 겪었다. '부인'의 뜻이 남편-부인의 부인 말고도 무엇인가를 인정하지 않는다는 뜻이 있다는 것을 다양한 예를 들어 설명했을 때 기억하는 데 어려움이 있었다.	○『읽기 나침반 ③ 어휘편』
7	[반의어 다지기(교재 2단계 16차시)] • 반의어 예시들을 보고 반의어인지 아닌지 구분할 수 있는 시간을 가졌다. [유의어 익히기(교재 2단계 11차시)] • 교재에 나온 활동지를 풀 때는 어려움 없이 수월하게 풀었으나 마무리 문제가 5지선다형으로 제시되었을 때는 문제 유형이 낯설기에 시간이 오래 걸려 이에 대해 설명하는 시간을 가졌다.	○『읽기 나침반 ③ 어휘편』
8	[유의어] • 반의어 개념과 비교하여 유의어 개념을 익혔다. 반의어 단어들과 유의어 단어들을 구분하였다. [읽기유창성, 어휘 진전도 평가 2 실시] • 읽기유창성검사: 151, 어휘검사: 11 • 아직 읽기유창성검사에서 글감에 따라 차이를 크게 보였다(사전: 132, 진전도 1: 184, 진전도 2: 151).	○『읽기 나침반 ③ 어휘편』

	• 김◯◯ 학생이 늦게 와 혼자 검사지를 먼저 풀었는데, 문제에 대한 반감이 너무 커서 마지막 장은 아예 풀기를 거부하였다.	
9	[단어의 발음(소리) 내기] • 철자가 틀리기 쉬운 단어, 발음이 헷갈리는 단어를 소리 내어 읽으며 연습하였다. • 음독 시 초성이 된소리일 경우 받침으로 바꿔 읽는 오류를 보여서 교정하는 연습을 하였다. 예) /짜/를 읽을 때 작, /싸/를 읽을 때 삿, /빠/를 읽을 때 밥, /까/를 읽을 때 각, /따/를 읽을 때 닫. • 일관적으로 첫소리의 일부를 받침으로 바꿔 읽는 오류를 보여서 자–짜, 사–싸, 바–빠, 가–까, 다–따와 변별하여 읽어 보도록 연습하였다.	○『읽기 나침반 ③ 어휘편』
10	[유의어, 반의어 복습하기] • 주어진 낱말 쌍을 보고 유의어인지 반의어인지 구분하는 활동을 하였다. [다의어 익히기, 응용하기] • 유의어, 반의어 복습하기에서 원인과 비슷한 말을 범인으로 하는 등 원인과 결과가 뜻하는 바를 알지 못해서 힘들어하였다. • 예시 그림을 보고 공통적으로 '보다, 내다, 주다' 등의 의미를 지닌다는 것을 스스로 찾아냈다.	○『읽기 나침반 ③ 어휘편』
11	[다의어 응용하기(교재 3단계 7차시)] • 문장을 스스로 읽고 다의어를 찾는 문제에서는 어려워하는 받침 등이 들어가서 다소 힘들어하였다. • 예문을 읽어 줄 때는 괜찮아 하였으나 '담임을 맡아.' '대학에 원서를 넣어.' 등 생활과 밀접하지 않은 내용에 대해서는 다의어 찾기를 힘들어하였다.	○『읽기 나침반 ③ 어휘편』
12	[동음이의어 익히기, 다지기(교재 3단계 3~4차시)] • 주어진 낱말 3개를 보고 공통적으로 나타내는 단어가 무엇인지 잘 맞혔다(예: 배, 차다, 쓰다, 치다 등). • 주어진 낱말의 예를 생각할 때, '치다'라고 한다면 배트를 치다, 파도가 치다 등으로 그림 속 단어를 이용하여 표현할 수 있지만 유의어를 이용하여 표현하기는 어려워하였다(예: 배트로 때리다, 배트를 휘두르다 등).	○동음이의어를 나타내는 PPT 자료

13	[읽기유창성, 어휘 진전도 평가 3 실시] • 읽기유창성검사: 149, 어휘검사: 5 • 아직 읽기유창성검사가 글감에 따라 차이를 크게 보인다(사전: 132, 진전도 1: 184, 진전도 2: 151, 진전도 3: 149). • 이전 시간 그림을 보고 공통적인 동음이의어가 무엇인지 맞히고 동음이의어가 활용되는 예시 문장을 말로 표현해 보는 활동에는 먼저 답을 맞히려고 시도하는 등 열심이었으나, 시험 형식의 평가로 다가왔을 때는 심각하게 평가를 힘들어하였다. 아직 문제 자체를 읽는 데 에너지가 너무 많이 쓰이고 있다.	○『읽기 나침반 ③ 어휘편』
14	[어휘 형성과정 총 복습하기] • 상의어를 보고 관련 하의어를 2~3개씩 찾을 수 있었다. • 유의어, 반대어 등을 듣고 설명했을 때 말로는 설명해도 쓰기를 어려워하였다.	○『읽기 나침반 ③ 어휘편』
15	[사후검사 실시] • 검사 실시 후반부로 갈수록 집중하지 못하고 하기 힘들어하였고, 읽기이해는 후반 5분은 문제를 풀지 않고 의자를 돌리며 앉아 있었다. • 주요 집중중재 영역이었던 어휘 영역에서는 원점수에서 증가를 보였지만 아직 백분위상의 진전은 보이지 않았다.	○『읽기 나침반 ③ 어휘편』 ○ BASA 어휘검사

(8) 중재 진전도 및 사후검사 결과와 종결 상태

① 진전도 검사 결과

검사	1회	2회	3회
읽기유창성검사	184	151	149
어휘검사	11	11	5

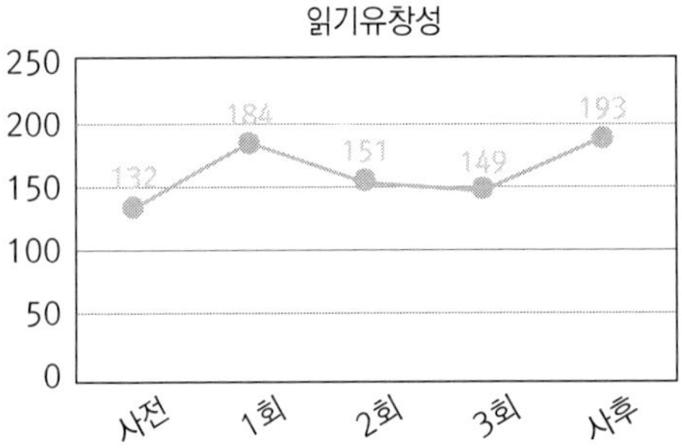

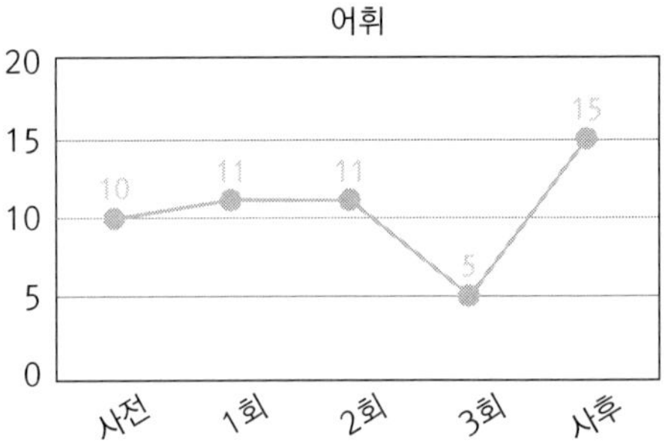

② 프로그램 사전-사후 검사 결과 비교

검사	사전검사 원점수	사후검사 원점수
읽기유창성검사	132	193
어휘검사	10	15
읽기이해검사	5	7
쓰기검사	20	25
수학검사	15	14
빈칸채우기검사	8	9
학습장애 선별검사	49	57

학생은 어휘 프로그램을 통하여 원점수 10점에서 15점으로 5점의 향상을 보였다. 다만, 문제 유형(5지선다형) 자체를 이해하기 어려워해서 검사 수행에 다소 어려움을 느껴 날짜별로 컨디션에 영향을 많이 받았다. 학생의 성취는 기대되는 월 진전도보다는 월등한 향상을 보였지만 아직 학생의 백분위 점수는 1로 전반적이고 지속적인 어휘지도가 필요한 수준이다. 읽기유창성검사에서는 처음 사전검사보다 사후검사에서 61점이 상승하여 또래 아동의 월 예상 진전도보다 높은 향상을 보였다. 수업활동에서 지속적으로 단어를 소리 내어 반복적으로 읽게 한 부분이 읽기유창성 향상에 긍정적인 영향을 준 것으로 나타났다.

(9) 제언

해당 학생은 아직 몇몇 받침글자 및 이중모음, 자음 글자의 음가를 정확하게 인식하는데 어려움을 겪고 있다. 앞으로 '소리 내어 반복하여 읽기'를 통해 끝소리 규칙뿐 아니라 대표적인 음운변동 규칙을 학습하여 해독능력을 향상시켜 나가는 것이 요구된다. 다양한 음운규칙에 대해 머뭇거리지 않고 한 번에 읽어 내는 연습을 한다면 더욱 발전할 수 있을 것이다.

5. 어휘 사례 보고서 IV

(1) 성별

① 남 ② 여(✓)

(2) 학년

5학년

(3) 중재 사유

해당 학생은 교과내용을 이해하지 못할 때 울음을 터뜨리거나 속으로 삭히는 경향이 크다. 교과서 속 모르는 단어가 많아서 글을 이해하는 데 어려움을 겪고 있다. 또한 수학 연산 능력에도 어려움을 겪고 있다.

(4) 일반적 특성

① 학습

교과서 속 모르는 단어가 많아서 글을 이해하는 데 어려움을 겪고 있으며 수학 연산 능력에도 어려움을 겪고 있다.

② 정서 및 행동

교과내용을 이해하지 못할 때 울음을 터뜨리거나 속으로 삭히는 경향이 크다.

③ 사회성

잘 웃고 교사의 지시를 잘 따른다. 또한 동생과 친하게 지낸다.

④ 가정배경

온정적인 부모님이 해당의 학습에 많은 관심을 갖고 계시며, 본 프로그램 외에도 다양한 방과 후 활동을 병행하고 있다(수학, 영어, 클레이 등).

(5) 사전검사 결과

학년	이름	난독증/학습 장애 선별검사		빈칸채우기 검사		수학검사		어휘검사		읽기이해 검사	
		총점	분류	원점수	백분위 점수	원점수	백분위 점수	원점수	백분위 점수	원점수	백분위 점수
5	김예진 (가명)	48	고위험군	20	85	16	1	11	1	7	5

해당 학생은 학습장애 선별검사 결과 고위험군에 해당하였다. 어휘검사와 읽기이해검사에서는 5단계(백분위 점수 1)로 전반적이고 지속적인 읽기지도가 필요한 수준으로 나타났으며, 빈칸채우기검사에서는 정상적인 수행 수준(3단계)을 보였다. 중재 영역 설정을 위해 추가적인 세부 선별검사를 실시하였을 때 읽기유창성검사에서는 3단계의 정상 수행 수준(원점수 266점)인 것으로 파악되었다. 학생이 심층상담에서 중재자에게 보고한 가장 큰 어려움은 교과서에서 모르는 어휘가 많아 이해에 어려움이 있다는 것이었기 때문에 중재 영역을 '어휘'로 설정하였다.

(6) 중재 목표

해당 학생의 어휘력 향상을 위하여 5~6학년 교육과정의 고빈도 어휘 및 3~6학년 공통출현 어휘를 기반으로 상의어 · 하의어, 유의어 · 반의어, 동음이의어 · 다의어 등을 학습할 수 있도록 하였다. 이를 통해 어휘 구성의 개념을 알고, 다양한 상황 속에서 활용할 수 있는 용례를 학습하여 읽기이해에도 도움이 되는 것을 목표로 잡았으며, 기대되는 월진전도 +1보다 더 큰 향상도를 보이는 것을 목표로 삼았다.

(7) 중재 프로그램

회기	중재내용	중재방법 및 중재자료
1	[심층평가(쓰기, 읽기유창성, 초기수학)] • 매일 2시간 이상의 방과 후 프로그램에 참석하고 있고, 교과서에서 뜻을 모르는 단어가 많아 어렵다고 하여 어휘 영역을 중재로 삼았다. • 어머님과의 통화에서 '반복해서 차근차근 설명해 줄 것'을 요청받았으며, 이해가 안 가는 문제를 만나면 속으로 우는 경우가 많다고 일러 주셔서 심층평가를 실시할 때 과제 이해 여부를 한 번 더 체크하였다.	○『읽기 나침반 ③ 어휘편』
2	[모르는 뜻을 잘 아는 방법 세 가지 알기] • 합성어(단어 쪼개기), 문맥 이용, 사전 찾기 [합성어 공부하기] • 교과서 속에 모르는 단어가 기억나냐고 묻자 '방울토마토'가 왜 방울토마토인지 잘 모르겠다고 하여 '방울' 사진을 보며 주며 단어가 합쳐진 원리를 이해시켜주자 '방울처럼 생겨서 방울토마토'라고 이해하였다. • 합성어 만들기 퀴즈 활동에서 "산이 바위로 만들어지면 바위산이라고 합니다. 그렇다면 산이 팝콘으로 만들어지면?"이라고 하자 "산팝콘"이라고 대답하는 등 형태소를 합성하는 데 다소 어려움을 보였다. 유사한 문제 7문제 중 4문제를 맞혔다. 다음 시간에 합성어에 대해 보다 구체적으로 설명해 주기로 하였다.	○『읽기 나침반 ③ 어휘편』
3	[어근의 개념 익히기, 합성어 익히기] • 2개의 그림을 합쳐 낱말을 완성하여 어근 개념을 익혔다. 어근 개념을 알고 합성된 단어들을 보고 공통점을 찾으며 합성어 개념을 익혔다. [합성어 응용하기(교재 1단계 13~15차시)] • 어근의 의미를 이해하지 못하고, 단어를 쪼갤 때 편/지글, 콩나/물, 장바/구니 등 어근과 상관없이 단어를 합성하거나 또는 분절하는 데 어려움을 보였다. • 교재 중 1단계 앞부분은 3~4학년 어휘 수준으로 구성되어 1단계 후반부 13~15차시 지도를 시작하고 의미가 되	○『읽기 나침반 ③ 어휘편』

	는 최소 단위로 단어가 만들어져 새로운 단어가 됨을 이해시키고 지도하였을 때, 두 학생 모두 평균 3~4개 정도 틀리는 등 오류를 보였다. 그러나 어근의 개념을 다시 설명하였을 때 이해하고 마지막 활동 문제는 단어를 대입해 보며 잘 풀었다.	
4	[파생어 익히기(교재 1단계 16~17차시)] • 단어의 앞이나 뒤에 붙는 접사의 뜻에 대해 학습하였다. 단어의 앞이나 뒤에 붙는 접사의 뜻을 바탕으로, 다양한 단어의 의미를 짐작하는 활동을 하였다. [파생어 응용하기(교재 1단계 18차시)] • 고○○ 학생과 마찬가지로 '풋, 맨, 헛' 등의 접두어가 붙은 파생어가 어떤 뜻으로 변하는지 이해하였고, 교재 속에 다뤄지지 않는 단어들을 제시하였을 때 뜻을 유추하여 설명할 수 있었다. • 읽기유창성이 정상 발달 수준이기 때문에 묵독하여 글을 읽어 나가는 데 어려움이 없었고, 고○○ 학생보다는 빠른 속도로 문제를 풀었다. 다만, 한번 잘못 이해한 문제에 대해서는 일관적으로 틀리는 경향이 있어 첫 문제에 대해 교사가 함께 풀고 이후 독립적으로 문제를 풀 수 있도록 안내하는 것이 필요하였다.	○『읽기 나침반 ③ 어휘편』
5	[상의어, 하의어 익히기(교재 2단계 8~9차시)] • 교재에 제시되어 있는 낱말을 4 × 2.5cm 크기의 작은 카드(30~40개)로 제작하여 같은 집단으로 묶어 보고 이름 짓는 활동을 진행하였다. [읽기유창성, 어휘 진전도 평가 1 실시] • 고○○ 학생과 마찬가지로 특정 단어의 뜻 자체를 몰라 군집으로 묶는 데 어려움을 느꼈으나, 어휘의 뜻을 설명해 줬을 때 알맞게 군집을 묶고 해당하는 상의어와 하위어를 구분할 수 있었다. • 읽기유창성검사는 사전검사 점수 238점이 266점으로 상승하여 28점의 향상을 보였다. • 10문제를 풀어 사전검사 점수(11)와 −1만큼의 차이를 보였다.	○『읽기 나침반 ③ 어휘편』

6	[반의어 익히기] • 그림카드를 보고 반의어 의미를 익혔다. 생활 속에서 쉽게 접하고 자주 사용하는 단어의 반의어를 학습하였다. [반의어 응용하기] • 둘이 힘을 합쳐서 30쌍 정도의 낱말카드를 책상에 올려놓고 빠른 시간 안에 짝을 맞추는 활동을 진행하였을 때, 얇다–두껍다, 처음–나중 등의 형용사 계열은 잘 맞추었으나 특정 어휘(부정하다, 부인하다, 선의, 악의, 부당하다, 시인하다) 등의 뜻 자체를 몰라 활동에 있어 어려움을 느꼈다. • '시인'은 시를 쓰는 사람인데 '시인하다'와 같이 동사로 쓰였을 때 '인정하다'와 비슷한 뜻으로 쓰인다는 개념을 이해하기 어려워하였다. 형용사 계열의 반의어는 대체적으로 잘 이해하여 반의어를 찾을 수 있었다.	○『읽기 나침반 ③ 어휘편』
7	[반의어 다지기] • 앞서 배운 특정 단어의 반의어를 다시 한번 반복하여 개념을 이해하는 활동을 하였다. [유의어 개념 익히기] • 교재에 나온 활동지를 풀 때는 어려움 없이 수월하게 풀었으나, 마무리 문제로 5지선다형을 풀 때는 옳은 것, 옳지 않은 것들을 제대로 이해하지 못한 채 푸는 경향이 있어 문제를 푸는 방법에 대하여 설명하는 시간을 가졌다. • 시인하다–인정하다/부인하다–부정하다 등 반의어와 헷갈리는 유의어 개념에 대해 일부 학습하였다.	○『읽기 나침반 ③ 어휘편』
8	[유의어] • 유의어와 유의관계의 의미를 이해하고 유의어와 유의어가 아닌 단어를 구별하는 활동과 유의관계를 찾는 활동을 하였다. [읽기유창성, 어휘 진전도 평가 2 실시] • 읽기유창성검사: 269, 어휘검사: 20 • 읽기유창성 → 사전: 238, 진전도 1: 266, 진전도 2: 269 • 어휘 진전도는 원점수에서 큰 향상을 보였으나 아직 백분위 2(5단계)이기 때문에 더 많은 향상이 필요한 상황이다.	○『읽기 나침반 ③ 어휘편』

9	[단어의 발음(소리) 내기] • 철자가 틀리기 쉬운 단어, 발음이 헷갈리는 단어를 소리 내어 읽으며 연습하였다. • 글자와 소리가 다른 낱말이 의미하는 바를 이해하지 못해서 음운 변동으로 인해 발음이 달라지는 경우가 있음을 이해시키고 다양한 단어를 음독했을 때 오류 없이 읽을 수 있었다.	○『읽기 나침반 ③ 어휘편』
10	[유의어, 반의어 복습하기] • 유의어, 반의어 단어들을 읽고 관계를 구분하는 활동을 하였다. 내가 알고 있는 유의어, 반의어를 2개 이상씩 말해 보는 활동을 하였다. [다의어 익히기, 응용하기] • '원인'이 되는 사건을 설명해 줬을 때 예상되는 '결과'를 말하기 힘들어하였다. 예) 냉장고가 고장났다. → 모르겠어요. • 여러 번 설명해 줬을 때, "살이 쪘다. 원인이 뭘까?" 했을 때 "치킨과 탄산음료를 많이 먹어서요."라고 대답할 수 있었다. 예) 그림을 보고 공통적으로 내다, 넣다, 잡다 등 의미를 지닌다는 것을 스스로 찾아냈다.	○『읽기 나침반 ③ 어휘편』
11	[다의어 응용하기(교재 3단계 7차시)] • 세 가지 예문이 주어졌을 때 보기의 기본형 단어(넣다, 잡다, 넣다, 쫓다)를 '잡어, 넣어, 잡아, 쫓아' 등으로 어미형을 바꿔서 쓸 수 있었다.	○『읽기 나침반 ③ 어휘편』
12	[동음이의어 익히기, 다지기] • 학생은 초반에는 문제를 이해하는 데 약간 시간이 걸리곤 했다. 고○○ 학생이 초반에 잘 맞히자 조금 긴장하였는데, 이내 힘을 내어 중후반 이후에는 사진 3개를 보고 공통적으로 나타내는 단어가 무엇인지 잘 맞혔다(예: 감다, 말다, 쓰다, 치다 등). • 주어진 단어를 이용하여서 예가 되는 문장을 1개뿐 아니라 2~3개 잘 만들어 냈다.	○『읽기 나침반 ③ 어휘편』

13	[읽기유창성, 어휘 진전도 평가 3 실시] • 읽기유창성검사: 273, 어휘: 27 • 읽기유창성 → 사전: 238, 진전도 1: 266, 진전도 2: 269 • 진전도 검사에서 조금씩 더 향상되고 있으며 정상 발달을 보이고 있다. • 어휘 진전도는 원점수에서 큰 향상을 보였고 백분위가 17로 3단계(정상 발달단계)를 보이고 있다. 향상도가 유지될 수 있도록 해야 한다.	○『읽기 나침반 ③ 어휘편』
14	[어휘 형성과정 총 복습하기] • 상의어를 보고 관련 하의어를 2~3개씩 찾을 수 있었다. • 밝다-어둡다, 방언-사투리, 사람-인간, 마을-동네 등의 유의어를 잘 찾아냈다.	○『읽기 나침반 ③ 어휘편』
15	[사후검사 실시] • 주어진 검사시간보다 늘 검사를 빨리 푸는 경향이 있어 주어진 시간을 잘 활용할 것을 안내하였다. • 어휘문제를 가장 나중에 풀었는데, 집중력이 흐트러져 진전도 3보다 낮은 점수를 기록하였다.	○『읽기 나침반 ③ 어휘편』 ○ BASA 어휘검사

(8) 중재 진전도 및 사후검사 결과와 종결 상태

① 진전도 검사 결과

검사	1회	2회	3회
읽기유창성검사	266	269	273
어휘검사	10	20	27

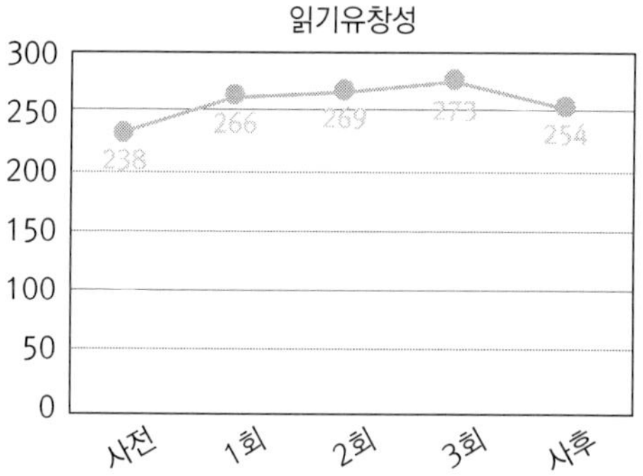

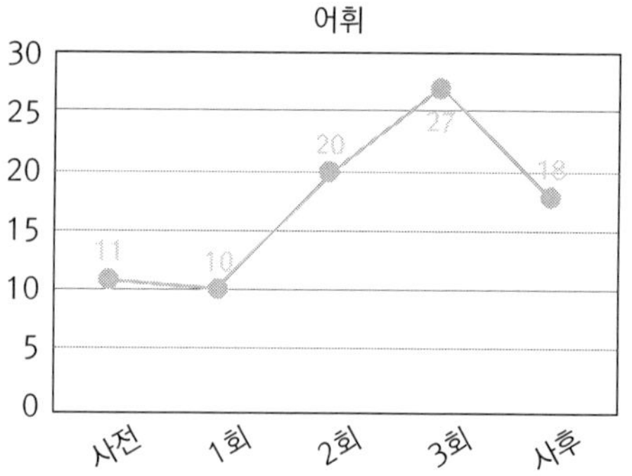

② 프로그램 사전-사후 검사 결과 비교

검사	사전검사 원점수	사후검사 원점수
읽기유창성검사	238	254(+16)
어휘검사	11	18(+7)
읽기이해검사	7	8
수학검사	16	22
쓰기검사	61	59
빈칸채우기검사	20	19
학습장애 선별검사	48	52

어휘 프로그램을 통하여 학생의 어휘검사는 원점수 11점에서 18점으로 7점의 향상을 보였다. 진전도 3회에서는 27점으로 보다 높은 향상도를 보이다 검사 당일 개인 컨디션의 영향으로 사후검사 시에는 다소 낮아진 현상을 보였다. 본 프로그램을 통해 다양한 어휘의 형성 원리를 알고 활용할 수 있는 능력이 향상되었다.

읽기유창성검사에서는 처음 사전검사보다 사후검사에서 16점 상승하여 또래 학생의 월 예상 진전도보다 높은 향상을 보였다. 어휘지도를 통해 다양한 글감을 읽어 본 것이 어휘력뿐 아니라 글을 유창하게 읽는 부분에도 긍정적인 영향을 끼친 것으로 나타났다.

(9) 제언

해당 학생은 15회기 프로그램을 통해 어휘가 구성되는 원리를 이해하고 다양한 상황에 적용하면서 글을 이해하는 능력을 길러 가는 연습을 하였고, 사전검사보다 향상된 성취를 보인 것으로 나타났다. 앞으로는 단어 수준에서의 어휘력뿐 아니라 문단 수준 및 글 수준에서 이를 적용하여 글을 이해하는 연습을 한다면 더 큰 발전이 있을 것이라 생각된다.

제 4 장

읽기이해

1. 읽기이해 대표 사례 보고서

(1) 성별

① 남(✓) ② 여

(2) 학년

4학년

(3) 중재 사유

국어를 포함한 전반적 · 기초적 학습능력이 부족하다 판단하여 교사에 의해 의뢰된 학생이다. 특히 교사와의 면담 결과, 교사가 학생의 읽기이해 지도에 중점을 두길 원했으며, 초등학교 고학년으로 전환되는 시기에 학습부진으로 인한 또래와의 격차를 줄이고 싶어 하였다. 선별검사 결과, 어휘 및 읽기이해 검사 모두에서 백분위 1점(하위 1%)을 받았으나, 읽기검사에서는 정상적인 발달 수준을 보였다. 따라서 교사의 요구와 선별검사 결과에 따라 읽기이해 지도를 실시하기로 결정하였다.

(4) 일반적 특성

① 학습

학습동기가 낮은 편이며, 초등학교 4학년생 수준에서 기대되는 국어 및 수학 능력에 비해 매우 낮은 실력을 보인다(어휘력과 읽고 그 내용을 이해하는 능력이 부족함. 특히 4학년 때 국어사전에서 낱말 찾기를 배우는데 사전에서 낱말을 배열하는 순서를 잘 습득하지 못하여 담임선생님께 꾸중을 듣기도 했음). 담임선생님이 내주는 숙제를 잘 해 오지 않아 방과 후에 남아서 보충학습을 하고 가기 일쑤다. 국어 글쓰기에서는 맞춤법 부족이 두드러졌는데, 올바른 받침을 선정하여 작성하는 것에서 큰 어려움을 느꼈다. 또한 수학의 기본연산 영역에서도 문제가 있었는데, 곱셈을 배운 이후 더하기와 빼기의 세로셈에서 곱하기의 세로셈처럼 계산을 하는 모습이 최근 목격되었다. 따라서 수학에서의 기본연산실력에도 큰 문제가 있으며, 이뿐만 아니라 전반적인 학업에서의 부진이 두드러지게 나타난다.

② 정서 및 행동

온순한 편이며 교사의 지시에 잘 응하는 편이다. 활동적이고 노는 것을 좋아하지만 특별한 문제행동을 일으키지는 않는다. 새라배움 프로그램 중에도 결석하는 일이 없었으며, 숙제를 하느라 담임선생님이 붙잡아 두어서 늦게 오는 경우에도 늦게까지 진득하게 남아 새라배움에 참여하였다.

③ 사회성

개별 중재를 진행하여 친구들과 어떻게 지내는지 정확히 관찰하지는 못하였으나 큰 문제없이 잘 지내는 편이다. 다만, 교사가 학생에 대해 부정적인 이미지를 가지고 있어 교사와의 관계가 그렇게 좋지 못한 편이며, 교사로부터 "공부 좀 열심히 하자."라는 이야기를 자주 듣는다. 친구들도 지후 학생이 학업에 부족함이 있다는 것을 교사의 태도로 인해 동일하게 인식하는 것으로 보이며, "지후 오늘도 나머지 공부해야 해서 늦게 가야 해요." 등의 이야기를 자주 전해 주었다.

④ 가정배경

세 아이 중 둘째로, 가정에서 학습 및 학교생활에 대한 관심을 적게 받는 편이다. 동생(초등학교 1학년) 역시 한글을 모르는 학습부진을 겪고 있어 지도가 필요하다는 보고를 학생으로부터 들은 것으로 보아, 가정에서 학습 관련 지도가 잘 이루어지지 않는 것으로 보인다.

(5) 사전검사 결과

학년	이름	난독증/학습장애 선별검사		빈칸채우기검사		수학검사	
		총점	분류	원점수	백분위 점수	원점수	백분위 점수
4	정지후 (가명)	41	잠재적 위험군	6	17	18	1

어휘검사		읽기이해검사		읽기유창성검사		쓰기검사	
원점수	백분위 점수	원점수	백분위 점수	원점수	백분위 점수	원점수	백분위 점수
8	1	2	1	195	20	49	10

해당 학생은 학습장애 선별검사에서 잠재적 위험군으로 학업 및 학교에 잘 적응하기 위하여 부분적인 도움이 필요한 것으로 나타났다. 또한 읽기검사는 빈칸채우기검사와 읽기유창성검사 모두에서 정상적인 발달단계를 보였으나, 그 경계선상에 백분위가 위치해 있었다(백분위 점수 15점이 경계인데 빈칸채우기에서는 17점, 읽기유창성에서는 20점을 받아 또래에 비해 낮은 편). 한편, 수학검사, 어휘검사 그리고 읽기이해검사에서는 모두 백분위 1점으로 전반적이고 기초적인 학습지도가 절실히 필요한 상황이었다. 또한 쓰기검사에서도 백분위 점수 10점으로 기초적인 쓰기학습에 대한 지도가 필요하였다. 이 중에서 정상적인 발달단계를 보였던 영역을 제외하고, 백분위 점수가 가장 낮았던 영역을 중심으로 지도하기로 결정하였다. 특히 초등학교 고학년으로 올라갈수록 읽기이해에 대한 요구가 강력해지고 담임교사 역시 학생의 읽기이해 지도를 특별히 의뢰하였기에, 본 프로그램에서는 읽기이해 영역을 중심으로 국어학습 지도를 실시할 것으로 결정하였다.

(6) 중재 목표

① 장기 목표

4학년 수준의 짧은 글이 주어지면 또래와 비슷한 속도로, 글의 중심내용을 이해하고 기초적인 추론을 할 수 있다.

- 국어학습에 대한 흥미를 느끼고 향후 국어학습을 진행하는 데에 긍정적인 자기인식 및 자기개념을 가질 수 있다.
- 짧은 글(500자 이내)을 읽고 그 시간적 · 공간적 배경, 인물의 성격, 기본적인 사건의 구성 등을 이해할 수 있다.
- 짧은 글(500자 이내)을 읽고 파악한 중심내용을 바탕으로 직접적으로 드러나 있지 않은 내용에 대한 추론이 가능하다.

② **단기 목표**

- 1단계: 짧은 글(300자 내외)을 읽고 그 시간적 · 공간적 배경, 인물의 성격, 기본적인 사건의 구성 및 흐름을 이해할 수 있다.
- 2단계: 짧은 글(450자 내외)을 읽고 그 시간적 · 공간적 배경, 인물의 성격, 기본적인 사건의 구성 및 흐름을 이해할 수 있다.
- 3단계: 짧은 글(500자 내외)을 읽고 그 시간적 · 공간적 배경, 인물의 성격, 기본적인 사건의 구성 및 흐름을 이해할 수 있다.
- 4단계: 짧은 글(500자 내외)을 읽고 파악한 중심내용을 바탕으로 직접적으로 드러나 있지 않은 내용에 대한 기본적인 추론을 할 수 있다.

(7) 중재 프로그램

회기	중재내용	중재방법 및 중재자료
1	[교육내용(학생면담)] • 매주 화요일 2:50~4:20, 방과후 1실(도원초 4층)에서 진행한다는 사실을 명시하여 공지하였다. • 좋아하는 과목은 사회, 음악, 체육, 미술 등이며 방과 후 큐브를 진행 중이었다. 손으로 무언가를 하는 것을 좋아하는 듯 보였다. • 수학은 보통 수준의 선호도를 보였고 국어는 국어사전 찾는 것을 요즘 진행하는데 헷갈려 하였다. 집에서 책 읽기를 잘 하지 않았다. • 학교를 안 다니고 쉰 적이 중간에 있었다. [학습평가(세부검사 실시)] • 읽기유창성: 정상적인 읽기 발달단계를 보였다(3단계, 백분위 20). 또래에 비해 아주 잘 읽는 편은 아닌 것으로 드러났지만, 심각하게 발달상 지체를 보이는 것은 아니었다. 읽기유창성만을 중재하는 것이 시급한 문제로 사료되지 않았으나 읽는 중 이해를 하면서 읽고 있다는 느낌이 들지는 않으며 그저 단어들을 일견단어처럼 읽고 있는 모습이 느껴지기도 하였다.	○ BASA 읽기검사 ○ BASA 쓰기검사

	• 쓰기: 맞춤법이 부정확하고, 띄어쓰기가 일정하지 않으며, 자형이 고르지 않았다. 읽기이해 지도를 실시하면서 쓰기지도도 병행하면 좋을 듯하며 받아쓰기 등을 매주 실시할 예정이다.	
2	[교육내용(문장의 구성)] • 『읽기 나침반 ④ 읽기이해편』으로 교육을 실시하였으며, 학생이 기초적인 받아쓰기나 맞춤법에서의 실수가 있다는 것을 고려하여 교재의 처음부터 진도를 나가기로 결정하였다. • 문장에 대한 사전적 의미를 언급하는 것은 학습의 흥미를 떨어뜨릴 수 있음을 우려하여 최대한 배제하였으며, 교재에 있는 학습활동을 중심으로 수업을 진행하였다. '누가'와 '무엇을'이라는 두 가지 중요한 문장의 구성요소를 추출할 수 있도록 하는 것이 수업의 핵심과제였으며, 학습활동의 첫 문제는 교사와 함께 풀고 이후의 문제들은 학생이 먼저 푼 후 맞춰 보는 식으로 수업을 진행하였다. 학생은 문제를 해결하는 데 있어 큰 어려움을 보이지 않았으며, 가끔씩 문장의 주어를 찾는 데 어려움이 있었으나 대체로 문장의 의미를 이해하며 학습활동을 진행하였다. [학습평가(문장의 구성)] • 학습문제 풀이를 진행하는 동안 교재에 주어진 그림을 변형시키면서 노는 형태로 학생이 학습에 참여하였다. 가령 엄마의 배가 불룩하게 그려진 그림을 보고는 "엄마가 왜 임신했어요?"라고 물어보기도 하며 그림을 변형시키기도 하였다(이는 학습내용 및 그림의 주제와는 전혀 상관없는 내용). 이는 학생이 학습활동을 빠르게 진행하여 진도를 많이 나가는 것을 방지하고, 학습의 속도를 스스로 지연시키려는 행위로 보였다. 꾸준한 관찰이 필요해 보이며, 이러한 행동이 앞으로의 진전도에 영향을 미칠 때는 다른 조치를 취할 예정이다.	○『읽기 나침반 ④ 읽기이해편』

3	[교육내용(시간 및 장소를 나타내는 말)] • 2차시에서 학습하였던 문장의 구조를 파악하는 활동을 이어서 진행하였다. 2차시의 연습문제와 같은 유형으로 설계되어 있는 추가적인 연습문제를 몇 차례 더 해결하였으며, 큰 어려움을 보이지 않았다. 다만, '욕심 많은 개가 고기를 물고 가다가 물에 비친 자신의 모습과 싸워서 고기를 물에 빠뜨리는' 글을 읽을 때에는 그 행간의 의미를 유추하여 전체적인 이야기 내용을 더 잘 이해할 수 있도록 도움을 주었다. • 시간 및 장소를 나타내는 말을 찾고 이를 이해하는 것을 목표로 하였다. '오늘' 등의 단어가 시간을 나타낸다는 사실을 직관적으로 이해하지는 못하였으나 약간의 힌트를 통해서 이해하였으며, 이후의 학습활동에 잘 적용하였다. [학습평가(시간 및 장소를 나타내는 말)] • 그림을 보고 그림에 맞는 '시간을 나타내는 말'과 '장소를 나타내는 말'을 연결 짓는 학습활동을 중심으로 3차시의 학습평가를 구성하였다. 학생은 봄, 여름, 가을, 겨울 등 계절적 배경을 나타내는 말, 그리고 아침, 점심, 저녁, 밤 등 하루의 때를 나타내는 말들이 기본적으로 시간을 나타내는 말에 들어감을 잘 이해하였다. • 4명의 등장인물이 존재하는 중간 정도 길이의 글을 읽고, 이 인물들이 한 말과 그 안에 담긴 감정을 파악하는 문제도 포함되었다. 처음에는 각 인물들이 한 말을 글만을 읽고 곧바로 대응하지 못하기도 하였으나, 조금 더 부연설명을 하고 함께 소리 내어 읽은 후에는 잘 적용하여 문제를 해결하였다.	○『읽기 나침반 ④ 읽기이해편』
4	[학습평가(진전도 검사 1)] • 1차 진전도 검사를 실시하였다. 먼저 1분씩 총 3회에 걸쳐 읽기유창성 형성평가를 실시하고 이후 읽기이해 형성평가를 1회 실시하였다. 총 15분 동안 실시되었으며, 조용한 환경에서 집중해서 풀 수 있도록 하였다. • 읽기유창성검사: 기초평가 당시에는 3단계의 결과가 나왔으나 1차 형성평가에서는 백분위 13점으로 4단계의 결과가 도출되었다. 기초평가에서는 조금 더 긴장한 상	○ BASA 읽기검사 ○ BASA 읽기이해검사

	태에서 착실하게 읽어 내려갔으나, 교사와의 라포가 형성되다 보니 1차 형성평가에서는 조금 늘어져 일부러 천천히 읽은 경향도 있는 것으로 보였다. • 읽기이해검사: 학생이 15분간 문제를 푸는 것을 매우 지겨워했으며, 동기가 떨어지다 보니 푼 문제도 그리 많지 않았다. 다른 이야기를 중간에 한 경우도 있어 타이머를 정지하고 다시 시작한 경우도 있었다.	
5	[교육내용] • 짧은 글 6편을 읽고 ① 글에 등장하는 주요 인물, ② 글의 시간적 · 공간적 배경, ③ 글에 나타난 인물의 대사, ④ 인물의 대사를 통해서 유추할 수 있는 인물의 감정 혹은 기분을 알아보는 활동을 진행하였다. • 본래는 교재 뒤의 주사위를 활용하여 놀이 중심의 활동도 진행하는 것이 원칙이었으나, 주사위를 만드는 데 시간이 드는 것을 우려하여 주사위 없이 강사의 말로 진행하였다. [학습평가] • 해당 학생의 경우는 읽기유창성에 대한 지도도 다소 필요하여(1차 진전도에서 읽기검사 결과 4단계의 발달단계를 보임), 교재에 등장하는 모든 지문을 소리 내어 읽도록 하였다. 소리 내어 읽도록 할 때 장난을 치느라 얼버무리면서 읽는 경우도 있었으나 이를 지도하였고, 바른 속도와 발음으로 읽을 수 있도록 하였다. • 큰따옴표(" ")가 포함된 문장이 인물의 대사라는 사실을 잘 인지하지 못하였다. 큰따옴표 안에 담긴 문장들은 그 문장이 복수일지라도 모두 한 사람이 한 번에 이야기한 것임을 알려 주었다. 문장부호에 대한 이해가 부족하여 그동안 인물의 대사를 찾고, 그에 담긴 속뜻을 이해하는 데 어려움이 있었다.	○『읽기 나침반 ④ 읽기이해편』
6	[교육내용] • 남은 5분간 책의 제목을 보고 이 책에서 설명할 것 같은 내용을 유추해 보는 활동을 진행하였다. • '짜장면'을 중심어로 삼고, 관련된 단어 또는 개념들을 떠올려 연결해 보는 마인드맵 활동을 진행하였다.	○『읽기 나침반 ④ 읽기이해편』 ○ BASA 읽기검사 ○ BASA 읽기이해검사

	[학습평가(진전도 검사 2)] • 읽기유창성검사: 세부검사 때보다 원점수가 증가하였으며, 다시 4단계의 발달단계에서 3단계의 발달단계로 복귀하였다. • 읽기이해검사: 원점수 3점으로 1차 진전도에 비해 원점수가 감소하였는데, 이는 읽기이해 중재내용이 아직 2단계(3, 4학년 내용)로 들어가지 않아 중재내용과 검사하는 내용이 달라 발생하는 현상으로 보이며 지속적인 읽기이해 중재가 더 이루어지면 더 발전할 것으로 보인다.	
7	[교육내용] • 주요 내용 확인하기: 글을 읽고 난 후, 그 글의 중심내용을 파악하여 빈칸을 채워 넣는 활동을 진행하였다. 가령, '옛날 텔레비전'이 글의 핵심어라면 그것의 모양, 용도 등을 글에서 찾아 쓰도록 지도하였다. • 인물의 관계 및 성격 파악하기: 글을 읽고 난 후, 등장인물이 한 말과 행동을 기반으로 하여 인물이 가지고 있는 성격을 파악하도록 하였다. 이를 위해 인물의 성격을 나타내는 기본 어휘들을 추가적으로 중재하였다. [학습평가] • 주요 내용 확인하기: 지난 시간에 배웠던 마인드맵의 개념을 기반으로 하여 글의 내용을 마인드맵 형식으로 정리하였다. 본인 기억에만 의존하는 것이 아니라 글의 내용을 보고 글에서 찾아 정리해야 하는데, 초반에는 그러지 못하여 글 속에서 정답을 찾도록 지도하였다. 'ㅐ'와 'ㅔ'를 헷갈려 하여 맞춤법을 계속 틀리고 있으며, 쓰기지도도 병행되어야 할 정도로 자형이 고르지 못한 편이었다. • 인물의 관계 및 성격 파악하기: 글을 읽고 인물의 성격은 잘 유추하나, 인물의 성격을 나타내는 어휘들의 뜻을 잘 알지 못하였다. 그래서 '짓궂다' '대담하다' 등 조금 어려운 어휘들의 뜻을 설명하였으나 이를 잘 기억하지 못하였다. 다음 중재에서 해당 어휘들을 잘 기억하고 있는지 다시 점검해 볼 필요가 있었다.	○『읽기 나침반 ④ 읽기이해편』
8	[학습평가(사후검사 및 진전도 검사 3)] • 쓰기 사후검사: 1차 시 세부검사에 비해 원점수가 상승하였으며, 발달단계도 5단계에서 4단계로 상승하였다. • 읽기유창성검사: 3차 진전도 검사에서는 2차와 비교했을 때 원점수에서 큰 차이를 보이지 않았다.	○ BASA 쓰기검사 ○ BASA 읽기검사

9	[교육내용] • 사후검사를 실시하기 전 거의 마지막 읽기이해 중재이기에 검사에서 출제되지만 아직 수업시간에 다루지 않은 부분에 대하여 집중중재를 실시하였다. 첫째, 글을 소리 내어 읽고, 이 글에서 드러난 사실과 의견을 구분하며, 글에서 주장하는 바와 같은 내용을 주장하는 사람을 찾는 활동을 진행하였다. 둘째, 글을 소리 내어 읽고, 이 글의 등장인물이 하는 행동의 이유를 파악하며, 그 행동에 이르기까지의 진행과정을 순서대로 나열해 보는 활동을 진행하였다. [학습평가] • 수학검사(사후검사): 덧셈과 뺄셈의 세로셈을 곱셈의 세로셈 방법과 헷갈려 하는 경향이 있으며, 언제 받아올림/받아내림을 해야 하는지 등을 정확하게 기억하지 못하고 있었다(지속적인 수학지도가 필요함). • 읽기이해검사(3차 진전도): 2차 진전도에 비해 원점수가 3점 올랐으나, 글의 내용에 따라 완전히 이해한 글도 있고 하나도 이해하지 못한 글도 있는 것으로 보였다. • 읽기이해 집중중재: 글을 차근차근 읽고 글의 내용에 대해 교사가 질문하면 그에 대해 정확히 답변하였다. 그러나 혼자서 글을 읽고 그 내용을 파악하기에는 여전히 어려움을 겪는 것으로 보였다. 특히 선다형 문제 유형이 익숙하지 않아 검사에서는 부진하게 나타나는 것으로 보였다.	○『읽기 나침반 ④ 읽기이해편』 ○ BASA 수학검사 ○ BASA 읽기이해검사
10	[학습평가(사후검사)] • 읽기유창성검사: 읽기유창성의 경우 3차 진전도보다 원점수가 올랐으며, 빈칸채우기검사도 사전 선별검사에 비해 원점수가 대폭 증가하였다. 사전검사에서 원점수가 6점이었으나 사후검사에서는 15점으로 상승하였다. • 어휘검사: 학생은 1, 2, 3차 진전도 검사에서도 어휘검사의 원점수가 지속적으로 상승하였는데, 사후검사에서도 22점으로 원점수가 상승하였다. 그리하여 5단계 발달단계를 보였던 사전검사에서 한 단계 올라가 4단계의 발달단계를 걷게 되었다. 물론 지속적인 어휘 중재가 아직 필요하나, 중재의 효과성이 증명됨을 알 수 있었다.	○ BASA 읽기검사 ○ BASA 어휘검사

11	[교육내용] • 그동안 배웠던 읽기이해의 주요한 내용을 복습하는 시간을 가졌다. 사실과 의견을 구분하는 법, 비유법(~처럼/~같이), 서론-본론-결론으로 이루어진 글의 짜임 등 글에 대한 개괄적인 내용들을 주로 다루었다. 중재시간은 검사시간으로 인해 그리 길지 않았으며 10분간 실시하였다. [학습평가(사후검사)] • 읽기이해검사: 4학년 읽기이해 기초평가지를 활용하여 검사를 실시하였으며, 15분 동안 23문제를 풀 수 있도록 지도하였다. 사전 선별검사에서는 원점수 2점으로 '전부 찍었다'고 말할 수 있겠으나, 사후검사에서는 원점수 10점으로 매우 높은 성과를 이루었다. 선별검사에서 이미 읽어 봤던 지문이라서 점수가 오염되었을 가능성을 배제할 수는 없으나, 학생이 진짜 지문을 이해하고 푼 경우가 많았다. 백분위 17점으로 간당간당하게 3단계 발달단계에 진입하였는데, 지문이 달라지면 다시 발달단계가 내려갈 가능성도 배제할 수 없으므로 지속적인 읽기이해에 대한 지도가 필요하기는 하나, 현재까지 이루어진 중재가 학생의 읽기이해 발달에 효과가 있었다는 결론을 내릴 수 있었다. • 학습장애 선별검사: 자기평정 척도를 활용하여 26문항을 응답하도록 하였는데, 간혹 그 문항의 내용을 이해하지 못하는 경우가 있을 수 있어 옆에서 정확한 뜻을 설명하며 진행하였다. • 프로그램 사후 만족도조사: 35문항으로 이루어진 프로그램 만족도 설문조사를 실시하였다. 이 역시 학생이 스스로 답하도록 하였으나, 간혹 그 의미를 정확히 파악하지 못하는 경우가 있어 옆에서 정확한 뜻을 설명하며 진행하였다.	○『읽기 나침반 ④ 읽기이해편』 ○ BASA 읽기이해검사 ○ 학습장애 선별검사 (LDST) ○ 프로그램 사후 만족도 설문지

(8) 중재 진전도 및 사후검사 결과와 종결 상태

① 진전도 검사 결과

검사	1회	2회	3회
읽기이해검사	5	3	6
어휘검사	12	17	18
읽기유창성검사	187	233	219

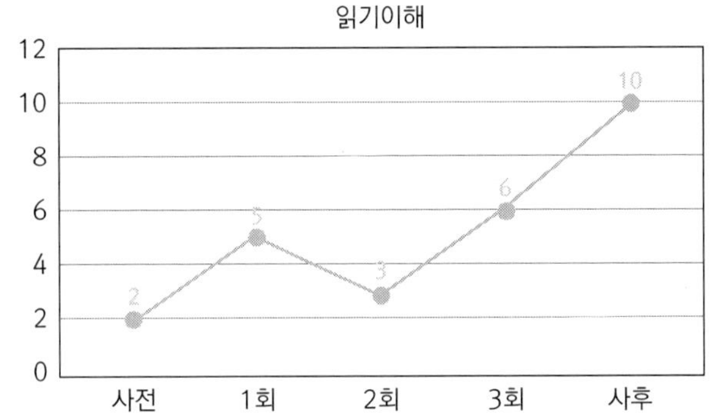

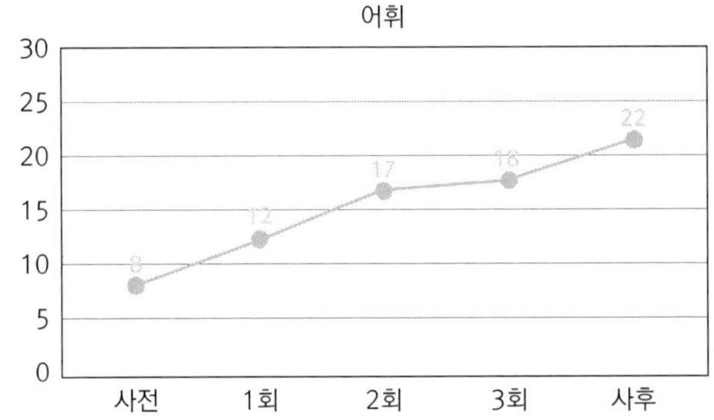

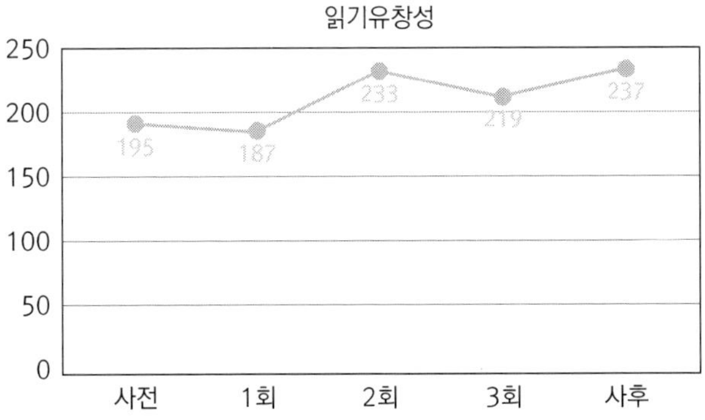

읽기이해를 핵심 중재 영역으로 설정하였으나 읽기이해와 깊은 관련이 있는 읽기유창성검사 및 어휘검사와 함께 진전도 검사를 실시하였다. 읽기이해 영역의 경우 원점수가 2차 진전도에서 감소하는 그래프를 보였는데, 이는 읽기이해 중재내용이 아직 3, 4학년의 내용으로 들어가기 이전에 측정된 것이라 보일 수 있는 진전도 그래프인 것으로 여겨진다. 이후 3차에서는 다시 점진적인 증가 곡선을 회복하였다.

읽기이해 지도 시 관련된 어휘 영역의 지도도 함께 이루어졌는데, 어휘 영역의 원점수는 지속적으로 증가한 것으로 나타났다. 특히 1차에서 2차로 넘어가는 기간 동안 읽기이해의 원점수는 감소하였으나 어휘의 원점수는 크게 증가한 것으로 보아 이 기간 중재의 효과가 어휘 영역에서의 효과로 증명된 것으로 보인다.

마지막으로, 읽기유창성과 관련해서는 조금 오르내리는 변화를 보였지만, 전반적으로 상승하는 곡선을 보였다. 1차에서는 사전검사에 비해 진전도가 감소하였는데, 이 경우 교사와의 라포가 형성됨에 따라 학생이 검사에 대한 긴장감이 풀려 성실히 임하지 않은 결과인 것으로 보인다. 2차 이후부터는 다시 긴장감을 조성하며 검사에 참여하였다.

② 프로그램 사전-사후 검사 결과 비교

검사	사전검사		사후검사	
	원점수	백분위 점수	원점수	백분위 점수
어휘검사	8	1	22	8
읽기이해검사	2	1	10	17
빈칸채우기검사	6	17	15	61
읽기유창성검사	195	20	237	52
쓰기검사	49	10	54	18
수학검사(통합)	18	1	17	1
학습장애 선별검사	41	잠재적 위험군	35	잠재적 위험군

프로그램의 사전검사와 사후검사 결과를 비교하면 중재의 효과성이 더욱 두드러진다. 수학검사의 경우 수학중재를 실시하지 않았기 때문에 비슷한 원점수와 동일한 백분위 점수를 보였는데, 이 기간 동안 학교에서 수학 수업을 받았음에도 불구하고 학생에게는 그 효과가 없었다는 것이 여실히 드러난다.

어휘검사 결과 원점수가 8점에서 22점으로 거의 3배에 달하는 증가를 보였으며, 백분위 점수도 1점에서 8점으로 증가하였다. 그 결과 5단계의 발달단계에서 4단계의 발달단계로 이동하는 모습을 보였으며, 여전히 어휘학습에 대한 지도가 필요하나 그 발전이 있었음이 증명되었다.

읽기이해검사 결과가 가장 극적인데, 원점수가 2점에서 10점으로 증가하였고, 백분위 점수도 1점에서 무려 17점으로 증가하였다. 그리하여 5단계의 발달단계에서 정상적인 발달단계를 의미하는 3단계까지 증가하는 모습을 보였다.

읽기검사에서는 두 개의 하위검사 모두 놀라운 발전을 보였다. 먼저, 빈칸채우기검사의 원점수는 2배 이상 증가하였고, 백분위 점수도 17점에서 61점으로 증가하여 본래는 정상적인 발달 수준의 경계에 해당하였으나 현재는 또래와 비슷한 역량을 가진 것으로 밝혀졌다. 읽기유창성검사에서도 비슷한 모습을 보였는데, 백분위 점수가 20점에서 52점으로 증가하여 역시 정상의 경계에서 또래와 비슷한 수준으로 읽기능력이 향상하였다.

쓰기에 있어서도 동일하게 효과성이 증명되었다. 원점수가 사전검사에 비해 사후검사에서 5점이 증가하였고, 백분위 점수 또한 8점이 증가하여 4단계 발달단계에서 3단계 발달단계(정상적 수준)로 변화하였다. 이로써 읽기이해 영역의 학습이 어휘, 읽기, 쓰기 모두에 긍정적인 영향을 미쳤다는 것을 증명할 수 있다.

마지막으로, 학습장애 선별검사에서는 동일하게 잠재적 위험군이 나왔으나, 원점수가 6점 감소한 것으로 보아 위험의 정도는 낮아졌음을 알 수 있다. 특히 원점수가 2점만 더 감소하면 일반군으로 전환될 수 있으므로, 학생의 학습동기를 조금 더 높이고 국어학습에서의 자신감을 조금 더 회복시킨다면 일반군으로 전환될 수 있을 것으로 보인다.

(9) 제언

읽기이해 영역은 사후검사에서 '정상적인 수준'이라는 결과를 보였으나 아직 그 경계선상에 위치해 있으며, 중재를 종료한 후에도 그 효과가 지속될지 여부를 지켜볼 필요가 있다. 또한 어휘 영역도 아직 기초어휘능력 향상을 위한 지도가 필요한 단계이다(정상적 수준이 아닌, 4단계의 발달단계를 보이고 있으므로). 더불어 중재를 진행하면서 해당 학생이 맞춤법이나 띄어쓰기 등에도 미숙한 부분이 있음을 발견하였다. 따라서 어휘와 읽기이해에 대한 전반적인 지도를 중심으로 쓰기지도를 병행하여 국어학습 지도를 이어 나가야 할 것으로 사료된다.

한편, 기초적인 학습을 스스로 이어 나갈 수 있는 동기와 습관이 아직 형성되지 않았기 때문에 다음 학습지도에서는 국어학습 자체에 더 흥미를 일으킬 수 있는 수업으로 구성할 것이 요구되며, 자기주도적 국어학습 습관을 기르기 위해 교사와 함께 목표를 정하고 매일매일 숙제를 꾸준히 하는 방향으로 지도를 이어 나가야 할 것으로 사료된다. 더불어 가정에서 국어학습에 더 관심을 가지고 지도한다면 숙제를 해 오지 않는 문제도 감소할 것이며, 학교와 가정에서의 학습이 연결되므로 그 효과성도 증폭될 것으로 예상된다. 따라서 가정의 협조를 잘 구한 뒤 새라배움 프로그램을 이어서 진행할 것을 추천하는 바이다.

(10) 활동 사진

참고 활동지 및 교구

차시	활동지 및 교구 예
2	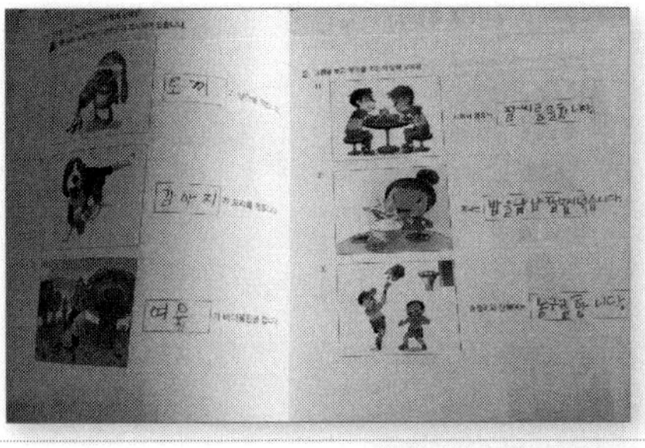 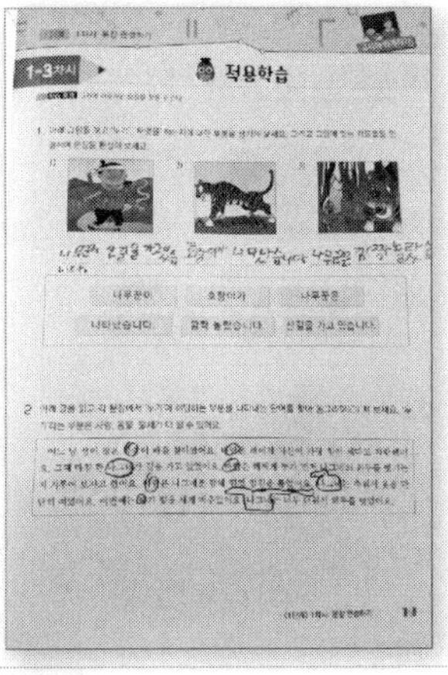
3	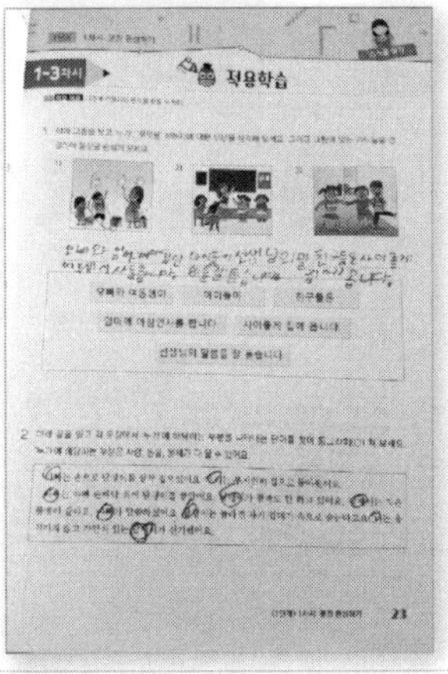
7	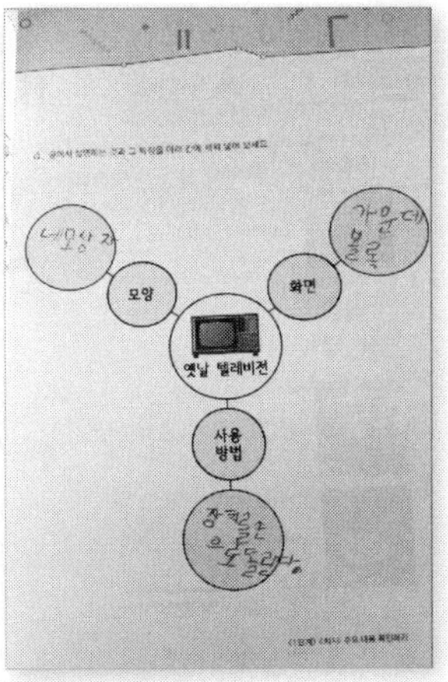 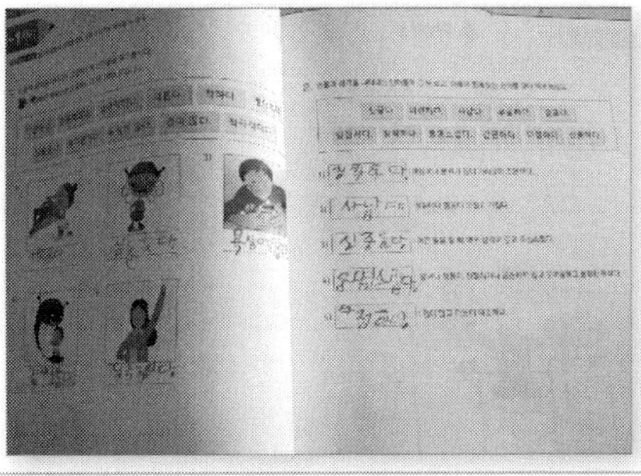

2. 읽기이해 사례 보고서 I

(1) 성별

① 남 ② 여(✓)

(2) 학년

5학년

(3) 중재 사유

해당 학생은 국어 영역에서 전반적 · 기초적 학습능력이 부족하다 판단하여 교사에 의해 의뢰된 학생이다. 어휘 및 읽기이해 검사 모두에서 5단계의 발달단계를 보였으나, 읽기검사에서는 정상적인 발달 수준을 보였다. 또한 초등학교 5학년이다 보니 어휘에 대한 직접적인 학습보다는 읽기이해를 통해 어휘력을 향상시키는 전략을 사용하는 것이 더욱 효율적이라 판단하여 읽기이해 지도를 중심으로 본 프로그램을 진행하고자 하였다.

(4) 일반적 특성

① 학습

학습동기가 높은 편이나, 초등학교 5학년생에게서 기대되는 국어 및 수학 능력에 비해 매우 낮은 실력을 보인다(어휘력과 읽고 그 내용을 이해하는 능력이 부족함).

② 정서 및 행동

온순하고 교사의 지시에 잘 응하고 성실한 편이다.

③ 사회성

개별중재를 진행하여 친구들과 어떻게 지내는지 정확히 관찰하지는 못하였으나 큰 문제 없이 잘 지내는 편이며, 교사와의 관계도 좋다.

④ 가정배경

가정에서 관심을 갖는 편이며, 주 4일(월~목요일) 전 과목 학원을 다닐 정도로 공부에 대한 지원도 있는 편이다.

(5) 사전검사 결과

학년	이름	난독증/학습장애 선별검사		빈칸채우기검사		수학검사	
		총점	분류	원점수	백분위 점수	원점수	백분위 점수
5	박미란 (가명)	43	고위험군	15	61	27	5
어휘검사		읽기이해검사		읽기유창성검사		쓰기검사	
원점수	백분위 점수	원점수	백분위 점수	원점수	백분위 점수	원점수	백분위 점수
15	1	7	5	246	55	73	21

해당 학생은 학습장애 선별검사에서 고위험군으로 학습장애를 평가하는 세부검사를 통하여 정확한 진단이 필요한 것으로 나타났다. 또한 세부검사 중 빈칸채우기검사에서는 정상적인 읽기 수준을 보였으나, 수학, 어휘, 읽기이해 검사에서는 모두 5단계의 발달단계(전반적이고 지속적인 지도가 필요함)를 보였다. 따라서 해당 영역에서의 집중적인 개별 중재의 실시가 이루어져야 했다.

(6) 중재 목표

① 장기 목표

5학년 수준의 짧은 글이 주어지면 또래와 비슷한 속도로, 글의 중심내용을 이해하고 기초적인 추론을 할 수 있다.

- 국어학습에 대한 흥미를 느끼고, 향후 국어학습을 진행하는 데에 긍정적인 자기인식 및 자기개념을 가질 수 있다.
- 짧은 글(600자 이내)을 읽고 그 시간적 · 공간적 배경, 인물의 성격, 기본적인 사건의 구성 등을 이해할 수 있다.

- 짧은 글(600자 이내)을 읽고 파악한 중심내용을 바탕으로 직접적으로 드러나 있지 않은 내용에 대한 추론이 가능하다.

② 단기 목표

- 1단계: 짧은 글(400자 내외)을 읽고 그 시간적 · 공간적 배경, 인물의 성격, 기본적인 사건의 구성 및 흐름을 이해할 수 있다.
- 2단계: 짧은 글(550자 내외)을 읽고 그 시간적 · 공간적 배경, 인물의 성격, 기본적인 사건의 구성 및 흐름을 이해할 수 있다.
- 3단계: 짧은 글(600자 내외)을 읽고 그 시간적 · 공간적 배경, 인물의 성격, 기본적인 사건의 구성 및 흐름을 이해할 수 있다.
- 4단계: 짧은 글(600자 내외)을 읽고 파악한 중심내용을 바탕으로 직접적으로 드러나 있지 않은 내용에 대한 기본적인 추론을 할 수 있다.

(7) 중재 프로그램

회기	중재내용	중재방법 및 중재자료
1	• 읽기유창성, 쓰기 세부검사 실시 • 학생상담(관심사 파악, 기본정보 파악)	○ BASA 읽기검사 ○ BASA 쓰기검사
2	• 문장의 구성('누가'와 '무엇을') • 시간 및 장소를 나타내는 말	○『읽기 나침반 ④ 읽기이해편』
3	• 진전도 검사 1(읽기이해) • 시간/장소를 나타내는 말, 인물의 심경 파악하기	○『읽기 나침반 ④ 읽기이해편』 ○ BASA 읽기이해검사
4	• 글의 배경, 사건, 인물의 감정 파악하기 • MGRAM 성격검사를 통해 문장이해능력 키우기	○『읽기 나침반 ④ 읽기이해편』 ○ MGRAM
5	• 진전도 검사 2(읽기이해) • 마인드맵 이해하기	○『읽기 나침반 ④ 읽기이해편』 ○ BASA 읽기이해검사

6	• 쓰기검사 실시 • 짧은 글 읽고 글의 내용과 인물의 성격 파악하기	○『읽기 나침반 ④ 읽기이해편』 ○ BASA 쓰기검사
7	• 진전도 검사 3(읽기이해), 학습장애 선별검사 • 사실과 의견의 구분, 시의 함축적 의미, 비유법	○『읽기 나침반 ④ 읽기이해편』 ○ BASA 읽기이해검사
8	• 사후검사(읽기유창성, 빈칸채우기, 어휘)	○ BASA 어휘검사 ○ BASA 읽기검사
9	• 사실과 의견의 구분, 비유법, 서론-본론-결론 복습 • 사후검사(읽기이해, 사후 만족도조사)	○『읽기 나침반 ④ 읽기이해편』 ○ BASA 읽기이해검사

(8) 중재 진전도 및 사후검사 결과와 종결 상태

① 진전도 검사 결과

읽기이해를 핵심 중재 영역으로 설정하였으나 읽기이해와 깊은 관련이 있는 읽기유창성검사 및 어휘검사와 함께 진전도 검사를 실시하였다.

검사	1회	2회	3회
읽기이해검사	14	6	6
어휘검사	14	16	20
읽기유창성검사	246	269	270

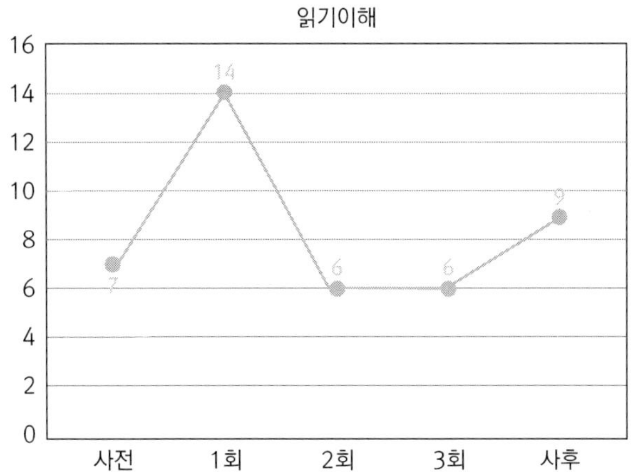

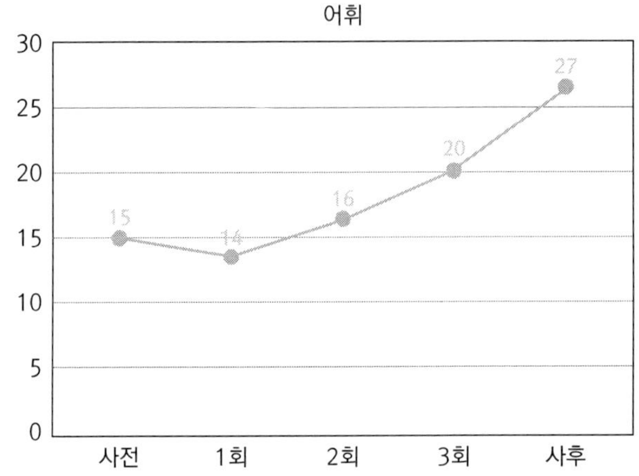

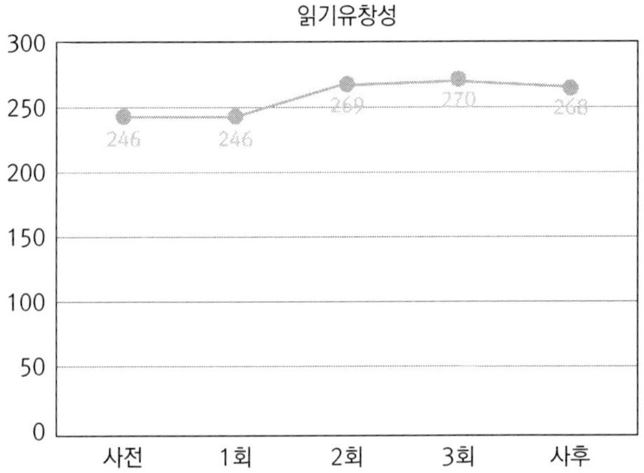

② 프로그램 사전-사후 검사 결과 비교

검사	사전검사		사후검사	
	원점수	백분위 점수	원점수	백분위 점수
어휘검사	15	1	27	17
읽기이해검사	7	5	9	11
빈칸채우기검사	15	61	16	64
읽기유창성검사	246	55	268	67
쓰기검사	73	21	86	35
수학검사(통합)	27	5	29	7
학습장애 선별검사	43	고위험군	33	잠재적 위험군

표에서 알 수 있듯이, 빈칸채우기검사의 경우 사전부터 높은 발달단계를 보였기에 큰 점수의 향상은 없었으나, 나머지 영역에서의 점진적인 향상이 있었다. 어휘 영역의 경우 백분위 점수가 1점에서 17점으로 상승하였고, 읽기이해 영역의 경우는 5점에서 11점으로 상승하였다. 특히 어휘 영역은 5단계(전반적이고 지속적인 지도가 필요)의 발달단계에서 3단계(정상적인 수준)의 발달단계로 변화하였고, 읽기이해 영역은 5단계(전반적이고 지속적인 지도가 필요)에서 4단계(기초능력 향상을 위한 지도가 필요)의 발달단계로 변화하였다. 마지막으로, 학습장애 선별검사에서도 사전검사에서는 고위험군에서 속하였으나, 사후검사에서는 원점수 10점이 낮아져 잠재적 위험군으로 변화하였다.

(9) 제언

가장 중점적으로 중재한 읽기이해 영역의 경우 분명히 원점수와 백분위 점수가 향상을 보였으나, 아직 기초어휘능력 향상을 위한 지도가 필요한 단계이다. 또한 유사 영역인 어휘 영역은 사후검사에서 '정상적인 수준'이라는 결과를 보였으나 아직 그 경계선상에 위치해 있으며, 중재를 종료한 후에도 그 효과가 지속될지 여부를 지켜볼 필요가 있다. 더불어 중재를 진행하면서 해당 학생이 맞춤법(받침 쓰기)에도 미숙한 부분이 있음을 발견도 하였다. 따라서 읽기이해에 대한 전반적인 지도를 중심으로 쓰기 및 어휘 지도를 병행하여 국어학습 지도를 이어 나가야 할 것으로 사료된다.

3. 읽기이해 사례 보고서 II

(1) 성별

① 남 ② 여(✓)

(2) 학년

5학년

(3) 중재 사유

해당 학생은 학습 및 학교생활에서의 동기 수준이 매우 낮고 전반적 · 기초적 학습능력이 부족하다 판단하여 교사에 의해 의뢰된 학생이다. 어휘 및 읽기이해 검사 모두에서 5단계의 발달단계를 보였으나, 읽기검사에서는 정상적인 발달 수준을 보였다. 또한 초등학교 5학년이다 보니 어휘에 대한 직접적인 학습보다는 읽기이해를 통해 어휘력을 향상시키는 전략을 사용하는 것이 더욱 효율적이라 판단하여 읽기이해 지도를 중심으로 본 프로그램을 진행하고자 하였다.

(4) 일반적 특성

① 학습

언어능력을 비롯해 머리가 나쁜 편이 아니다. 단, 학습동기가 매우 낮아 검사에 집중하지 않는다(따라서 검사 점수는 낮음). 맞춤법도 매우 정확하며 쓰기유창성 및 읽기유창성이 오히려 또래에 비해 높은 수준이다.

② 정서 및 행동

새라배움 프로그램 자체에 본인이 선택해서 참여하게 된 것이 아니라는 점에 대해 반항적이었다. 본인의 이야기를 하는 것을 좋아하며, 언행 및 어휘 선택이 또래에 비해 거친 편이다.

③ 사회성

교사에게 반항적인 행동을 하여 교사와의 관계가 매우 안 좋다. 자신의 마음에 맞는 친구들 몇 명과만 잘 지내며 다른 친구들과는 관계가 안 좋은 편이다. 사춘기적 또래관계의 전형을 보인다.

④ 가정배경

가정에서 학업 및 학교생활 문제에 대해 관심을 전혀 받지 못하고 있다. 어머니와의 연락도 회기 중에 단 한 번 이루어졌다. 맞벌이 부부로 매일 12시에 집에 들어오신다. 집에서 주로 이야기하는 대상이 강아지라고 한다.

(5) 사전검사 결과

학년	이름	난독증/학습장애 선별검사		빈칸채우기검사		수학검사	
		총점	분류	원점수	백분위 점수	원점수	백분위 점수
5	선미혜 (가명)	55	고위험군	15	61	5	1
어휘검사		읽기이해검사		읽기유창성검사		쓰기검사	
원점수	백분위 점수	원점수	백분위 점수	원점수	백분위 점수	원점수	백분위 점수
19	2	4	2	324	94	96	49

해당 학생은 학습장애 선별검사에서 고위험군으로 학습장애를 평가하는 세부검사를 통하여 정확한 진단이 필요한 것으로 나타났다. 또한 세부검사 중 빈칸채우기검사에서는 정상적인 읽기 수준을 보였으나, 수학, 어휘, 읽기이해 검사에서는 모두 5단계의 발달단계(전반적이고 지속적인 지도가 필요함)를 보였다. 따라서 해당 영역에서의 집중적인 개별 중재가 이루어져야 했다.

(6) 중재 목표

① 장기 목표

5학년 수준의 짧은 글이 주어지면 또래와 비슷한 속도로, 글의 중심내용을 이해하고 기초적인 추론을 할 수 있다.

- 국어학습에 대한 흥미를 느끼고, 향후 국어학습을 진행하는 데에 긍정적인 자기인식 및 자기개념을 가질 수 있다.
- 짧은 글(600자 이내)을 읽고 그 시간적 · 공간적 배경, 인물의 성격, 기본적인 사건의 구성 등을 이해할 수 있다.
- 짧은 글(600자 이내)을 읽고 파악한 중심내용을 바탕으로 직접적으로 드러나 있지 않은 내용에 대한 추론이 가능하다.

② **단기 목표**

- 1단계: 짧은 글(400자 내외)을 읽고 그 시간적 · 공간적 배경, 인물의 성격, 기본적인 사건의 구성 및 흐름을 이해할 수 있다.
- 2단계: 짧은 글(550자 내외)을 읽고 그 시간적 · 공간적 배경, 인물의 성격, 기본적인 사건의 구성 및 흐름을 이해할 수 있다.
- 3단계: 짧은 글(600자 내외)을 읽고 그 시간적 · 공간적 배경, 인물의 성격, 기본적인 사건의 구성 및 흐름을 이해할 수 있다.
- 4단계: 짧은 글(600자 내외)을 읽고 파악한 중심내용을 바탕으로 직접적으로 드러나 있지 않은 내용에 대한 기본적인 추론을 할 수 있다.

(7) 중재 프로그램

회기	중재내용	중재방법 및 중재자료
1	• 읽기유창성, 쓰기 세부검사 실시 • 학생상담(관심사 파악, 기본정보 파악)	○ BASA 읽기검사 ○ BASA 쓰기검사
2	• 문장의 구성('누가'와 '무엇을') • 시간 및 장소를 나타내는 말	○『읽기 나침반 ④ 읽기이해편』
3	• 진전도 검사 1(읽기이해) • 시간/장소를 나타내는 말, 인물의 심경 파악하기	○『읽기 나침반 ④ 읽기이해편』 ○ BASA 읽기이해검사
4	• 글의 배경, 사건, 인물의 감정 파악하기 • MGRAM 성격검사를 통해 문장이해능력 키우기	○『읽기 나침반 ④ 읽기이해편』 ○ MGRAM

5	• 진전도 검사 2(읽기이해) • 마인드맵 이해하기	○『읽기 나침반 ④ 읽기이해편』 ○ BASA 읽기이해검사
6	• 쓰기검사 실시 • 짧은 글 읽고 글의 내용과 인물의 성격 파악하기	○『읽기 나침반 ④ 읽기이해편』 ○ BASA 쓰기검사
7	• 학생 결석	○『읽기 나침반 ④ 읽기이해편』 ○ BASA 읽기이해검사
8	• 학생 결석	○ BASA 어휘검사 ○ BASA 읽기검사
9	• 학생 결석	○『읽기 나침반 ④ 읽기이해편』 ○ BASA 읽기이해검사

(8) 중재 진전도 및 사후검사 결과와 종결 상태

① 진전도 검사 결과

검사	1회	2회	3회
읽기이해검사	7	5	결석
어휘검사	14	10	
읽기유창성검사	358	283	

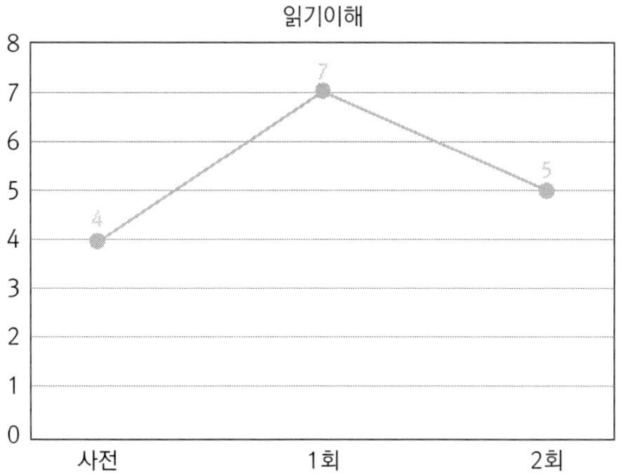

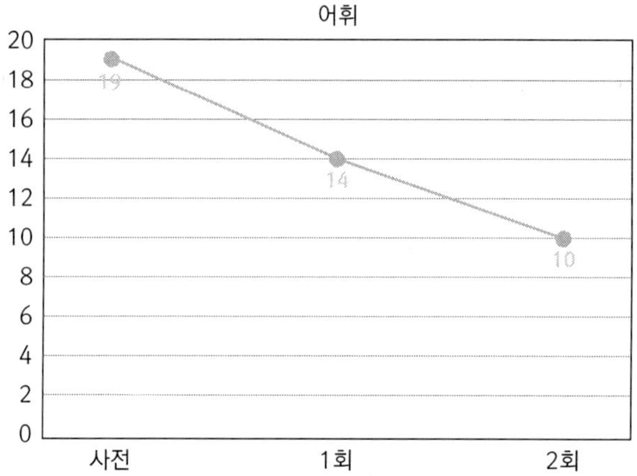

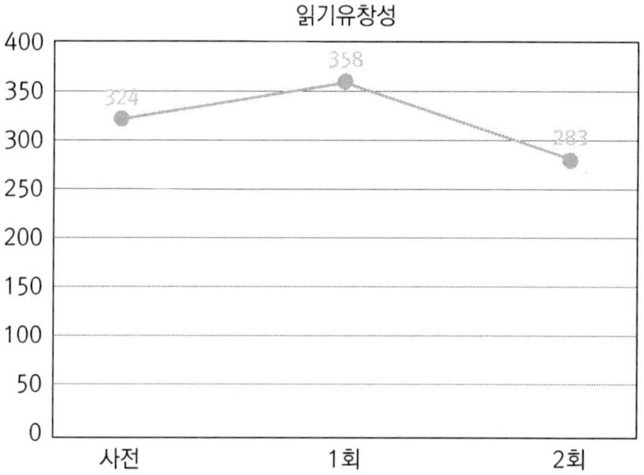

읽기이해를 핵심 중재 영역으로 설정하였으나 읽기이해와 깊은 관련이 있는 읽기유창성검사 및 어휘검사와 함께 진전도 검사를 실시하였다. 2차 진전도 때는 학생이 수업을 받지 않고 집에 가고 싶다고 하는 것을 붙잡아 두고 검사를 실시하였기에, 학생의 본래 실력을 그대로 담아낸 것이라고 보기 어렵다. 또한 3차 진전도 검사 시에는 무단결석을 하여 진전도는 2회만 측정할 수 있었다.

② 프로그램 사전-사후 검사 결과 비교

검사	사전검사		사후검사	
	원점수	백분위 점수	원점수	백분위 점수
어휘검사	19	2	결석	
읽기이해검사	4	2		

빈칸채우기검사	15	61		
읽기유창성검사	324	94		
쓰기검사	96	49	114	63
수학검사(통합)	5	1	1	1
학습장애 선별검사	55	고위험군	결석	

프로그램 초기부터 품행문제가 제기되었으며, 강사와의 상의 없이 집에 갔다가 늦게 오는 등 수업에 지각하는 일도 빈번하였다. 또한 이어지는 검사에도 성실히 참여하지 않아 처음 몇 문제만 풀고 나머지 문제는 '그저 찍는' 일이 많이 있었다. 따라서 본 검사의 결과들은 학생의 실제 실력을 정확히 반영한다고 보기 어려우며, 프로그램을 진행하는 동안 강사의 중재를 충실히 받은 결과라고 보기도 어렵다. 한편, 사후검사 날에는 불참하였으나, 사후검사의 양이 많은 관계로 미리 실시한 쓰기검사와 수학검사에는 참여하였다. 따라서 위의 표에서는 학생이 참여한 검사의 점수만을 기록할 수 있었다.

(9) 제언

학습에 대한 동기가 매우 낮은 편이어서 학습동기를 유발시키는 과정이 선행되어야 한다. 또한 약속된 시간에 약속된 장소에 도착하는 것, 사정이 생겼을 때는 선생님께 미리 공손히 허락을 구하는 것 등 생활지도의 병행이 필요해 보인다. 열심히 학습하려고 하는 다른 학생들과 함께 수업을 받는 경우, 서로에게 좋지 않은 영향을 미칠 수 있으므로 향후에는 소그룹 지도가 아닌 개별지도의 방식을 사용하는 것이 나을 듯하다.

(9) 활동 사진

4. 읽기이해 사례 보고서 III

(1) 성별

① 남(✓) ② 여

(2) 학년

3학년

(3) 중재 사유

해당 학생은 사전검사 결과 고위험군으로 판정되었으며, 읽기이해검사 결과가 5단계로 제시되었다.

(4) 일반적 특성

① 학습

읽기와 수학 영역 모두 어려움을 보인다. 차분히 앉아서 성실하게 수업에 임하는 것에 비해 성과가 낮은 편이다.

② 정서 및 행동

차분하고 따뜻한 마음씨를 지녔으나, 자신의 성격을 설명할 때 '화가 많다' '무섭다' 등의 단어를 사용할 때가 종종 있었다.

③ 사회성

함께 프로그램에 참여하는 학생에게는 배려하는 행동을 보였으나, 교실에서는 친구와 싸울 때가 종종 있는 것으로 보인다.

④ 가정배경

형과 어린 동생이 있다. 집에서 '남자는 운동을 잘해야 한다. 거칠어야 한다.'와 같은 역할이 강조되는 듯하다.

(5) 사전검사 결과

학년	이름	난독증/학습장애 선별검사		빈칸채우기검사	
		총점	분류	원점수	백분위 점수
3	이윤호(가명)	44	고위험군	10	52
수학검사		어휘검사		읽기이해검사	
원점수	백분위 점수	원점수	백분위 점수	원점수	백분위 점수
13	4	8	1	4	5

읽기와 수학 관련 학습에서 어려움을 겪고 있으며, 학생 스스로도 주관적인 어려움을 경험하고 있음이 확인되었다. 특히 읽기와 관련하여 어휘 및 읽기이해 부분에 있어 추가적인 개입이 필요하다.

(6) 중재 목표

어휘검사 결과(원점수)에서 2점 이상 증가한다.

(7) 중재 프로그램

회기	중재내용	중재방법 및 중재자료
1	• 사전검사 완료 및 수업 관련 오리엔테이션	○ BASA 읽기검사 ○ BASA 쓰기검사
2	• '누가'와 '무엇'을 통해 문장을 완성하기	○『읽기 나침반 ④ 읽기이해편』
3	• 진전도 검사 1 • 이야기 속에서 시간과 장소 및 인물의 감정 이해하기	○ BASA 읽기이해검사 ○『읽기 나침반 ④ 읽기이해편』
4	• 지문을 읽고 등장인물-배경-사건-행동-감정-결말을 찾기	○『읽기 나침반 ④ 읽기이해편』

5	• 진전도 검사 2 • 제목을 보고 글의 내용을 예상해 보기	○ BASA 읽기이해검사 ○『읽기 나침반 ④ 읽기이해편』
6	• 지문을 읽고 등장인물의 성격을 예상하기	○『읽기 나침반 ④ 읽기이해편』
7	• 진전도 검사 3 • 글을 읽고 원인과 결과를 구분하기	○ BASA 읽기이해검사 ○『읽기 나침반 ④ 읽기이해편』
8	• 사후검사 및 설문지 완료	○ BASA 읽기이해검사

(8) 중재 진전도 및 사후검사 결과와 종결 상태

① 진전도 검사 결과

검사	1회	2회	3회
읽기이해검사	8	7	8

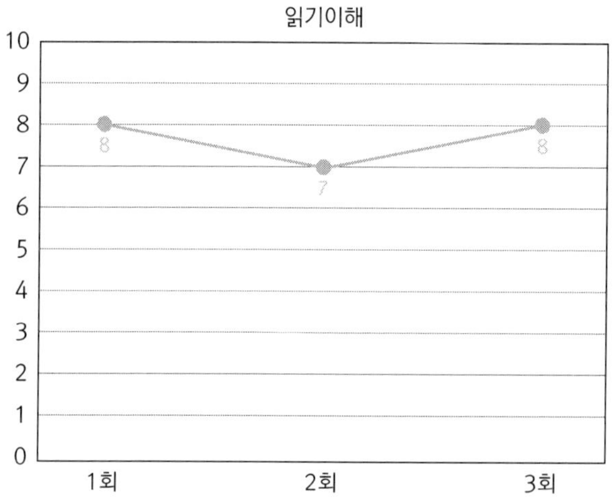

읽기이해의 경우 사전검사에 비해 향상되긴 하였으나 진전도 검사 1~3회에 걸쳐 시간에 따른 향상이 일어나진 않았다. 검사 세부 영역을 살펴본 결과 사실적 이해에 비해 추론적 이해를 어려워함을 예상해 볼 수 있었다.

② **프로그램 사전-사후 검사 결과 비교**

검사	사전 검사 원점수(백분위)	사후검사 원점수(백분위)
읽기이해검사	4	6

사전검사에 비해 사후검사에서 점수가 상승하였다. 다만, 사후검사의 경우 진전도 3회에 비해 낮은 점수가 제시되었는데, 이는 사후검사를 보았던 날 많은 양의 문제를 풀다 보니 집중력이 저하되어 나타난 결과인 듯하다.

(9) 제언

다양한 읽기 지문 및 어휘에 노출시킴으로써 예상되는 결과를 추론해 보거나 인물의 성격을 예상해 보는 등 추론과 관련된 활동에 보다 집중하면 좋을 듯하다. 집중력 저하로 인해 실제 더 많이 알고 있음에도 불구하고 검사결과가 그만큼 나오지 않는 듯하다. 10분 이상씩 글을 읽거나 문제를 푸는 활동을 반복적으로 진행하면 좋을 것으로 사료된다.

5. 읽기이해 사례 보고서 Ⅳ

(1) 성별

① 남(✓) ② 여

(2) 학년

5학년

(3) 중재 사유

해당 학생은 검사 결과 잠재적 위험군에 속하고, 읽고 이해하는 능력이 학년에 비해 부족하며, 전반적인 학습동기가 매우 낮다.

(4) 일반적 특성

① 학습

학습동기가 매우 낮다. 읽기유창성이 아주 낮은 편은 아니지만 읽는 것 자체를 귀찮아하고, 몰라서 문제를 못 풀기보다 읽고 이해하는 것이 귀찮아서 문제를 풀지 않고 정답을 선택한다. 학교 다니는 것이 가장 싫으며 다녀야 할 이유를 모르겠다고 한다.

② 정서 및 행동

학업을 비롯한 전반적인 행동의 동기가 매우 낮으며, 유일하게 컴퓨터 게임에 대한 동기가 맹목적으로 높다. 그 이유는 심심해서라고 한다. 한편, 게임을 그만두고 싶지만 잘 되지 않고 의지적으로 멀리하려고 해도 컴퓨터 앞에 어느새 가 있는 자신에 대한 무력감과 낮은 자존감도 확인할 수 있었다.

③ 사회성

6학년 형 두세 명과 친하게 지내면서 방과 후에 주로 그들과 만나서 게임을 하거나 총싸움 놀이 등을 하면서 시간을 보낸다. 게임을 통해 만나는 사람들과 온라인상에서 대화를 나누면서 관계를 맺으며 욕설을 많이 하는 편이라고 스스로 보고한다. 대인관계 자체를 어려워하는 것 같지는 않고, 회기 내에서 지도교사에게도 상식적인 반응과 상호작용을 보이고 있어서 자신에게 필요한 사회적 관계 맺기에서는 기능적이라고 판단된다.

④ 가정배경

경제적으로 어려움이 있지는 않아 보이며, 부모와 학생의 관계 또한 좋아 보인다. 학생은 자신의 부모님에 대해 말하는 것에 거리낌이 없으며, 자신의 부모님을 재미있고 친구 같은 존재로 느끼고 있는 듯하다. 그러나 학생의 게임중독 증상에 대한 부모의 개입 및 훈육이 크게 없어 보인다. 학생이 게임을 통제 없이 하고 있는 것으로 보이며, 가정에서 학생을 보상 및 강화할 때에도 새로운 게임기를 사 주는 등의 방식으로 이뤄지고 있는 것 같다.

(5) 사전검사 결과

학년	이름	난독증/학습장애 선별검사		빈칸채우기검사	
		총점	분류	원점수	백분위 점수
5	이민호(가명)	40	잠재적 위험군	16	64
수학검사		어휘검사		읽기이해검사	
원점수	백분위 점수	원점수	백분위 점수	원점수	백분위 점수
7	1	4	1	0	0

선별검사 결과 잠재적 위험군에 속하며, 학업 및 학교에 잘 적응하기 위하여 부분적인 도움이 필요할 것 같다. 다른 학생에 비하여 학습 및 학교 적응에 어려움을 보이는 경우가 많다. 이러한 어려움을 극복하기 위해서 또래에 비해 보다 집중중재가 필요하다. 즉, 일반학급에서 생활하는 것 외에 추가적으로 소집단 학습을 진행하면 학습에 도움이 될 것이다. 특히 이 범주의 학생들은 누적된 실패로 학교 생활에 관심이 적은 경우가 많다. 그리하여 가능하면 학생들이 쉬운 것부터 시작하여 성공 경험을 쌓을 수 있도록 도와주는 것이 필요하다.

(6) 중재 목표

학습동기를 향상시키고 읽기이해 영역에서 성공 경험을 한다.

(7) 중재 프로그램

회기	중재내용	중재방법 및 중재자료
1	라포 형성 및 사전 세부검사 실시	○ BASA 읽기검사 ○ BASA 쓰기검사
2	심리상담 및 읽기이해 중재	○『읽기 나침반 ④ 읽기이해편』
3	읽기이해 중재	○『읽기 나침반 ④ 읽기이해편』
4	심리상담 및 읽기이해 중재	○『읽기 나침반 ④ 읽기이해편』
5	진전도 검사 1(읽기이해)	○ BASA 읽기이해검사
6	심리상담 및 이전 내용 복습	○『읽기 나침반 ④ 읽기이해편』
7	읽기이해 중재	○『읽기 나침반 ④ 읽기이해편』
8	심리상담 및 읽기이해 중재	○『읽기 나침반 ④ 읽기이해편』
9	진전도 검사 2	○ BASA 읽기이해검사
10	심리상담 및 이전 내용 복습	○『읽기 나침반 ④ 읽기이해편』
11	읽기이해 중재	○『읽기 나침반 ④ 읽기이해편』
12	심리상담 및 읽기이해 중재	○『읽기 나침반 ④ 읽기이해편』
13	진전도 검사 3	○ BASA 읽기이해검사
14	심리상담 및 마무리	○『읽기 나침반 ④ 읽기이해편』
15	사후검사 실시	○ BASA 읽기이해검사

(8) 중재 진전도 및 사후검사 결과와 종결 상태

① 진전도 검사 결과

검사	1회	2회	3회
읽기이해검사	12	8	5

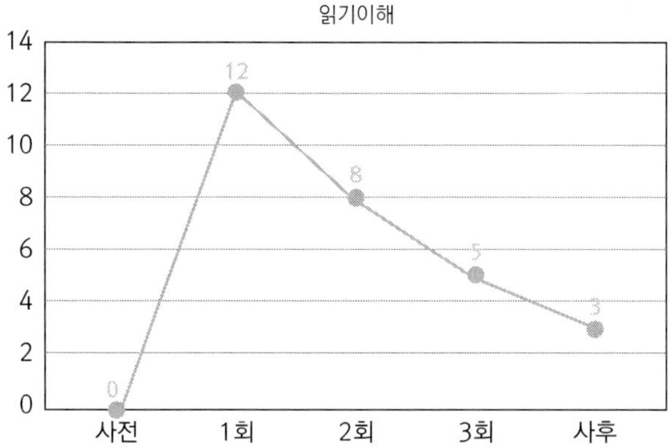

진전도 검사 결과, 읽기이해검사 결과가 약간 하락하는 경향을 보인다. 이는 장문을 읽는 것에 거부감이 있어서 읽기를 시도조차 하지 않으면서 거의 '찍기'로 답을 표기하는 경향성을 반영한다. 회기가 거듭할수록 날씨가 많이 더워졌으나 수업을 진행한 교실의 에어컨과 선풍기의 위생 상태가 좋지 못하여 냉방기기 사용을 하지 못해서 학생이 힘들어 했음을 감안할 때, 검사에 임하는 태도에 환경적 요인이 많이 작용하였음을 유추할 수 있다. 해당 학생과 같이 학습동기가 낮은 경우에는 학습환경의 뒷받침이 중요함을 확인할 수 있었다.

그러나 점수로서의 검사 결과와는 별개로, 회기를 거듭할수록 읽고 푸는 문제가 이전보다 많아지는 등 검사에 임하는 태도에 변화가 있었다. 비록 점수로서의 검사 결과는 찍은 문항을 얼마나 맞혔는지에 따라 달라졌을지 몰라도, 실제로 학생이 풀었던 문항의 수는 더 많아지고 있었음에 본 검사의 의의가 있었다고 생각된다. 학생은 자신이 읽고 이해하여 맞힌 문항에 대하여 스스로 신기해하고 뿌듯함을 느꼈다.

② 프로그램 사전-사후 검사 결과 비교

검사	사전검사 원점수	사후검사 원점수
읽기유창성검사	252	289
어휘검사	4	11
읽기이해검사	0	3
쓰기검사	65	61
빈칸채우기검사	16	13
수학검사	7	7

사후검사 결과, 사전검사에 비해 전반적인 약간의 진보를 보였다. 읽기유창성검사의 경우 읽는 데 집중력이 향상되었음을 반영하며, 어휘와 읽기이해검사의 경우는 검사에 임하는 태도가 향상되는 변화가 있었음을 의미한다. 쓰기의 경우 글의 총 음소 수는 줄었다. 그러나 사전검사에서 게임 캐릭터 이름만 나열했던 반면에, 사후검사에서는 자신의 하루 일과를 쓰는 것으로 내용 구성에 있어서 더 풍성해졌음을 확인할 수 있었다. 빈칸채우기검사의 경우 사전검사에 비해 원점수가 하락하였으나, 사전검사는 당시 검사자의 미숙으로 전체 문제를 풀게 하여 5분 동안 실시한 반면, 사후검사는 1분 동안 문제를 풀었던 결과로서 시간 대비 문제 푸는 속도 및 정답률은 상승하였다. 전반적으로 이전에 비해 학습동기의 향상이 검사결과에 반영되었다고 판단된다.

(9) 제언

해당 학생의 경우 반복 및 누적된 낮은 성취로 인해 전반적으로 낮은 학습 의욕을 특징적으로 보이고 있었다. 특히 첫 회기에서는 종일 게임만 하는 자신에 대한 낮은 자존감을 확인할 수 있었다. 자신의 다른 관심사와 재미있는 흥미를 찾아서 게임에 대한 대체물을 마련하는 것이 시급해 보인다.

사전 설문지에서 자신에 대한 평가가 낮았던 학생은 사후 설문지에서 자신을 소중하고 중요한 사람으로 인식하고 있음을 확인할 수 있었다. 이는 학생에 대해 가치 있다고 확인해 주고 학생의 말에 귀 기울여서 반응해 준 결과라고 생각된다. 학교 및 가정에서 학생의 부족한 부분에 대해 다그치기보다 현재 하고 있고 관심 있어 하는 것에 대해 귀 기울여 들어 주고 함께 관심을 가져 봐 주는 것만으로도 학생의 자기인식에 변화가 발생함을 알 수 있었다.

한편, 해당 학생의 경우 동급생에 비해서는 읽기유창성이 낮지만 글을 읽고 쓰는 것에 심각한 어려움을 보이는 수준은 아니므로 학생의 학습동기를 강화하고 작은 것이라도 지속적인 성취를 느낄 수 있도록 도움으로써 스스로 중재 혹은 학업에 참여하는 보람을 느끼도록 하는 것이 가장 중요하다고 생각된다.

제 5 장

쓰기

1. 쓰기 대표 사례 보고서

(1) 성별

① 남(✓)   ② 여

(2) 학년

3학년

(3) 중재 사유

해당 학생은 3학년 또래에 비해 수업에서 어려움을 겪고 있어 의뢰되었다. 중국에서 어릴 때 이주해 왔으나 학업부진이 지속되어 결손이 누적되어 있던 상태여서 중재가 필요하였다. 따라서 철자에 대한 정확한 이해를 돕기 위해 철자쓰기에 대한 중재를 제공하였다.

(4) 일반적 특성

① 학습

전반적인 철자쓰기를 어려워하며 학습을 위해서 도입하는 데 시간이 매우 많이 필요하였다. 연음규칙, 경음화, 유음화, 음소첨가 등 비교적 복잡하지 않은 단어로 구성된 회기의 경우 정답률이 높았으나 이 외의 음운규칙에 대해서는 이해도가 부족하고 철자쓰기를 위한 기본적인 원리에 대해 학습이 필요하였다. 철자 쓰는 활동에 대해 부담감을 많이 가지고 있는 상태였다.

② 정서 및 행동

학교에서 친구와 있었던 재미있는 일들에 대해 교사에게 많이 이야기해 주고자 하는 모습에서 교우관계는 좋은 편임을 간접적으로 느낄 수 있었다. 여린 성격을 지니고 있으며, 과제가 어려워지거나 수업을 하기 싫을 때는 자신이 삐칠 것이라고 하며 싫은 감정을 표출하기도 하면서 수업에 대한 거부감을 보이기도 하였다. 집중력이 짧은 편이며, 흥미를 계속 유도하면서 수업을 진행해야 하는 특징을 가지고 있다.

③ 사회성

교사와의 관계에서 원만한 관계를 유지하였다. 학습 이외의 활동(예: 미술, 체육) 등을 친구들과 하는 것을 좋아한다고 말하며 친구들과의 교우관계도 좋음을 표현하였다.

④ 기타

부모님과 동생과 함께 살고 있으며, 초등학교 1학년 때 한국으로 전학 온 학생이었다. 국어시간이나 다른 수업시간에도 따라가는 것을 어려워해서 담임교사에게 많이 의지하는 편이었다.

⑤ 쓰기능력 특성

과거형을 쓸 때 맞는 경우도 있고 틀리는 경우도 보이며 일관적이지 않은 모습을 보였다. 쓰기능력 평가에서 글의 소재가 없어서 적게 쓰는 것이 아니라 쓰는 속도가 느려서 시간 안에 충분한 내용을 채워 넣지 못하는 특징을 보였다. 또한 쓴 글자에 대한 맞춤법을 고려하는 모습이 보였으며 이로 인해 천천히 쓰는 경향이 보였다.

(5) 사전검사 결과

학년	이름	학습장애 선별검사	K-WISC-Ⅳ	쓰기검사	
		분류	원점수	원점수	백분위 점수
3	강한빛(가명)	고위험군	91	33	9

해당 학생은 학습장애 선별검사 결과 고위험군에 해당하며, K-WISC IV 검사 결과 91점으로 지능검사에서 어려움을 나타내지 않았다. 이는 특정학습장애의 특징으로 지능에 있어서 정상 범위에 있음에도 불구하고 일정 영역에서 어려움을 호소한다는 점과 유사함을 확인할 수 있다. 본 중재에서는 쓰기검사를 바탕으로 학생의 철자쓰기를 지도하고자 하였으며 쓰기검사 결과는 백분위 점수 9점으로 경계에 있음을 확인할 수 있다. 따라서 쓰기에 있어 자신감과 능력을 키워 줄 수 있는 집중적인 쓰기중재가 필요하다고 판단되어 중재대상자로 선정하였다.

(6) 중재 목표

① 장기 목표

- 본 중재는 쓰기 철자지도에 특화되어 있으며 철자에 대한 정확도와 원리에 대해 이해하는 것을 목표로 한다.
- 쓰기전략에서 다양한 학습 원리를 이해하고 적용하며 전체적으로 학습에 대한 관심과 태도를 향상시키기 위함을 목표로 한다.
- 쓰기중재에 자기점검 전략을 적용하여 이를 바탕으로 철자 수업을 스스로 점검하고 모니터링할 수 있는 능력에 대한 향상을 목표로 한다.

② 단기 목표

- 자기점검 전략을 활용하여 쓰기중재 과정에서 지속적으로 모니터링하는 방법을 학습할 수 있다.
- 철자쓰기 원리에 대해서 이해할 수 있다.
- 연음규칙, 격음화, ㅎ 탈락, 구개음화, 경음화, 비음화, 유음화, 음소첨가, 사이시옷, 겹받침에 대해 학습하고 원리를 이해 · 적용할 수 있다.

(7) 중재 프로그램

회기	중재내용	중재방법 및 중재자료
1	[자기점검 전략 개념 소개] • 무지개를 활용한 자기점검 교재 설명 • 자기점검 그래프, 자기점검 기록지 점검 설명 – 자기점검이라는 개념을 이해하는 데까지 시간이 오래 걸렸으나 어떤 의미인지는 대략적으로 파악하게 되었다.	ㅇ 자기점검 전략을 활용한 철자쓰기 중재 활동지

2	[자기점검 전략 시행 연습] (교사의 시범 → 학생활동 → 즉각적 피드백) • 철자쓰기를 어느 정도 할 수 있는지 교사가 음운원리에 입각한 자체적 문제를 만들어 수준을 평가하였다. • 적용하는 과정에서 어떻게 하는지에 대한 명확한 이해가 선행되지는 않았으나 교사의 도움과 함께 자기점검 전략(자기평가, 성찰) 등에 대한 시도를 해 볼 수 있었다.	○ 자기점검 전략을 활용한 철자쓰기 중재 활동지
3	[연음규칙 학습하기] • 단어 소개: 바르게 쓴 단어와 소리 나는 대로 쓴 단어를 찾아보고 바르게 적기 • 연음규칙 원리 수업 • 음운규칙 적용: 받아쓰기, 게임을 통하여 수업 진행 • BASA 쓰기검사 형성평가, 학습한 단어 평가 진행 • 자기점검 그래프, 자기점검 기록지 작성 • 학습한 연음규칙 단어: 부엌에서, 덮어, 까닭을, 깎았다, 삶을(글자의 받침소리가 넘어감에 초점을 두어 학습) • 학생이 새로운 음운규칙을 처음 학습하면서 아직 수업의 패턴에 익숙해지지 않아 어려워하였다. • 연음규칙은 음운규칙 중에서도 쉽게 이해할 수 있는 편에 속하기 때문에 배우지 않고 연음규칙이 적용되는 단어에도 쉽게 적용할 수 있었다.	○ 자기점검 전략을 활용한 철자쓰기 중재 활동지 (이하 동일) ○ 연음규칙
4	[경음화 학습하기] • 경음화 소개 • 음운규칙 적용 게임 진행: 바르게 쓴 글자를 따라가 보기 게임 • 자기점검 그래프, 자기점검 기록지 작성 • 학습한 경음화 단어: 앞산, 강가, 할수록, 갈 곳, 개수 (예사소리 자음이 된소리로 발음되는 현상) • 진전도 검사 1 • 학생이 점진적으로 수업에 익숙해졌다. • 수업시간에 제공되는 게임에 대해서도 관심을 보이고 열심히 하려는 태도를 보였다.	○ 경음화

5	[ㅎ탈락 학습하기] • ㅎ탈락 소개 • 음운규칙 적용 게임 진행: 사다리타기를 통해 소리 나는 대로 쓰여 있는 단어 바르게 고쳐 쓰기 • 자기점검 그래프, 자기점검 기록지 작성 • 학습한 ㅎ탈락 단어: 좋은, 많이, 잃은, 쌓여, 싫어 • 이번 단어들의 원리는 이해하는 데 어려움을 겪었다. • 특히 틀리기 쉬운 단어들이 많기 때문에 더 힘들어했고 하기 싫어하는 모습도 보였다.	ㅇ ㅎ탈락
6	[구개음화 학습하기] • 구개음화 소개 • 음운규칙 적용 게임 진행: 빙고판에서 올바른 글자 찾아보기 • 자기점검 그래프, 자기점검 기록지 작성 • 학습한 구개음화 단어: 맏이, 해돋이, 갇혔다, 묻혔다, 굳이 • 진전도 검사 2	ㅇ 구개음화
7	[격음화 학습하기] • 격음화 소개 • 음운규칙 적용 게임 진행: 십자말풀이 • 자기점검 그래프, 자기점검 기록지 작성 • 학습한 격음화 단어: 싫다고, 축하, 답답해, 향긋한, 좋겠다 • 과제만의 문제가 아니라 학생의 정서적 상태로도 그날의 수업을 따라가기 어려워하였다. 학습을 하기 싫어했고 왜 이걸 해야 하는지 모르겠다며 정서적인 불만을 표출하였다.	ㅇ 격음화
8	[비음화 학습하기] • 비음화 소개 • 음운규칙 적용 게임 진행: 십자말풀이 • 자기점검 그래프, 자기점검 기록지 작성 • 학습한 비음화 단어: 낱말, 육류, 식물, 낳는다, 음료 • 진전도 검사 3 • 수업에 집중을 하지는 못했지만 게임이나 활동은 그나마 관심을 보이고 참여하였다.	ㅇ 비음화

9	[유음화 학습하기] • 유음화 소개 • 음운규칙 적용 게임 진행: 사다리를 내려가서 음운규칙에 맞게 단어 바꿔 쓰기 • 자기점검 그래프, 자기점검 기록지 작성 • 학습한 유음화 단어: 설날, 진료, 연료, 분리, 줄넘기	○ 유음화
10	[음소첨가 학습하기] • 음소첨가 소개 • 음운규칙 적용 게임 진행: 나무 그림에서 바른 글자 찾아보기 • 자기점검 그래프, 자기점검 기록지 작성 • 학습한 음소첨가 단어: 식용유, 한여름, 떡잎, 호박잎, 알약 • 진전도 검사 4 • 단어들의 비슷한 원리에 관심을 보였다. 지금까지와는 다르게 음운규칙에 대한 관심을 보이게 된 시점이었다.	○ 음소첨가
11	[사이시옷 학습하기] • 사이시옷 소개 • 음운규칙 적용 게임 진행: 나무그림에서 바른 글자 찾아보기 • 자기점검 그래프, 자기점검 기록지 작성 • 학습한 사이시옷 단어: 바닷가, 전봇대, 아랫니, 잇몸, 숫자 • 사이시옷이 들어가는 현상에 대해 그걸 왜 써야 하는지 모르겠다면서 수업시간에 한탄을 하기도 했지만 활동에는 잘 따라왔다.	○ 사이시옷
12	[겹받침 학습하기] • 겹받침 소개 • 음운규칙 적용 게임 진행: 바르게 쓴 글자를 따라가 보기 게임 • 자기점검 그래프, 자기점검 기록지 작성 • 학습한 겹받침 단어: 값, 않다, 밟다, 끓는, 굶다 • 진전도 검사 5 및 사후검사 • 수업이 마무리되는 시점에서 총정리와 사후검사로 마무리하였다.	○ 겹받침

(8) 중재 진전도 및 사후검사 결과와 종결 상태

① 진전도 검사 결과

검사	1회	2회	3회	4회	5회
쓰기검사	60	35	96	38	52

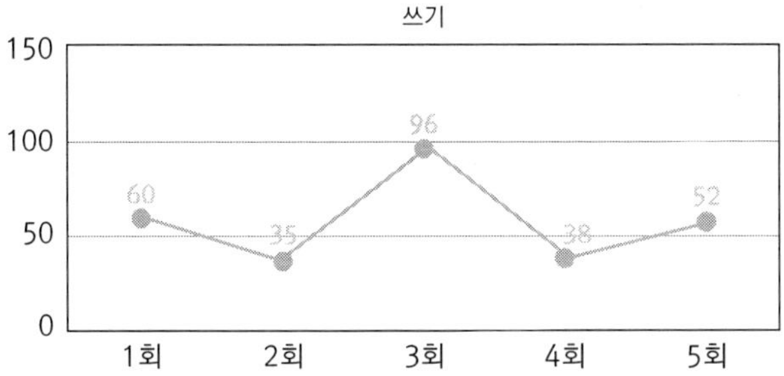

학생의 진전도는 주요 중재 영역인 쓰기를 측정하기 위해 쓰기검사를 통해 측정되었으며, 쓴 음절에서 틀리게 쓴 음절을 빼고 난 후 정확하게 쓴 음절만을 점검하여 그래프로 나타내었다. 지속적인 철자쓰기를 병행하다 보니 쓰는 것 자체에 부담감을 느끼지 않았고, 이는 쓰기유창성으로까지 확장되어 점수를 향상시킬 수 있었다. 이를 통해 쓰기단계에서 2단계인 맞춤법을 기반으로 한 철자쓰기가 안정되면 작문으로까지 향상될 수 있음을 잠정적으로 확인할 수 있었다.

② 프로그램 사전-사후 검사 결과 비교

검사	사전검사 원점수(백분위)	사후검사 원점수(백분위)
쓰기검사	33	62

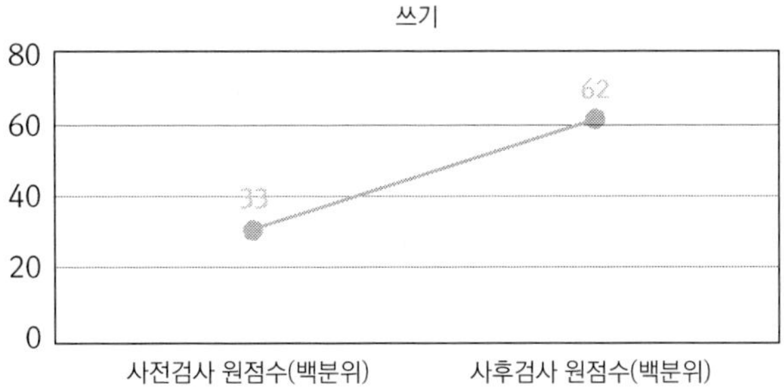

12회기 프로그램을 통하여 해당 학생의 쓰기검사는 처음에 시행한 사전검사보다 사후검사에서 향상을 보였다. 사후검사 결과 학년 점수는 3학년 학생들의 평균 월 진전도를

고려할 때 큰 향상을 보였다. 따라서 학생은 지속적인 쓰기유창성 및 철자쓰기에 지속적으로 관심을 갖고 수업을 지속적으로 병행한다면 꾸준히 성장할 것으로 생각된다.

(9) 제언

프로그램 이후 해당 학생은 여전히 한글을 정확하게 소리 내어 읽는 데 어려움을 보이고 있다. 수업이 진행됨에 따라 오류를 보이는 빈도는 많이 줄었고 점차 자신감을 가졌다. 따라서 자신감을 기를 수 있는 수업과 철자쓰기 수업을 집중적으로 해 주면 앞으로의 학습에 도움이 될 것이다.

(10) 활동 사진

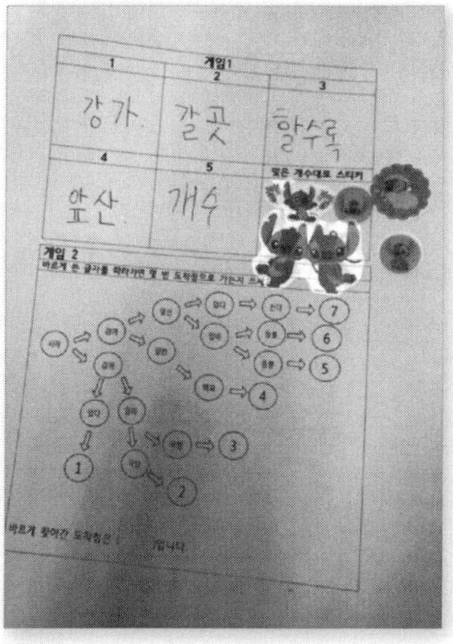

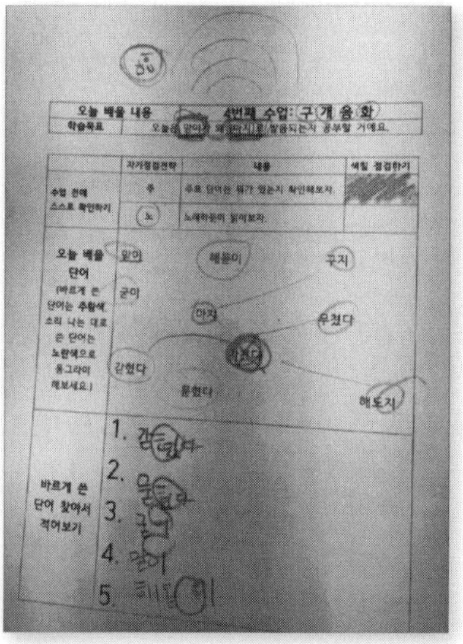

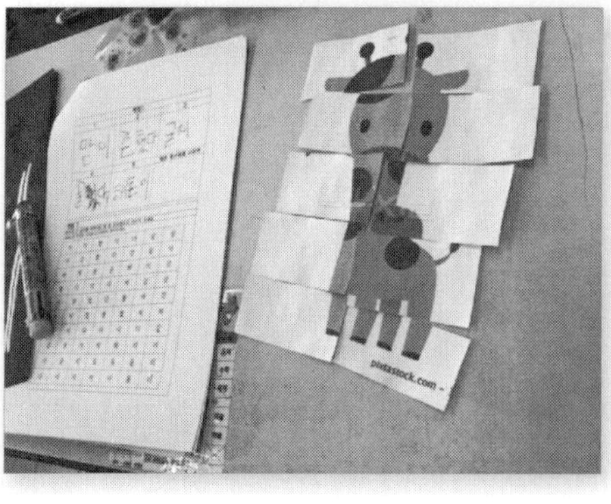

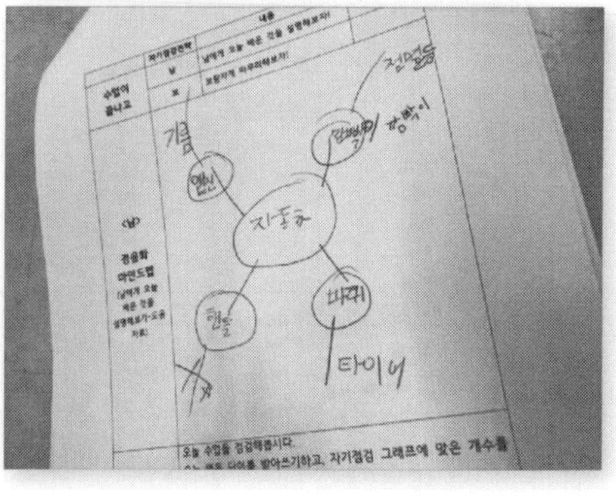

2. 쓰기 사례 보고서 I

(1) 성별

① 남(✓) ② 여

(2) 학년

1학년

(3) 중재 사유

해당 학생은 사전 선별검사에서 집중적인 쓰기중재가 필요한 것으로 나타났으므로 중재대상에 선정되었다.

(4) 일반적 특성

① 학습

쓰기유창성은 비교적 낮은 편이었으나 쓰기정확도는 보통인 편이었다.

② 정서 및 행동

학습에 대한 의지가 강하여 활동에 적극적으로 참여하며, 과제를 해결하기 위해 집중하는 모습을 보였다.

③ 사회성

선생님 및 친구와의 관계에 있어 긍정적인 상호작용을 하였으며, 다른 사람을 배려하는 모습을 보였다.

④ 가정배경

부모님이 학생의 학습에 대한 관심도가 매우 높아 가정에서 학습을 추가적으로 연계하여 진행할 수 있었다.

(5) 사전검사 결과

학년	이름	초기수학검사		수학검사		쓰기검사	
		총점	백분위 점수	원점수	백분위 점수	원점수	백분위 점수
1	박영호(가명)	92	9	27	68	7	2

학생의 수학 점수는 또래에 비해 낮은 편에 속하며, 쓰기 점수가 매우 낮은 편에 속하므로 쓰기 학습에 보다 초점을 두어 중재해야 한다. 쓰기검사는 쓰기유창성과 정확도를 측정하며, 학생은 두 항목에서 또래에 비해 현저히 낮은 편으로 쓰기 전반에 어려움을 보이고 있다. 그러므로 다양하고 충분한 양의 단어 및 글자를 따라쓰기, 받아쓰기 등의 쓰기 활동이 필요하다.

(6) 중재 목표

틀리게 쓰기 쉬운 쓰기 유형을 인식하고, 규칙을 이해하며, 이와 관련된 글자에 적용할 수 있는 것을 목표로 한다. 이 과정을 통해 쓰기의 유창성과 정확도를 향상할 수 있도록 한다.

(7) 중재 프로그램

회기	중재내용	중재방법 및 중재자료
1	• 선별검사 • 검사 결과를 통한 아동의 쓰기학습 수준 확인	○ BASA 쓰기검사
2	• 모음 'ㅏ, ㅓ, ㅣ'가 포함된 단어 따라쓰기, 보고 쓰기, 찾아 쓰기 • 모음 'ㅏ, ㅓ, ㅣ'가 포함된 단어 받아쓰기 • '오류인식 단계-규칙이해 단계-오류 발견 및 적용 단계'에 따라 쓰기활동	○『쓰기 나침반』
3	• 한국판 라이터 비언어성 검사(주의력 및 집중력)	○ 한국판 라이터 비언어성 검사

4	• 자음 'ㄱ, ㄴ, ㄷ, ㄹ'이 포함된 따라쓰기, 보고 쓰기, 찾아쓰기 • 자음 'ㄱ, ㄴ, ㄷ, ㄹ'이 포함된 단어 받아쓰기 • 진전도 검사 1	○『쓰기 나침반』
5	• 연음규칙 오류 유형 중재 학습 • '오류인식 단계-규칙이해 단계-오류 발견 및 적용 단계'에 따라 쓰기활동	○『쓰기 나침반』
6	• 쌍자음 'ㄲ, ㄸ, ㅃ, ㅆ'이 포함된 따라쓰기, 보고 쓰기, 찾아쓰기 • 쌍자음 'ㄲ, ㄸ, ㅃ, ㅆ'이 포함된 받아쓰기 • 진전도 검사 2	○『쓰기 나침반』 ○ BASA 쓰기검사
7	• 한국판 라이터 비언어성 검사(시각화 및 추론)	○ 한국판 라이터 비언어성 검사
8	• 받침 'ㅇ, ㄱ, ㅁ, ㅂ'이 포함된 따라쓰기, 보고 쓰기, 찾아쓰기 • 격음화 오류 유형 중재 학습 • '오류인식 단계-규칙이해 단계-오류 발견 및 적용 단계'에 따라 쓰기활동	○『쓰기 나침반』
9	• ㅎ탈락 오류 유형 중재 학습 • '오류인식 단계-규칙이해 단계-오류 발견 및 적용 단계'에 따라 쓰기활동 • 진전도 검사 3	○『쓰기 나침반』 ○ BASA 쓰기검사
10	• 받침의 끝소리가 'ㄱ'으로 발음되는 단어 따라쓰기, 보고 쓰기, 찾아쓰기 • 받침의 끝소리가 'ㄱ'으로 발음되는 단어 받아쓰기	○『쓰기 나침반』
11	• 복습활동(배운 단어를 반복 학습하여 쓰기 유창성 및 정확도 향상) • 틀리게 쓰기 쉬운 단어(쓰기카드)를 무작위 뽑아 받아쓰기 활동	○『쓰기 나침반』 ○ 쓰기카드
12	• 받침의 끝소리가 'ㅂ'으로 발음되는 단어 쓰기활동 • 진전도 검사 4	○『쓰기 나침반』 ○ BASA 쓰기검사
13	• 쌍받침, 겹받침이 포함된 단어 따라쓰기, 보고 쓰기, 찾아쓰기 • 쌍받침, 겹받침이 포함된 단어 받아쓰기	○『쓰기 나침반』

14	• 사후검사 • 복습활동 및 학습상담(추후 가정에서 학습이 연계될 수 있도록 쓰기학습 방법 제시)	○ BASA 쓰기검사

(8) 중재 진전도 및 사후검사 결과와 종결 상태

① 진전도 검사 결과

검사	1회	2회	3회	4회
쓰기검사	7	9	29	40

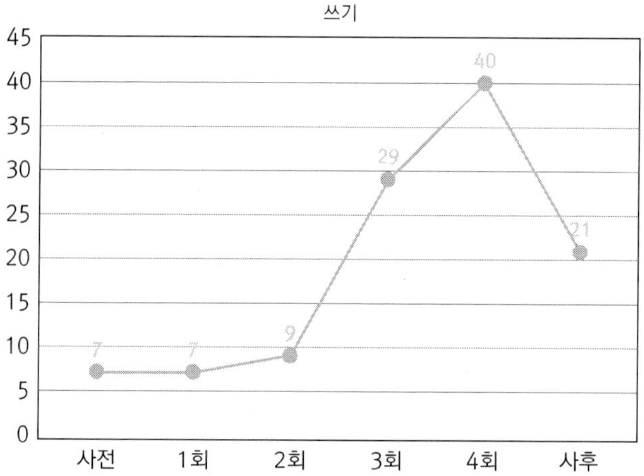

쓰기 진전도 검사를 진행한 결과 지속적으로 향상된 경향을 보였다. 특히 진전도 2회에서 3회로 갈 때 큰 폭의 향상을 보였다. 쓰기유창성과 정확도 모두 증가한 것으로 나타났으며, 음운변동 오류를 보이는 비율도 낮아지는 경향을 보였다.

② 프로그램 사전-사후 검사 결과 비교

검사	사전검사 원점수	사후검사 원점수
쓰기검사	7	21

쓰기 사전검사와 사후검사 점수를 비교하였을 때 전반적으로 향상된 것을 볼 수 있었다. 다만, 진전도 검사 후반 점수와 사후검사를 비교하였을 경우 다소 점수가 하락하였다. 쓰기 진전도를 유지하기 위해 추후 지속적인 중재가 필요할 것으로 보인다.

(9) 제언

해당 학생은 마지막 수업까지 지속적으로 좋은 학습태도를 유지하였다. 수업시간에 과제 집중도가 높았으며, 교사와 긴밀한 라포를 형성하였다. 가정에서 학생의 학습에 대한 관심이 높은 만큼 가정과의 학습 연계를 통해 많은 발전을 보였다. 앞으로도 지속적인 관심과 적절한 중재가 제공된다면 높은 성취를 보일 수 있을 것으로 기대한다.

(10) 활동 사진

3. 쓰기 사례 보고서 II

(1) 성별

① 남(✓)　　② 여

(2) 학년

3학년

(3) 중재 사유

해당 학생은 국어를 포함한 전반적 · 기초적 학습능력이 부족하다 판단하여 교사에 의해 의뢰된 학생이다. 특히 받아쓰기 및 철자쓰기에서 취약한 모습을 보였으며, 맞춤법 및 글쓰기 지도를 해당 프로그램 강사에게 부탁한 상황이다.

(4) 일반적 특성

① 학습

학습동기가 낮지는 않은 편이나, 또래에 비해 국어 실력이 낮은 것으로 드러났다. 어휘 및 읽기이해 검사에서도 각각 5단계와 4단계의 발달단계를 보였다.

② 정서 및 행동

온순하며 교사의 지시에 잘 응하는 편이다.

③ 사회성

친구들과 큰 사회적인 문제 없이 잘 지내는 편이다.

④ 가정배경

가정에서 학생을 아역배우로 키우고자 희망하고 있으나 학업에 대한 관심이 적은 편이다.

(5) 사전검사 결과

학년	이름	쓰기검사		빈칸채우기검사	
		원점수	백분위 점수	원점수	백분위 점수
3	구민재(가명)	36	9	9	30
수학검사		어휘검사		읽기이해검사	
원점수	백분위 점수	원점수	백분위 점수	원점수	백분위 점수
28	17	13	2	8	10

해당 학생은 쓰기, 어휘, 읽기이해 검사에서 모두 15점 미만의 백분위 점수를 획득하여 기초적인 국어학습에 있어서 집중적인 지도가 필요하다는 결과가 나타났다. 특히 쓰기 검사에서는 맞춤법에 맞지 않게 쓰는 경우가 많았으며 글의 내용의 핵심을 파악하기 어려웠던 것으로 보아 쓰기에 대한 집중적인 지도가 가장 필요하며, 이를 중심으로 어휘 및 읽기이해 등의 지도를 병행하는 것으로 결정하였다.

(6) 중재 목표

- 국어학습에 대한 흥미를 느끼고 향후 국어학습을 진행하는 데 긍정적인 자기인식 및 자기개념을 가질 수 있다.
- 국어의 발음법칙을 바탕으로 자주 틀리는 맞춤법 유형을 정리하고, 이를 바탕으로 기본적인 쓰기규칙을 이해할 수 있다.
- 자신의 일상생활과 관련된 짧은 글짓기를 할 수 있으며, 이 과정에서 맞춤법 실수를 줄일 수 있다.

(7) 중재 프로그램

회기	중재내용	중재방법 및 중재자료
1	• 읽기이해검사 실시 • 오리엔테이션(무제노트와 칭찬 스티커의 활용법 안내, 교실에서의 규칙 확인)	○ BASA 읽기검사

2	• 어휘검사 실시 • '나의 하루 일과' 소재 정리: 나의 하루 일과와 관련된 단어들을 바르게 쓰는 활동 진행	○ BASA 어휘검사
3	• 교재 2단계 1단원: 연음규칙 오류 유형 • '떡볶이' '볼이' '숲에서' 등 소리 나는 것과 쓰는 것이 다른 우리말 규칙 중 연음규칙에 집중 • 일기쓰기 숙제 검사	○『쓰기 나침반』
4	• BASA: WE 1회(어느 날 나는 꿈을 꾸었습니다) • 교재 3단계 1단원 3차시: 일기 쓰기 지도 • 담임교사와의 상담	○『쓰기 나침반』
5	• 격음화 현상에 대해 교수하고 이와 관련하여 단어 및 짧은 문장에 대한 받아쓰기 진행 • BASA: WE 2회(오늘은 소풍 가는 날입니다)	○『쓰기 나침반』
6	• BASA: WE 2회에 대한 피드백(오류 유형 정리) • 일기 쓸 내용을 구상하고 써 보는 실습 진행(언제, 어디서, 누가, 있었던 일, 느낌)	○『쓰기 나침반』
7	• ㅎ탈락 현상에 대해 교수하고 이와 관련된 단어 및 짧은 문장에 대한 받아쓰기 진행 • BASA: WE 3회(방학 때 하고 싶은 일)	○『쓰기 나침반』
8	• BASA: WE 3회에 대한 피드백('ㅐ'와 'ㅔ'의 구분) • 교재 3단계 1단원 3차시: 편지 쓰기 지도	○『쓰기 나침반』
9	• 맞춤법 오류 고치기, 자형 고르게 쓰기를 중심으로 지도를 전환 • 보고 따라 쓰는 것을 통해 바르게 글자 쓰기 연습을 하고, 틀린 것 고치기를 통해 맞춤법 연습	○『쓰기 나침반』 ○ 기적의 받아쓰기
10	• BASA: WE 4회(아침부터 눈이 내리기 시작했습니다) • 교재 2단계 8단원: 구개음화 오류 유형(표기와 발음상 어떤 차이가 있는지 확인)	○『쓰기 나침반』
11	• 기적의 받아쓰기: 어려운 받침 2(ㅎ, ㅈ, ㅊ, ㅌ 등 구분하기 어려운 홑받침) • 글자를 바르게 따라 쓰는 연습, 틀린 경우 해당 문제에 대해 개별지도 실시	○『쓰기 나침반』 ○ 기적의 받아쓰기

12	• BASA: WE 5회(아주 기쁜 소식을 들었습니다) • 받침에서 주로 드러나는 오류 수정(검사 피드백) • 교재 2단계 2단원: 경음화 오류 유형	○『쓰기 나침반』
13	• 받아쓰기(6문제)를 통해 경음화 현상에 대해 잘 이해했는지, 연습한 단어의 맞춤법을 얼마나 잘 기억하고 있는지 확인	○『쓰기 나침반』 ○ 기적의 받아쓰기
14	• 교재 2단계 6단원: 유음화 오류 유형('신라' '물난리' 등 자음동화 중 유음화 현상에 대해 알고 이에 관련된 받아쓰기 실시) • BASA: WE 사후검사 • 기념품 배부 및 학습 정리	○『쓰기 나침반』

(8) 중재 진전도 및 사후검사 결과와 종결 상태

① 진전도 검사 결과

검사	1회	2회	3회	4회	5회
쓰기검사	39	52	37	98	44

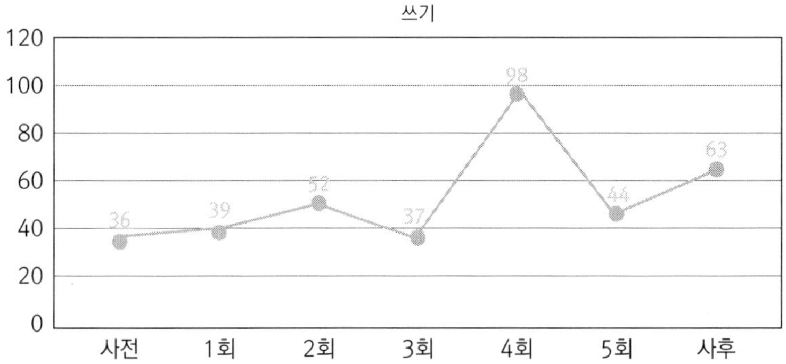

쓰기 진전도 검사를 진행한 결과 다소 오르내리는 결과를 보이기는 했지만 전반적으로는 향상되는 그래프를 보였다. 특히 첫 번째 주어진 문장에 따라 어떤 경우는 많이 쓰고 어떤 경우는 적게 쓴 글이 존재하였다. 생소한 단어나 소재가 첫 문장에 등장한 경우 특히 글짓기를 어려워하였다. 맞춤법 오류의 개수는 점진적으로 감소하였으며, 그 결과가 쓰기검사 원점수에 반영되었다.

② 프로그램 사전-사후 검사 결과 비교

검사	사전검사 원점수	사후검사 원점수
쓰기검사	36	63

쓰기 사전검사와 사후검사의 원점수를 비교하였을 때 27점의 상승을 보여 본 프로그램이 효과가 있었음을 증명할 수 있다. 특히 백분위 점수에서도 큰 변화를 보였는데, 사전검사에서는 백분위 9점으로 4단계의 발달단계를 보였으나, 사후검사에서는 백분위 27점으로 3단계의 발달단계(정상적인 쓰기 수준)를 보이는 결과가 나타났다.

(9) 제언

쓰기검사의 사전-사후 결과 비교에서는 매우 높은 원점수의 향상을 보였으나, 지속적인 진전도 검사에서는 점수가 오르내리는 모습이 확인되었기 때문에 진전도 유지를 위하여 향후 지속적인 지도가 필요할 것으로 사료된다. 가정과 연계하여 방학 중에도 계속적인 쓰기지도가 이루어진다면 더욱 효과적일 것으로 예상되며, 특히 방학 때 있었던 일에 대한 일기를 일주일에 적어도 2~3회 쓸 것을 추천하는 바이다. 또한 주어진 소재에 따라서 쓰기유창성에 차이가 있음이 드러났으므로 다양한 소재의 글을 접할 수 있게 하고, 이에 대하여 자신의 생각을 잘 표현할 수 있도록 지도하는 것이 좋다.

(10) 활동 사진

4. 쓰기 사례 보고서 III

(1) 성별

① 남(✓) ② 여

(2) 학년

3학년

(3) 중재 사유

해당 학생은 국어의 전반적인 부분에서 어려움을 호소하고 수업시간에 집중을 쉽게 하지 못한다. 철자쓰기 및 맞춤법이 선행되는 받아쓰기에서 어려움을 보여 의뢰되었다. 주로 학교 국어 수업 시간에 딴짓을 많이 한다. 검사 결과 맞춤법 및 글쓰기의 전반적인 지도가 필요할 것으로 판단되어 중재를 시작하기로 하였다.

(4) 일반적 특성

① 학습

연음규칙이나 구개음화, 비음화, 유음화와 같이 비교적 규칙이 명확하게 드러나는 음운규칙에서는 정답률이 높게 나타난다. 일반화 검사에서는 틀리는 단어는 계속 틀리는 경향이 있다. 주로 겹받침이나 격음화 등 발음에서 단서를 찾기 어려운 단어에서 오류를 보인다.

② 정서 및 행동

국어시간에 다른 친구들이 질문한 답변을 또다시 하거나 질문에 집중하지 못한다. 학교 수업에서는 산만하고 집중을 쉽게 하지 못한다. 그러나 1:1 수업에서는 집중력이 높은 편이다.

③ 사회성

남는 시간에는 주로 학교 내 돌봄교실을 활용하고 있으며 친구들과의 관계는 원만한 편이다.

④ 가정배경

부모님이 맞벌이를 하여, 아이에게 관심은 가지려 노력하나 실상 그것이 쉽지 않은 실정이다. 사교육은 공부에 관련된 부분은 받고 있지 않다.

(5) 사전검사 결과

학년	이름	학습장애 선별검사	K-WISC-Ⅳ	쓰기검사	
		분류	원점수	원점수	백분위 점수
3	송동건(가명)	잠재적 위험군	80	48	14

해당 학생은 학습장애 선별검사에서 잠재적 위험군으로 나왔으나 철자쓰기를 어려워한다. 쓰기검사에서 맞춤법은 기초적인 부분에서 지켜지고 있으나 어려운 철자를 시도하거나 글의 내용을 풍부하게 쓰지는 않는다. 쓰기의 기본과 기초가 되는 철자쓰기에 대한 집중적인 지도가 가장 필요하며, 이를 위해 음운규칙을 활용하여 철자쓰기의 원리를 가르치고자 한다.

(6) 중재 목표

- 국어학습에 대한 흥미를 느끼고, 국어 수업에서 원활하고 적극적인 수업태도를 가질 수 있도록 국어능력을 향상시킨다.
- 국어의 음운규칙의 원리에 따라 쉽게 틀릴 수 있는 단어를 학습함으로써 단어의 범위를 확장시킨다.

(7) 중재 프로그램

회기	중재내용	중재방법 및 중재자료
1	[자기점검 전략 개념 소개] • 무지개를 활용한 자기점검 교재 설명 • 자기점검 그래프, 자기점검 기록지 점검 설명	○ 자기점검 전략을 활용한 철자쓰기 중재 활동지
2	[자기점검 전략 시행 연습] (교사의 시범 → 학생활동 → 즉각적 피드백) • 철자쓰기를 어느 정도 할 수 있는지 교사가 음운원리에 입각한 자체적 문제를 만들어 수준 평가	○ 자기점검 전략을 활용한 철자쓰기 중재 활동지
3	[연음규칙 학습하기] • 연음규칙 단어: 부엌에서, 덮어, 까닭을, 깎았다, 삶을(글자의 받침소리가 넘어감에 초점을 두어 학습)	○ 자기점검 전략을 활용한 철자쓰기 중재 활동지 (이하 동일) ○ 연음규칙
4	[경음화 학습하기] • 경음화 단어: 앞산, 강가, 할수록, 갈 곳, 개수(예사소리 자음이 된소리로 발음되는 현상) • 진전도 검사 1	○ 경음화
5	[ㅎ탈락 학습하기] • 학습한 ㅎ탈락 단어: 좋은, 많이, 잃은, 쌓여, 싫어	○ ㅎ탈락
6	[구개음화 학습하기] • 학습한 구개음화 단어: 맏이, 해돋이, 갇혔다, 묻혔다, 굳이 • 진전도 검사 2	○ 구개음화
7	[격음화 학습하기] • 학습한 격음화 단어: 싫다고, 축하, 답답해, 향긋한, 좋겠다	○ 격음화
8	[비음화 학습하기] • 학습한 비음화 단어: 낱말, 육류, 식물, 낳는다, 음료 • 진전도 검사 3	○ 비음화
9	[유음화 학습하기] • 학습한 유음화 단어: 설날, 진료, 연료, 분리, 줄넘기	○ 유음화

10	[음소첨가 학습하기] • 학습한 음소첨가 단어: 식용유, 한여름, 떡잎, 호박잎, 알약 • 진전도 검사 4	○ 음소첨가
11	[사이시옷 학습하기] • 학습한 사이시옷 단어: 바닷가, 전봇대, 아랫니, 잇몸, 숫자	○ 사이시옷
12	[겹받침 학습하기] • 학습한 겹받침 단어: 값, 않다, 밝다, 끓는, 굶다 • 진전도 검사 5 및 사후검사	○ 겹받침

(8) 중재 진전도 및 사후검사 결과와 종결 상태

① 진전도 검사 결과

검사	1회	2회	3회	4회	5회
쓰기검사	72	58	63	50	57

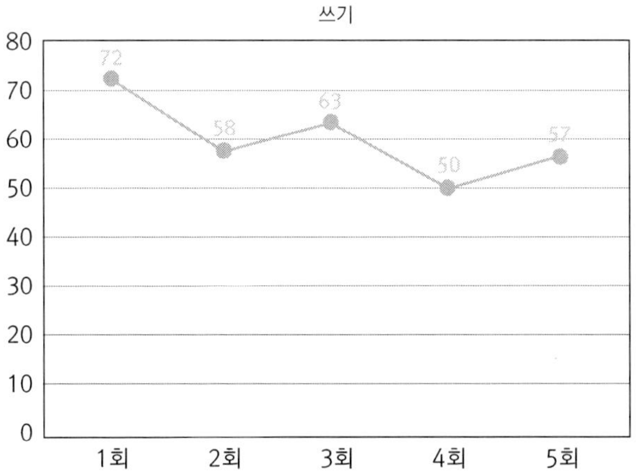

쓰기 진전도 검사 결과 다소 변동의 폭을 보이긴 하였으나 교사가 파악할 수 있는 수준의 학생의 컨디션이 좋지 않다든지, 그날의 주제가 쓰기 어려웠던 부분이 있었든지 하는 등으로 점수 변동의 폭을 감안해 줄 수 있는 범위였다. 그럼에도 불구하고 학생의 점수가 의미 있다고 할 수 있는 것은 다양한 어휘를 사용함으로써 음운규칙을 적용하고 이해할 수 있는 과정이었다고 볼 수 있다.

② **프로그램 사전-사후 검사 결과 비교**

검사	사전검사 원점수(백분위)	사후검사 원점수(백분위)
쓰기검사	48	73

쓰기 사전검사와 사후검사를 비교해 보았을 때 25점의 향상을 보이며 프로그램의 효과성을 증명할 수 있다.

(9) 제언

쓰기검사의 사전-사후 검사 결과를 비교해 보면 많은 향상을 보임을 확인할 수 있다. 이를 바탕으로 국어에 흥미를 갖는 것이 무엇보다 중요하며 지속적으로 관심을 갖고 쓰기 연습을 다양한 방식을 활용하여 지도한다면 효과적일 수 있다. 카드게임 활용하기, 틀린 단어와 맞는 단어 분류해 보기, 사다리 타기, 빙고판 맞추기 등 다양한 방식으로 교사가 필요하다고 생각하는 활동을 첨가할 수 있을 것이다. 이와 같이 흥미를 잃지 않도록 지속적인 자극을 주는 것이 무엇보다 중요하고, 이에 맞춘 지도가 필요할 것이다.

5. 쓰기 사례 보고서 IV

(1) 성별

① 남(✓)　　② 여

(2) 학년

3학년

(3) 중재 사유

해당 학생은 전반적인 국어 학습에 어려움을 겪으며 철자쓰기나 맞춤법, 받아쓰기에 어려움을 겪어 의뢰되었다.

(4) 일반적 특성

① 학습

겹받침에서 많은 오류를 보였으며, 표기와 음성이 다른 단어에서 헷갈리는 모습을 보였다. 수업에서 알려 준 단어에 대해서는 이해도가 높아 형성평가에서 높은 수행률을 보였다.

② 정서 및 행동

밝고 긍정적인 성격을 지니고 있으며, 수업에 적극적으로 참여한다. 배우는 것에 거부감 없이 잘 참여하였으며, 효율도 그만큼 높게 나타났다.

③ 사회성

수업에 적극적이고 교우관계나 선생님과의 관계도 원만한 편이다.

④ 가정배경

아버지와 할머니와 함께 살고 있는데, 아버지는 자녀의 교육에 큰 관심이 없다. 사교육은 따로 받고 있지 않다.

(5) 사전검사 결과

학년	이름	학습장애 선별검사	K-WISC-Ⅳ	쓰기검사	
		분류	원점수	원점수	백분위 점수
3	주현우(가명)	잠재적 위험군	91	53	16

해당 학생은 학습장애 선별검사 결과 잠재적 위험군에 해당하였으며 쓰기검사에서는 백분위 점수가 16점이었다. 또한 K-WISC-IV 결과 91점으로 일반적인 지능을 보이며 지능에는 이상이 없음을 확인할 수 있었다. 선별검사 진행과정에서도 성실하게 검사에 응하였으나 어려운 철자단어가 나오면 힘들어하는 것을 느낄 수 있었다. 따라서 쓰기중재를 통해 자신감을 증진하고 학업 향상을 위해 쓰기에 대한 중재가 필요하다고 여겨져 중재를 시행하였다.

(6) 중재 목표

- 쓰기에 대한 흥미를 느끼고, 학교 국어시간에서 느끼는 어려움을 완화한다.
- 자기점검 전략을 통해 쓰기를 학생 스스로 교수 · 수정할 수 있는 능력을 기른다.
- 철자쓰기에 대한 원리를 이해할 수 있다.

(7) 중재 프로그램

회기	중재내용	중재방법 및 중재자료
1	[자기점검 전략 개념 소개] • 무지개를 활용한 자기점검 교재 설명 • 자기점검 그래프, 자기점검 기록지 점검 설명 – 학생은 처음 듣는 내용임에도 불구하고 열심히 이해하려고 노력하였다. – 마인드맵이나 앞으로 함께 학습할 철자에 대해서도 관심을 보였다.	○ 자기점검 전략을 활용한 철자쓰기 중재 활동지
2	[자기점검 전략 시행 연습] (교사의 시범 → 학생활동 → 즉각적 피드백) • 철자쓰기를 어느 정도 할 수 있는지 교사가 음운원리에 입각한 자체적 문제를 만들어 수준 평가	○ 자기점검 전략을 활용한 철자쓰기 중재 활동지

3	[연음규칙 학습하기] • 단어 소개: 바르게 쓴 단어와 소리 나는 대로 쓴 단어를 찾아보고 바르게 적기 • 연음규칙 원리 수업 • 음운규칙 적용: 받아쓰기, 게임을 통하여 수업 진행 • 형성평가 BASA 쓰기검사, 학습한 단어 평가 진행 • 자기점검 그래프, 자기점검 기록지 작성 • 학습한 연음규칙 단어: 부엌에서, 덮어, 까닭을, 깎았다, 삶을(글자의 받침소리가 넘어감에 초점을 두어 학습)	○ 자기점검 전략을 활용한 철자쓰기 중재 활동지(이하 동일) ○ 연음규칙
4	[경음화 학습하기] • 경음화 소개 • 음운규칙 적용 게임 진행: 바르게 쓴 글자를 따라가 보기 게임 • 자기점검 그래프, 자기점검 기록지 작성 • 학습한 경음화 단어: 앞산, 강가, 할수록, 갈 곳, 개수(예사소리 자음이 된소리로 발음되는 현상) • 진전도 검사 1	○ 경음화
5	[ㅎ탈락 학습하기] • ㅎ탈락 소개 • 음운규칙 적용 게임 진행: 사다리타기를 통해 소리 나는 대로 쓰여 있는 단어 바르게 고쳐쓰기 • 자기점검 그래프, 자기점검 기록지 작성 • 학습한 ㅎ탈락 단어: 좋은, 많이, 잃은, 쌓여, 싫어	○ ㅎ탈락
6	[구개음화 학습하기] • 구개음화 소개 • 음운규칙 적용 게임 진행: 빙고판에서 올바른 글자 찾아보기 • 자기점검 그래프, 자기점검 기록지 작성 • 학습한 구개음화 단어: 맏이, 해돋이, 갇혔다, 묻혔다, 굳이 • 진전도 검사 2	○ 구개음화
7	[격음화 학습하기] • 격음화 소개 • 음운규칙 적용 게임 진행: 십자말풀이 • 자기점검 그래프, 자기점검 기록지 작성 • 학습한 격음화 단어: 싫다고, 축하, 답답해, 향긋한, 좋겠다	○ 격음화

8	[비음화 학습하기] • 비음화 소개 • 음운규칙 적용 게임 진행: 십자말풀이 • 자기점검 그래프, 자기점검 기록지 작성 • 학습한 비음화 단어: 낱말, 육류, 식물, 낳는다, 음료 • 진전도 검사 3	○ 비음화
9	[유음화 학습하기] • 유음화 소개 • 음운규칙 적용 게임 진행: 사다리를 내려가서 음운규칙에 맞게 단어 바꿔 쓰기 • 자기점검 그래프, 자기점검 기록지 작성 • 학습한 유음화 단어: 설날, 진료, 연료, 분리, 줄넘기	○ 유음화
10	[음소첨가 학습하기] • 음소첨가 소개 • 음운규칙 적용 게임 진행: 나무그림에서 바른 글자 찾아보기 • 자기점검 그래프, 자기점검 기록지 작성 • 학습한 음소첨가 단어: 식용유, 한여름, 떡잎, 호박잎, 알약 • 진전도 검사 4	○ 음소첨가
11	[사이시옷 학습하기] • 사이시옷 소개 • 음운규칙 적용 게임 진행: 나무그림에서 바른 글자 찾아보기 • 자기점검 그래프, 자기점검 기록지 작성 • 학습한 사이시옷 단어: 바닷가, 전봇대, 아랫니, 잇몸, 숫자	○ 사이시옷
12	[겹받침 학습하기] • 겹받침 소개 • 음운규칙 적용 게임 진행: 바르게 쓴 글자를 따라가보기 게임 • 자기점검 그래프, 자기점검 기록지 작성 • 학습한 겹받침 단어: 값, 않다, 밟다, 끓는, 굶다 • 진전도 검사 5 및 사후검사	○ 겹받침

(8) 중재 진전도 및 사후검사 결과와 종결 상태

① 진전도 검사 결과

검사	1회	2회	3회	4회	5회
쓰기검사	53	67	76	79	75

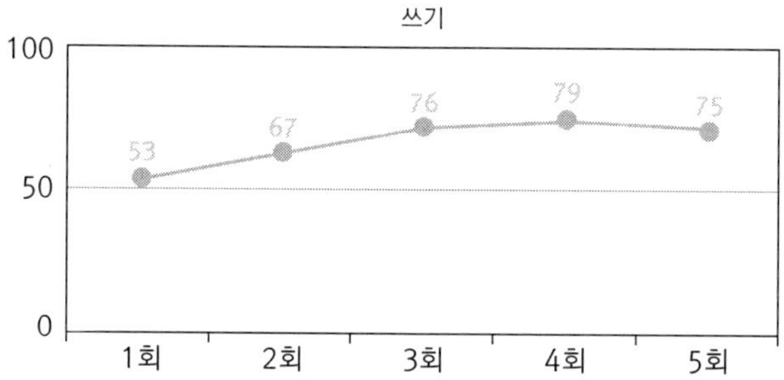

쓰기 진전도 검사를 진행한 결과 다소 오르내리는 결과를 보이기는 했지만 전반적으로는 향상되는 그래프를 보였다. 음운규칙에 대한 지식이 쌓여 갈수록 쓰기에 대한 자신감이 향상하였다. 본 검사에는 드러나지 않았으나 정성적인 부분에서도 확실히 다양한 글감을 쓰고 내용이 풍부해짐을 느낄 수 있었다.

② 프로그램 사전-사후 검사 결과 비교

검사	사전검사 원점수	사후검사 원점수
쓰기검사	53	75

쓰기 사전검사와 사후검사의 원점수를 비교했을 때 22점의 상승을 보여 본 프로그램이 효과가 있었음을 증명할 수 있다.

(9) 제언

쓰기검사의 사전-사후 결과 비교에서는 매우 높은 원점수의 향상을 보였다. 또한 지속적인 진전도 검사에서 점수가 상승 그래프를 따라 올라가는 것이 확인되었기 때문에 지금과 같이 음운규칙에 대해 학습하고 국어에 흥미를 붙일 수 있도록 향후 지속적인 지도가 필요할 것으로 판단된다. 특히 학급이나 가정에서 쓰기중재가 지속적으로 이루어진다면 더욱 효과적일 것으로 예상된다. 더불어 쓰기능력을 향상하기 위해 다양한 글을 접하고 익히는 것이 필요할 것으로 사료된다. 시간이 지날수록 학습에 대한 열정과 자신감이 높아졌기 때문에 지속적으로 이와 같은 관심을 주는 것이 필요할 것이다.

제 6 장

초기수학

1. 초기수학 대표 사례 보고서

(1) 성별

① 남(✓) ② 여

(2) 학년

1학년

(3) 중재 사유

해당 학생은 수 세기 및 수 개념 형성에 어려움을 보이며 초기수학검사 결과가 4단계(하위 15%)로 나왔다.

(4) 일반적 특성

과제를 듣고 수행하는 데 어려움이 없는 등 인지적인 어려움이 없다. 과제 집착력이 우수하여 해야 할 일을 완성하려는 욕구가 크고 그 전까지 몰입해서 하고자 한다. 같이 공부하는 친구와 경쟁하기보다 양보하여 갈등을 해결하려 한다(예: "선생님, 양보하는 게 좋은 거잖아요"). 한국판 ADHD 선별검사에서 1점으로 주의력에 어려움이 없다.

(5) 사전검사 결과

초기수학	수인식	52	수량 변별	31
	빠진 수 찾기	10	추정	6
수학	1회: 12, 2회: 15, 3회: 17, 백분위: 32			

해당 학생은 수학검사에서는 3단계(정상 수행 발달단계)를 보였으나, 초기수학검사 결과 수감각 형성의 어려움을 겪어 4단계(백분위 10)를 나타내고 있어 수감각 지도가 필요한 상태로 판단된다. 특히 수인식이나 수량 변별 영역에 비하여 빠진 수 찾기나 추정에서 유난히 느려지는 경향이 있어 심적 형성을 도모할 수 있는 학업기술이 요구된다.

(6) 중재 목표

본 프로그램에서는 학생의 수감각 형성과 한 자리 수 및 두 자리 수 인식을 위하여 수량과 수-숫자를 인식하는 훈련을 하면서 수량 변별, 빠진 수 찾기, 심상화된 수직선 및 추정 영역 지도를 함께 실시하고자 한다. 특히 놀이식 수감각 향상 프로그램을 통해 학생이 어려워하는 수직선 활동을 중심으로 심적 및 수감각 형성을 할 수 있도록 하는 것을 장기 목표로 삼고 중재 프로그램 동안 예상되는 월 진전도 4보다 더 높은 진전도를 보이는 것을 월별 목표로 삼고자 한다.

(7) 중재 프로그램

회기	중재내용	중재방법 및 중재자료
1	[수업내용] • 처음 라포 형성을 하고 수업 규칙 정하기 • 9보다 1 큰 수가 10이라는 것을 알기 [학습평가] • 10인 것을 직산(subitizing)하여 단 번에 파악할 수 있는데 7, 8에서 약간의 실수가 발생하였다.	○『수학 나침반 ① 초기수학(수감각)편』
2	[수업내용] • 10인 것과 10이 아닌 것을 구분하기 [학습평가] • 7, 8에서 보이던 직산 실수가 줄어들고 10 짝꿍 수를 보다 잘 찾았다. • 수량을 숫자로 나타내며 10을 만드는 활동을 다소 헷갈려 하다가 자동화되어 숫자를 듣고 10의 보수를 찾는 활동을 잘 해냈다.	○『수학 나침반 ① 초기수학(수감각)편』 즉시세기 카드
3	[수업내용] • '십 몇' 알기 1(11~15): 1 큰 수, 1 작은 수의 개념으로 11~15의 개념을 익히기 • 구체물을 활용하여 '십 몇'을 표현하기: 큐브를 이용하여 만들어 보기	○『수학 나침반 ① 초기수학(수감각)편』 ○ 연결큐브

	[학습평가] • 배열판에 점으로 '십 몇'을 나타낼 수 있으며, 교사가 보여 주는 '십 몇'을 보고 직산하였다. • 해야 할 목표를 다 끝내야 한다는 목표 의식이 뚜렷하여 시간을 초과하였어도 과제를 완성하였다.	
4	[수업내용] • '십 몇' 알기 2(16～19) • 반구체물을 활용하여 '십 몇'을 표현하기 • '십 몇'의 1 큰 수를 알기 • '십 몇'의 1 작은 수를 알기 [학습평가] 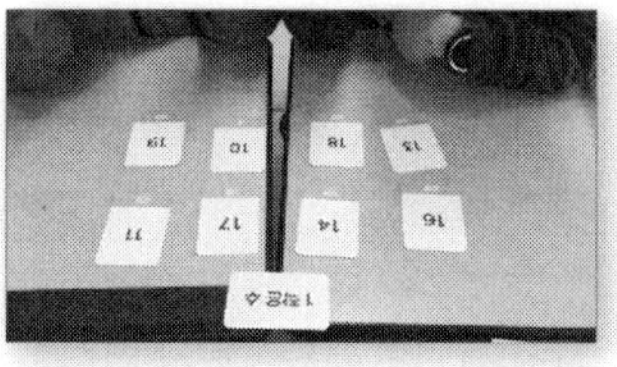 [기준 수보다 작은 수 찾기 놀이활동] 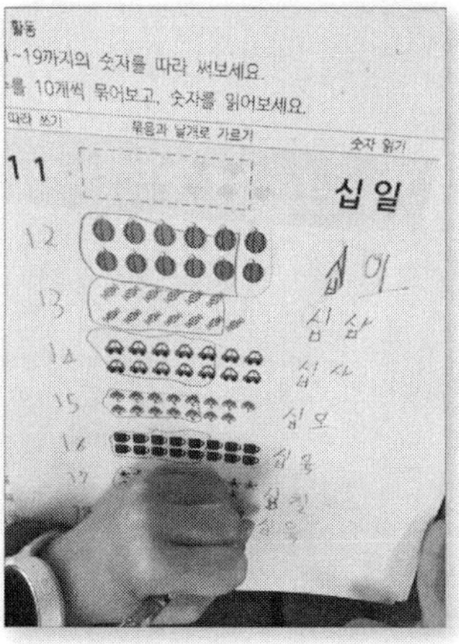 [낱개 구분하기 활동] • 기준 수보다 1 작은 수, 1 큰 수가 무엇인지 빠르고 정확하게 반응할 수 있다. • 반구체물로 '십 몇'을 셀 때에 십을 먼저 파악한 뒤에 낱개를 세는 것이 더 효율적임을 파악하고 십을 먼저 묶어 세는 방법으로 수를 셀 수 있다.	○『수학 나침반 ① 초기수학(수감각)편』 ○ 즉시세기 카드

<table>
<tr>
<td>5</td>
<td>[수업내용]
• 심상화된 수직선
• 1~20의 숫자와 수량을 수직선에 나타내기
• 진전도 검사 1

[학습평가]
• 수직선에서 반드시 1부터 시작하지 않을 수 있음을 알고, 빠진 수를 찾아 수직선을 완성할 수 있다.
• 1차 진전도 검사 결과
<table>
<tr><th>수인식</th><th>빠진 수 찾기</th><th>수량 변별</th><th>추정</th><th>종합</th></tr>
<tr><td>53</td><td>15</td><td>33</td><td>7</td><td>108</td></tr>
</table>
</td>
<td>○『수학 나침반
① 초기수학(수감각)편』
○ BASA 초기수학 검사도구</td>
</tr>
<tr>
<td>6</td>
<td>[수업내용]
• 심상화된 수직선
• 1~20의 숫자와 수량을 수직선에 나타내기

[학습평가]
• 수직선의 개념을 이해하고, 수직선에서 오른쪽으로 갈수록 숫자가 커짐을 이해하였다.
• 수직선에 나타내고자 하는 숫자의 양에 따라 한 칸이 나타내는 수가 달라짐을 이해하였다.
• 1~20의 숫자를 수직선에 나타낼 수 있으며, 수량과 숫자를 대응시킬 수 있다.</td>
<td>○『수학 나침반
① 초기수학(수감각)편』
○ 빈 수직선
○ 자석</td>
</tr>
<tr>
<td>7</td>
<td>[수업내용]
• 1~10의 수를 수직선에서 추정하기

[학습평가]
• 수직선의 개념을 이해하고, 수의 위치를 대략적으로 이해하여 스스로 위치를 잡을 수 있다.
• 본인이 더 정확하게 찾을 때도 있었는데 같이 공부하는 학생의 의견을 따라 하는 경우가 2번 정도 관찰되었다.
• '십 몇'의 수량을 보고 수직선에 정확하게 나타낼 수 있다.
• 1~10 사이의 수를 5초 안에 수직선에 실수 없이 나타낼 수 있다.</td>
<td>○『수학 나침반
① 초기수학(수감각)편』
○ 화이트보드 자석</td>
</tr>
<tr>
<td>8</td>
<td>[수업내용]
• 1~20의 수를 수직선에서 추정하기
• 진전도 검사 2</td>
<td>○『수학 나침반
① 초기수학(수감각)편』</td>
</tr>
</table>

<table>
<tr>
<td></td>
<td>[학습평가]
• 11~20 사이의 수를 5초 안에 수직선으로 나타낼 수 있다.
• 2차 진전도 검사 결과
<table>
<tr><th>수인식</th><th>빠진 수 찾기</th><th>수량 변별</th><th>추정</th><th>종합</th></tr>
<tr><td>59</td><td>18</td><td>36</td><td>11</td><td>124</td></tr>
</table>
• 성적이 고르게 향상되며 높은 성취를 보이고 있어도 스스로 자신감이 없어할 때가 있어서 충분히 칭찬해 주는 시간을 갖는 것이 중요하다고 생각하였다.</td>
<td>○ BASA 초기수학 검사도구</td>
</tr>
<tr>
<td>9</td>
<td>[수업내용]
• 수량 변별하기
– 시소 놀이를 통해 수량과 수량 비교하기
[학습평가]
• 수량을 보고 한 번에 파악하는 것(subiti- zing)이 아니라, 1씩 세기 기술을 사용하여 수를 세어 느리게 셀 경우가 간혹 있다.</td>
<td>○『수학 나침반
① 초기수학(수감각)편』</td>
</tr>
<tr>
<td>10</td>
<td>[수업내용]
• 수량 변별하기: 수와 수 비교하기, 수량과 수 비교하기
[학습평가]
• 수량보다 숫자가 들어갔을 때 수 변별하기를 더 쉬워하였고, 수량은 여전히 1씩 세기가 남아 있으나 5씩 단번에 파악하는 즉시세기 방법을 연습하여서 조금씩 빨라졌다.</td>
<td>○『수학 나침반
① 초기수학(수감각)편』</td>
</tr>
<tr>
<td>11</td>
<td>[수업내용]
• 구체물/반구체물을 이용하여 ‘몇십’을 나타내기
[학습평가]
• 큐브를 이용하여 100 이하의 ‘몇십’을 정확하게 나타낼 수 있다.</td>
<td>○『수학 나침반
① 초기수학(수감각)편』
○ 연결큐브</td>
</tr>
<tr>
<td>12</td>
<td>[수업내용]
• 구체물/반구체물을 이용하여 ‘몇십몇’을 나타내기
• 사후검사 실시
[학습평가]
• 큐브를 이용하여 100 이하의 수 ‘몇십몇’을 정확하게 나타낼 수 있다.</td>
<td>○『수학 나침반
① 초기수학(수감각)편』
○ BASA 초기수학 검사도구</td>
</tr>
</table>

• 다양한 방법의 반구체물(주사위, 점, 배열모델 등)로 100 이하의 수를 정확하게 표현할 수 있다.

수인식	빠진 수 찾기	수량 변별	추정	종합
74	20	35	11	140

(8) 중재 진전도 및 사후검사 결과와 종결 상태

① 진전도 검사 결과

검사		1회	2회
초기수학검사	수인식	53	59
	빠진 수 찾기	15	18
	수량 변별	33	36
	추정	7	11
	종합	108	124

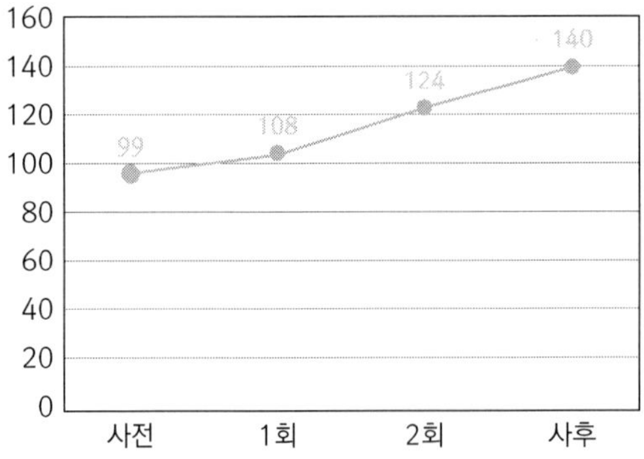

[초기수학 진전도 그래프]

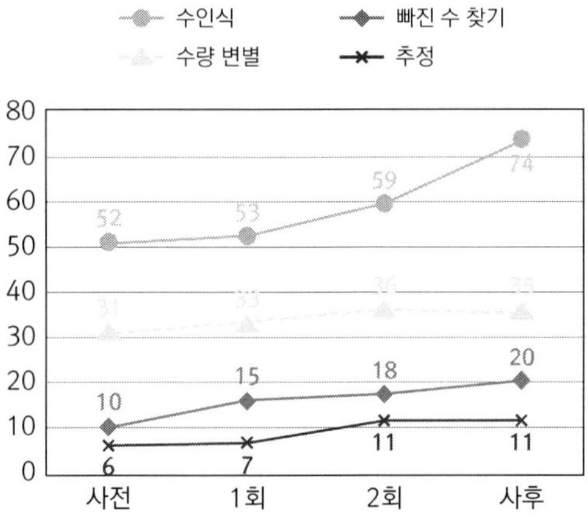

[초기수학 영역별 진전도 그래프]

② 프로그램 사전-사후 검사 결과 비교

검사		사전검사 원점수	사후검사 원점수
초기수학검사	수인식	52	74
	빠진 수 찾기	10	20
	수량 변별	31	35
	추정	6	11
	원점수 총합	99	140
	백분위	10	74

초기수학검사 영역은 수인식, 빠진 수 찾기, 수량 변별, 추정으로 구성되어 있다. 모든 영역의 원점수가 사전점수에 비하여 사후검사에서 향상되었음을 확인하였다. 특히 수인식이 22점 향상으로 가장 큰 향상을 나타냈으며, 추정은 5점 향상으로 가장 낮은 향상을 나타냈다. 백분위는 위험군이었던 10%에서 사후검사 결과 위험군을 벗어나 일반군에 속하는 74%로 크게 향상되었다.

(9) 제언

초기수학검사 결과 학생이 사전점수에 비하여 사후검사 결과 일반군으로 향상되었다. 이는 선별검사 결과 우려되었던 수감각 형성의 어려움이 어느 정도 나아졌음을 의미한다. 때문에 수학검사와 같이 연산과 관련된 평가를 실시하고 학생의 연산능력을 확인하여 필요시 수학 연산 중재 프로그램을 제공하도록 하며, 필요가 없을 경우 학년 수준에 맞는 학습내용을 잘 따라갈 수 있도록 지속적인 관심을 갖도록 한다.

2. 초기수학 사례 보고서 I

(1) 성별

① 남(✓)　　　　② 여

(2) 학년

1학년

(3) 중재 사유

해당 학생은 학교 수업 중 이해하지 못하거나 친구들이 진도가 더 빠르면 과제를 포기하고 멈춰 버리는 문제로 인하여 담임교사가 문제를 호소하였다.

(4) 일반적 특성

중국계 학생으로 읽기는 단어 수준으로 가능하나 아직 쓰기에서 어려움이 동반되고 있다. 첫날 심층평가에서 초기수학검사에 본인이 모르는 문제가 많이 포함되자 검사를 풀기 어려워하며 집에 당장 가고 싶다고 하고 거부하여 하교하였고, 라포를 쌓은 뒤 놀이식으로 수업을 진행했을 때에는 긍정적인 태도를 보였다.

(5) 사전검사 결과

수인식	27	수량 변별	25
빠진 수 찾기	9	추정	12

해당 학생은 연산검사는 실시가 불가능하였고 초기수학검사에서는 백분위 점수 1점으로 전반적이고 지속적인 지도가 필요한 수준으로 나타났다. 전체적으로 수를 인출하여 유창하게 말하는 능력이 부족하며 수직선에 대한 개념은 갖고 있으나, 빠진 수 찾기를 할 때 빠진 수만 말하기보다 이전과 이후 수를 함께 말해야만 수를 인출할 수 있었다.

(6) 중재 목표

본 프로그램은 학생의 수감각 형성과 한 자리 수 및 두 자리 수 인식을 위하여 수량과 수-숫자를 인식하는 훈련을 하면서 수량 변별, 빠진 수 찾기, 심상화된 수직선 및 추정을 함께 학습하여 전반적인 수감각을 향상시켜 추후 연산능력에도 긍정적인 영향을 줄 수 있도록 구성하였다.

(7) 중재 프로그램

회기	중재내용	중재방법 및 중재자료
1	[수업내용] • 처음 라포 형성을 하고 수업 규칙 정하기 • 9보다 1 큰 수가 10이라는 것을 알기 [학습평가] • 숫자를 읽는 능력은 빠른 데 비해 10인 것을 직산(subitizing)하여 단번에 파악하는 능력이 다소 느렸다.	○『수학 나침반 ① 초기수학(수감각)편』 ○ 즉시세기 PPT
2	[수업내용] • 10인 것과 10이 아닌 것을 구분하기 [학습평가] • 10이 되는 두 수를 손가락과 점으로 표현할 수 있다. 속도가 점점 빨라지고 있지만 손가락과 말을 동시에 하는 것을 힘들어하였다.	○『수학 나침반 ① 초기수학(수감각)편』 ○ 즉시세기 카드
3	[수업내용] • '십 몇' 알기 1(11~15): 1 큰 수, 1 작은 수의 개념으로 11~15의 개념을 익히기 • 구체물을 활용하여 '십 몇'을 표현하기: 큐브를 이용하여 만들어 보기 [학습평가] • '십 몇'을 교사가 점으로 보였을 때 직산할 수 있다. • 구체물을 만들 때 다른 형태의 큐브블록으로 놀이처럼 생각하여 과제 수행에 어려움을 겪었다.	○『수학 나침반 ① 초기수학(수감각)편』 ○ 연결큐브

4	[수업내용] • '십 몇' 알기 2(16～19) • 반구체물을 활용하여 '십 몇'을 표현하기 • '십 몇'의 1 큰 수를 알기 • '십 몇'의 1 작은 수를 알기 [학습평가] • 반구체물로 십 몇을 셀 때에 십을 먼저 파악한 뒤에 1씩 세기 방법을 고수하고 수를 세는 속도가 다소 느렸다. • 수카드 게임을 통해 '십 몇'의 1 큰 수와 1 작은 수가 무엇인지 정확하게 말로 언급하였다.	○『수학 나침반 ① 초기수학(수감각)편』 ○ 즉시세기 카드
5	[수업내용] • 빠진 수 찾기–'십 몇'의 순서 세기 [학습평가] • 수량을 단번에 파악하는 능력은 또래 수준으로 발달하고 있으나, 수를 심척으로 나타내고 연속성 있게 명명하는 유창성 능력은 다소 느리게 발전하고 있다. • 빠진 수 찾기를 할 때, 빠진 수만 바로 명명하기보다 한참 앞 수부터 외우듯이 찾아 나가는 현상을 보였다.	○『수학 나침반 ① 초기수학(수감각)편』
6	[수업내용] • 빠진 수 찾기 • '십 몇'의 순서 거꾸로 세기 [학습평가] • 순서가 잘못된 부분을 스스로 찾아 수를 고칠 수 있다. • 수량이 제시되어 있을 때 오히려 헷갈려 하는 경향을 보였고, 숫자로만 되어 있는 순서 맞추기 문제에서 오히려 더 높은 정답률을 보였다. • 거꾸로 순서 세기 문제를 다소 헷갈려 하였으며, 바로 셀 때보다 속도나 정확도 면에서 떨어지는 현상을 보였다.	○『수학 나침반 ① 초기수학(수감각)편』
7	[수업내용] • 1～20의 숫자와 수량을 수직선에 나타내기 • 진전도 검사 1	○『수학 나침반 ① 초기수학(수감각)편

<table>
<tr><td></td><td>[학습평가]
• 수직선에서 반드시 1부터 시작하지 않을 수 있음을 알고, 빠진 수를 찾아 수직선을 완성할 수 있다. 하지만 수량이 들어가면 수세기가 약하여 수량을 일부 누락시키는 오류를 일부 보였다.
• 1차 진전도 검사 결과
<table><tr><th>수인식</th><th>빠진 수 찾기</th><th>수량 변별</th><th>추정</th><th>종합</th></tr><tr><td>26</td><td>11</td><td>21</td><td>13</td><td>71</td></tr></table></td><td>○ 초기수학 검사도구</td></tr>
<tr><td>8</td><td>[수업내용]
• 심상화된 수직선
• 1~20의 숫자와 수량을 수직선에 나타내기
[학습평가]
• 수직선의 개념을 이해하고, 수직선에서 오른쪽으로 갈수록 숫자가 커짐을 이해하였고 수직선에 나타내고자 하는 숫자의 양에 따라 한 칸이 나타내는 수가 달라짐을 이해하였다.
• 1~20의 숫자를 수직선에 나타낼 수 있으며, 수량과 숫자를 대응시킬 수 있다. 빠진 수 찾기 과제보다 수직선에 대한 수행 성취가 훨씬 높았다.</td><td>○『수학 나침반
① 초기수학(수감각)편』
○ 빈 수직선
○ 자석</td></tr>
<tr><td>9</td><td>[수업내용]
• 1~10의 수를 수직선에서 추정하기
[학습평가]
• 빠진 수 찾기 과제보다 쉽다고 하면서 즐겁게 과제를 수행하였다.
• 수직선에 교사가 말하는 수가 보기(수 2개) 중 어느 쪽에 속하는지 나타낼 수 있고, 추정하는 정확도가 높았다. 기준 수를 근거로 수를 추정할 수 있었다.</td><td>○『수학 나침반
① 초기수학(수감각)편』
○ 화이트보드 자석</td></tr>
<tr><td>10</td><td>[수업내용]
• 1~20의 수를 수직선에서 추정하기
• 진전도 검사 2</td><td>○『수학 나침반
① 초기수학(수감각)편』
○ 초기수학 검사도구</td></tr>
</table>

<table>
<tr><td></td><td>[학습평가]
• 2차 진전도 검사 결과
<table><tr><th>수인식</th><th>빠진 수 찾기</th><th>수량 변별</th><th>추정</th><th>종합</th></tr><tr><td>34</td><td>17</td><td>28</td><td>13</td><td>92</td></tr></table>• 빠진 수 찾기 과제에서 해당 숫자만 말하기보다 앞 수까지 말해야 문제를 풀 수 있는 현상이 계속되고 있어 수의 순서 면에서 좀 더 연습이 필요하였다.</td><td></td></tr>
<tr><td>11</td><td>[수업내용]
• 수량 변별하기
• '십 몇'의 양과 수를 순서 짓기
• 양을 비교하기
[학습평가]
• 수량을 일일이 세기보다 단번에 수량을 5씩 파악하여 '십 몇'을 빠르게 셀 수 있다.
• 빠진 수 찾기보다 수량 변별에서 월등한 속도를 보였다.</td><td>○『수학 나침반 ① 초기수학(수감각)편』</td></tr>
<tr><td>12</td><td>[수업내용]
• 수량 변별하기: 수와 수 비교하기, 수량과 수 비교하기
[학습평가]
• 수량과 수를 동시에 비교하는 활동을 다소 헷갈려 하였으나, 수량을 5씩 파악하여 빠르게 수를 셀 수 있다.
• 간식인 과자를 이용하여 수 세기를 하였을 때 수학에 대한 재미를 더 느껴서 수업 참여도도 높았다.</td><td>○『수학 나침반 ① 초기수학(수감각)편』</td></tr>
<tr><td>13</td><td>[수업내용]
• 구체물/반구체물을 이용하여 '몇십'을 나타내기
[학습평가]
• 큐브를 이용하여 100 이하의 수를 정확하게 나타낼 수 있다.
• 교재에 반구체물로 나타내고 읽고 쓰는 것에 대해 시간이 오래 걸리고 힘들어하여 과제를 일부 완성하지 못하였다.</td><td>○『수학 나침반 ① 초기수학(수감각)편』
○ 연결큐브</td></tr>
</table>

14	[수업내용] • 구체물/반구체물을 이용하여 '몇십몇'을 나타내기 • 사후검사 실시 [학습평가] 수인식 28 / 빠진 수 찾기 11 / 수량 변별 25 / 추정 16 / 종합 80	○『수학 나침반 ① 초기수학(수감각)편』 ○ BASA 초기수학 검사도구

수인식	빠진 수 찾기	수량 변별	추정	종합
28	11	25	16	80

(8) 중재 진전도 및 사후검사 결과와 종결 상태

① 진전도 검사 결과

검사		1회	2회
초기수학검사	수인식	26	34
	빠진 수 찾기	11	17
	수량 변별	21	28
	추정	13	13
	종합	71	92

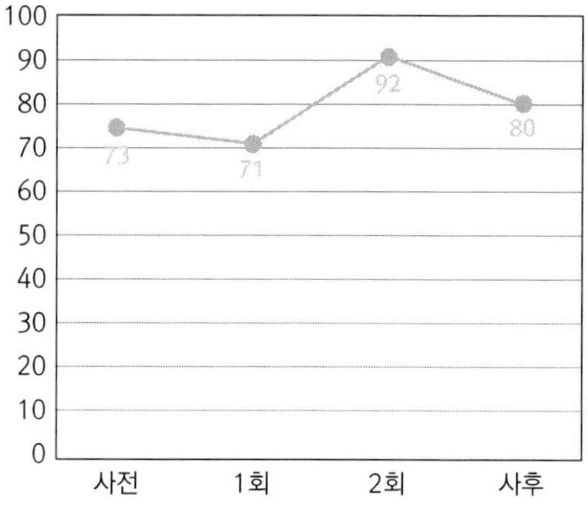

[초기수학 진전도 그래프]

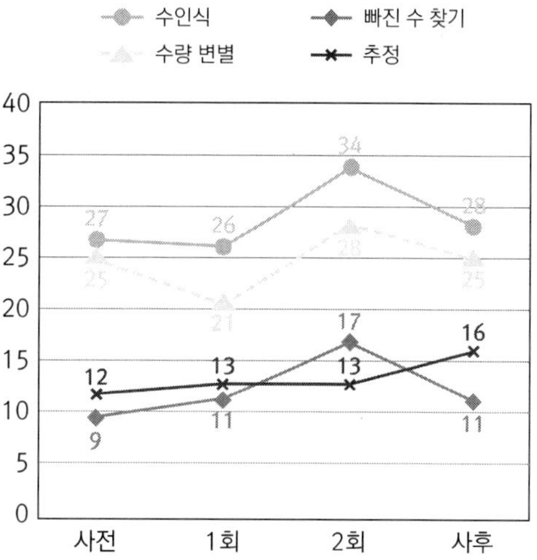

[초기수학 영역별 진전도 그래프]

진전도 검사 1회에서 총점 71점으로 사전검사 총점보다 2점 하락, 진전도 검사 2회에서 총점은 92점으로 진전도 검사 1회보다 21점 향상, 사전검사보다 19점 향상을 나타냈다. 영역별로 수인식은 진전도 검사 1회 때는 사전검사보다 1점 낮은 점수를 나타냈지만 진전도 검사 2차회 때는 1회에 비하여 8점 향상을 나타냈으며 빠진 수 찾기는 진전도 검사 1회와 2회에 걸쳐 꾸준한 향상을 나타냈다. 수량 변별은 사전검사에 비하여 1회 때 4점 하락을 나타냈으나 2회 때는 사전검사에 비하여 3점 향상을 나타냈다. 추정은 진전도 검사 결과, 사전검사에 비해 1점 향상되었으나 진전도 검사 1, 2회에서는 향상을 나타내지 않았다.

② 프로그램 사전-사후 검사 결과 비교

검사		사전검사 원점수	사후검사 원점수
초기수학검사	수인식	27	28
	빠진 수 찾기	9	11
	수량 변별	25	25
	추정	12	16
	원점수 총합	73	80
	백분위	1	2

해당 학생은 수감각 프로그램을 통하여 원점수 73점에서 80점으로 7점의 상승을 보였으며 백분위 점수는 1점 상승하였다. 다만, 학생의 개인 컨디션에 따라 검사 수행 시마다 점수의 상승 폭이 일정하지 않은 모습을 보였다. 학생의 월 진전도는 +4점으로 기대되는 성취만큼의 향상을 보인 것으로 나타났지만, 아직 학생의 백분위 점수는 2점으로 전반적이고 지속적인 수감각 지도가 필요한 수준이다.

(9) 제언

해당 학생은 아직 숫자를 유창하게 연결 지어 읽을 수 있는 수인식 능력, 순서대로 제시되어 있는 수 중 빠져 있는 수가 무엇인지 파악하는 능력, 큰 숫자가 무엇인지 변별하는 능력, 수직선에서 수의 위치를 추정하고 있는 능력 등 수감각 형성에 어려움을 겪고 있다. 앞으로 '숫자와 수를 대응시켜 나가는 수감각 지도'를 계속해 간다면 수감각뿐 아니라 자릿값 개념 형성에도 큰 도움이 될 것이다.

3. 초기수학 사례 보고서 II

(1) 성별

① 남 ② 여(✓)

(2) 학년

1학년

(3) 중재 사유

해당 학생은 또래에 비해 전반적으로 수업에 대한 이해도가 낮고, 덧셈과 뺄셈에 어려움을 나타낸다며 담임교사에 의해 의뢰되었다.

(4) 일반적 특성

쌍둥이 자매가 있으며, 쌍둥이 언니는 또래 수준의 학습성취를 보인다. 숫자 세기에는 어려움을 나타내지 않았다.

(5) 사전검사 결과

수인식	36	수량 변별	37
빠진 수 찾기	16	추정	6

선별검사 결과 빠진 수 찾기와 추정에 현저한 어려움을 나타냈다.

(6) 중재 목표

본 프로그램은 학생의 수감각 형성을 위하여, 빠진 수 찾기, 추정능력을 향상시키기 위한 교육내용으로 구성하였다. 7주 뒤인 14회기를 마칠 때는 빠진 수 찾기 23점, 추정 13점 성취를 목표로 한다.

(7) 중재 프로그램

회기	중재내용	중재방법 및 중재자료
1	[수업내용] • 라포 형성 및 수업 안내 • 한 자리 수 세기 [학습평가] • 숫자 이름을 빠르게 말하는 것은 능숙하지만, 강사가 크기를 묻는 질문에는 대답하는 데 어려움을 나타냈다.	○『수학 나침반 ① 초기수학(수감각)편』
2	[수업내용] • 두 자리 수 세기 [학습평가] • 10이 되는 두 수를 손가락과 점으로 표현할 수 있다. 속도가 점점 빨라지고 있지만 손가락과 말을 동시에 하는 것을 힘들어하였다.	○『수학 나침반 ① 초기수학(수감각)편』
3	[수업내용] • 크기 비교: 한 자리 수 • 반구체물을 활용하여 한 자리 수 표현하기 • 한 자리 수 1 큰 수를 알기 • 한 자리 수 1 작은 수를 알기 [학습평가] • 강사의 시범을 본 뒤, 교재에 제시한 반구체물의 크기 비교 과제 완성하기 • 큐브를 사용하여 1 큰 수, 1 작은 수 나타내기 • 한 자리 수 크기 비교에 자신감을 보였다.	○『수학 나침반 ① 초기수학(수감각)편』 ○ 연결큐브
4	[수업내용] • 크기 비교: 두 자리 수 • 반구체물을 활용하여 '십 몇'을 표현하기 • '십 몇'의 1 큰 수를 알기 • '십 몇'의 1 작은 수를 알기 [학습평가] • 강사의 시범을 본 뒤, 교재에 제시한 반구체물의 크기 비교 과제 완성하기 • 큐브를 사용하여 1 큰 수, 1 작은 수 나타내기 • 숫자카드 크기 비교에 어려움을 나타냈다.	○『수학 나침반 ① 초기수학(수감각)편』 ○ 숫자카드

<table>
<tr>
<td>5</td>
<td>[수업내용]
• 빠진 수 찾기: 한 자리 수
• 교재 및 숫자카드를 사용하여 빠진 수 찾기
• 진전도 검사 1
[학습평가]
• 연결큐브를 사용하여 3개 숫자 중 중간 수를 찾는 활동을 능숙하게 하였다.
• 교재의 반구체물을 활용한 빠진 수 찾기 활동 및 숫자를 제시한 빠진 수 찾기 한 자리 수 활동을 능숙하게 하였다.
• 1차 진전도 검사 결과
<table>
<tr><th>수인식</th><th>빠진 수 찾기</th><th>수량 변별</th><th>추정</th><th>종합</th></tr>
<tr><td>47</td><td>22</td><td>40</td><td>13</td><td>122</td></tr>
</table>
</td>
<td>○『수학 나침반
① 초기수학(수감각)편』
○ 연결큐브
○ BASA-EN 검사도구</td>
</tr>
<tr>
<td>6</td>
<td>[수업내용]
• 빠진 수 찾기: 두 자리 수
[학습평가]
• 교재의 반구체물을 활용한 빠진 수 찾기 활동 및 숫자를 제시한 빠진 수 찾기 한 자리 수 활동에 어려움을 나타냈다.
• 숫자카드를 활용하여 연속 숫자 10~19, 20~29를 제시하고 빠진 수 1개를 찾는 활동을 능숙하게 하였다.</td>
<td>○『수학 나침반
① 초기수학(수감각)편』
○ 숫자카드</td>
</tr>
<tr>
<td>7</td>
<td>[수업내용]
• 수직선에서 빠진 수 찾기: 한 자리 수
[학습평가]
• 자신이 만든 수직선에 1부터 9까지 숫자를 순서대로 나타낼 수 있다.
• 1부터 시작하지 않아도 연속된 숫자를 수직선에 순서대로 나열할 수 있다.
• 수직선에서 나열된 숫자에서 숫자 1개가 빠졌을 때 올바른 숫자를 찾을 수 있다.</td>
<td>○『수학 나침반
① 초기수학(수감각)편』
○ 스케치북, 매직</td>
</tr>
<tr>
<td>8</td>
<td>[수업내용]
• 수직선에서 빠진 수 찾기: 두 자리 수
• 진전도 검사 2</td>
<td>○『수학 나침반
① 초기수학(수감각)편』
○ 스케치북, 매직</td>
</tr>
</table>

<table>
<tr>
<td></td>
<td>
[학습평가]
• 자신이 만든 수직선에 1부터 20까지 숫자를 순서대로 나타낼 수 있다.
• 1부터 시작하지 않아도 연속된 숫자를 수직선에 순서대로 나열할 수 있다.
• 수직선에 나열된 숫자에서 숫자 1개가 빠졌을 때 올바른 숫자를 찾을 수 있다.
• 교재의 숫자만 제시된 빠진 수 찾기 활동에 어려움을 나타냈다.
• 2차 진전도 검사 결과: 빠진 수 찾기 2점 향상, 추정 4점 향상, 총점 8점 향상
<table>
<tr><th>수인식</th><th>빠진 수 찾기</th><th>수량 변별</th><th>추정</th><th>종합</th></tr>
<tr><td>59</td><td>24</td><td>40</td><td>17</td><td>130</td></tr>
</table>
</td>
<td>
○ 숫자카드
○ BASA-EN 검사도구
</td>
</tr>
<tr>
<td>9</td>
<td>
[수업내용]
• 빈칸에서 빠진 수 찾기: 한 자리 수
[학습평가]
• 3개의 숫자가 제시될 때 중간의 빠진 수를 빈칸에 올바르게 적을 수 있다.
• 1 작은 수, 1 큰 수의 개념을 활용하여 중간 숫자를 찾을 수 있다.
</td>
<td>
○『수학 나침반
① 초기수학(수감각)편』
○ 스케치북, 매직
○ 숫자카드
</td>
</tr>
<tr>
<td>10</td>
<td>
[수업내용]
• 빈칸에서 빠진 수 찾기: 두 자리 수
• 진전도 검사 3
[학습평가]
• 3개의 숫자가 제시될 때 중간의 빠진 수를 빈칸에 올바르게 적을 수 있다.
• 1 작은 수, 1 큰 수의 개념을 활용하여 중간 숫자를 찾을 수 있다.
• 3차 진전도 검사 결과: 2차 진전도 평가결과와 비교하여 빠진 수 찾기 2점 향상, 추정 8점 향상, 총점 6점 향상
<table>
<tr><th>수인식</th><th>빠진 수 찾기</th><th>수량 변별</th><th>추정</th><th>종합</th></tr>
<tr><td>57</td><td>26</td><td>28</td><td>25</td><td>136</td></tr>
</table>
</td>
<td>
○『수학 나침반
① 초기수학(수감각)편』
○ BASA-EN 검사도구
</td>
</tr>
</table>

<table>
<tr><td>11</td><td>[수업내용]
• 추정: 한 자리 수
• 수직선에서 한 자리 수 추정하기
[학습평가]
• 수직선에 제시된 숫자 3개의 수량을 비교할 수 있다.
• 수직선에 제시된 숫자 3개 사이에 있는 숫자들을 말할 수 있다.</td><td>○『수학 나침반 ① 초기수학(수감각)편』</td></tr>
<tr><td>12</td><td>[수업내용]
• 추정: 두 자리 수
• 수직선에서 두 자리 수 추정하기
[학습평가]
• 수직선에 제시된 숫자 3개의 수량을 비교할 수 있다.
• 수직선에 제시된 숫자 3개 사이에 있는 숫자들을 말하는데 다소 시간은 걸리나 정확하게 대답하였다.</td><td>○『수학 나침반 ① 초기수학(수감각)편』
○ 스케치북, 매직
○ 숫자카드</td></tr>
<tr><td>13</td><td>[수업내용]
• 오류유형별 학습하기
[학습평가]
• 큐브를 이용하여 숫자 3개를 만들어 중간의 빠진 수를 바르게 말할 수 있다.
• 3~10개 숫자를 제시하여 빠진 수 1개를 추정할 수 있다.
• 수직선 위의 숫자를 추정할 수 있다.</td><td>○ 스케치북, 매직
○ 숫자카드</td></tr>
<tr><td>14</td><td>[수업내용]
• 사후검사 실시
[학습평가]
• 사전검사와 비교하여 수인식 38점 향상, 빠진 수 찾기 5점 향상, 수량 변별 3점 향상, 추정 13점 향상, 총점 39점 향상을 나타냈다. 목표했던 빠진 수 찾기 23점은 도달하지 못했으나 추정점수는 목표점수 13점을 성취하였으며, 전반적인 수감각이 향상했음을 총점 향상을 통해 알 수 있다.
• 사후검사 결과
<table><tr><td>수인식</td><td>빠진 수 찾기</td><td>수량 변별</td><td>추정</td><td>종합</td></tr><tr><td>74</td><td>21</td><td>40</td><td>19</td><td>124</td></tr></table></td><td>○ BASA 초기수학 검사도구</td></tr>
</table>

(8) 중재 진전도 및 사후검사 결과와 종결 상태

① 진전도 검사 결과

검사		1회	2회	3회
BASA 초기수학검사	수인식	47	59	57
	빠진 수 찾기	22	24	26
	수량 변별	40	40	28
	추정	13	17	25
	총합	122	130	136

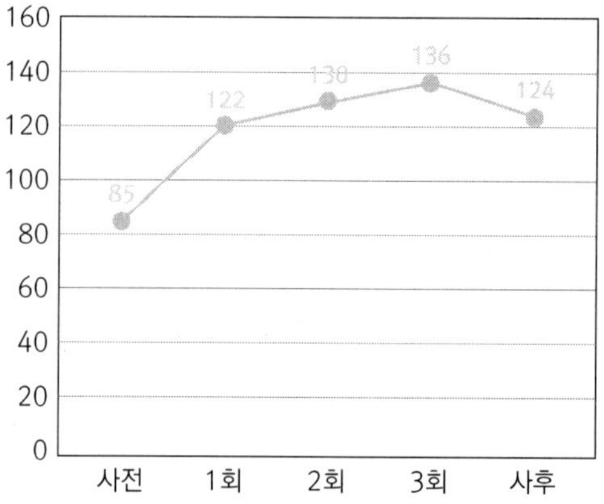

[초기수학 진전도 그래프]

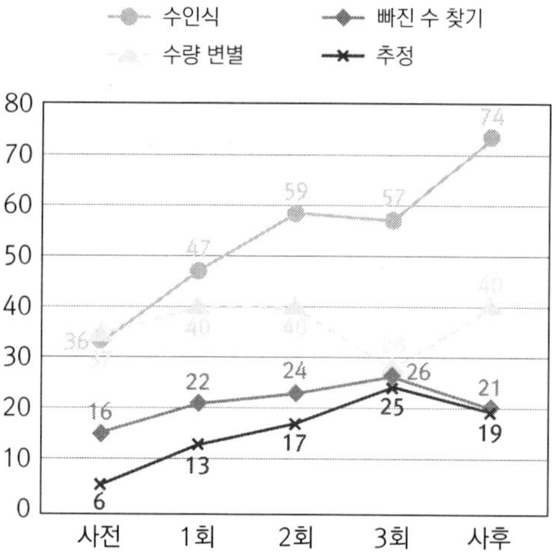

[초기수학 영역별 진전도 그래프]

② 프로그램 사전-사후 검사 결과 비교

검사		사전검사 원점수	사후검사 원점수
초기수학검사	수인식	36	74
	빠진 수 찾기	16	21
	수량 변별	37	40
	추정	6	19
	원점수 총합	85	124
	백분위	7	45

해당 학생은 수감각 프로그램을 통하여 원점수 85점에서 124점으로 39점의 상승을 보였으며 백분위 점수는 38점 상승한 것으로 확인하였다. 학생의 성취는 기대되는 주별 진전도는 +1점으로 목표했던 빠진 수 찾기 23점은 도달하지 못했으나 추정 점수는 목표점수 13점을 성취하였으며, 전반적인 수감각이 향상했음을 총점 향상을 통해 알 수 있었다.

(9) 제언

해당 학생이 향후 두 자리 수 이상의 숫자들의 빠진 수 찾기 및 두 자리 수 뺄셈 지도를 지속적으로 학습하기를 바란다.

4. 초기수학 사례 보고서 III

(1) 성별

① 남(✓)　　　② 여

(2) 학년

2학년

(3) 중재 사유

해당 학생은 수학학습 진전을 위해 중재를 진행하였다.

(4) 일반적 특성

① 학습

적극적으로 수업에 참여하였다.

② 정서 및 행동

처음에 집중하는 데 조금 시간이 걸리지만 매우 바르고 열심히 한다.

③ 사회성

1:1 수업으로 진행되었으며 교사와는 매우 원만한 관계를 유지하였다.

④ 가정배경

동생이 둘 있는데 매우 아낀다.

(5) 사전검사 결과

학년	이름	난독증/학습장애 선별검사		읽기유창성검사		수학검사	
		총점	분류	원점수	백분위 점수	원점수	백분위 점수
2	이하준(가명)	미참여		98	3	4	1

해당 학생은 읽기유창성검사에서 백분위 점수가 3점으로 능숙한 읽기유창성을 위해 중재가 필요할 것으로 판단되었다. 또한 수학검사의 경우 원점수가 4점으로 한 자리 수에 머물 것으로 판단되어 2학년 학습을 따라가기 위해서는 중재를 통해 향상된 실력이 필요하여 중재를 실시하였다.

(6) 중재 목표

수학의 기본적인 곱셈(구구단)을 위해 학습한다.

(7) 중재 프로그램

회기	중재내용	중재방법 및 중재자료
1	[기초평가] • 선별검사 • 검사결과를 바탕으로 학생의 수준 확인	ㅇ BASA 초기수학검사
2	[수업내용] • 수학 두 자리 수 덧셈과 뺄셈 익혀 보기 • 구구단 2단의 원리를 곱셈카드를 활용하여 지도 [학습평가] • 곱셈카드를 사고 싶다고 말할 정도로 열심히 하고 원리를 이해하는 과정을 재미있어 하였다. • 수치적으로 확인되는 활동을 하자 흥미 있어 하는 것을 느낄 수 있었다.	ㅇ 곱셈카드
3	[수업내용] • 4씩 더하면 어떻게 될까? • 곱셈 4단 원리 학습 및 자동인출 연습	ㅇ 곱셈문제

	[학습평가] • 처음에는 4단을 생각하고 말하느라 속도가 느렸지만 비교적 낮은 수 단위(4)여서 그런지 바로 더하고 빼고 하면서 속도가 향상되었다. • 진전도 검사 1	
4	[수업내용] • 6단 이해 및 적용 • 두 자리 수와 세 자리 수 덧셈과 뺄셈 • 구구단 학습과 더불어 두 자리 수와 세 자리 수 받아올림이 있는 활동 연습 [학습평가] • 가정에서 많이 연습하고 있다면서 수학에 대한 흥미를 잃지 않으며 열심히 하겠다고 말하기도 하였다. • 간단하고 자칫 지루해질 수 있는 활동을 유튜브나 여러 가지 매체를 활용하여 질리거나 싫증내지 않을 수 있도록 도왔다.	○ 수학문제
5	[수업내용] • 7단 원리 이해 및 학습, 자동인출 연습 • 두 자리 수와 세 자리 수 덧셈과 뺄셈 복습 [학습평가] • 7단은 비교적 어려운 구구단 단위 중 하나로 덧셈으로 하나하나 익히는 데도 처음엔 어려워했지만 수업의 후반부로 갈수록 적응이 많이 되는 것을 느낄 수 있었다. • 진전도 검사 2	○ 수학문제
6	[수업내용] • 6, 7단 복습 • 거꾸로 구구단 학습 • 순서 없는 구구단 학습 [학습평가] • 거꾸로 구구단은 아동이 좋아하는 유튜브를 보고, 문제를 뒤죽박죽 내거나 거꾸로 풀어 보라고 하면서 구구단 학습을 유도하였다.	○ 구구단 문제

7	[진전도 검사] • 진전도 검사 3	ㅇ BASA 초기수학검사
8	[사후검사] • 사후검사	ㅇ BASA 초기수학검사
9	[마무리] • 거꾸로 구구단 복습	ㅇ 유튜브

(8) 중재 진전도 검사 및 사후검사 결과 종결 상태

① 진전도 검사 결과

검사	1회	2회	3회
초기수학검사	130	125	132

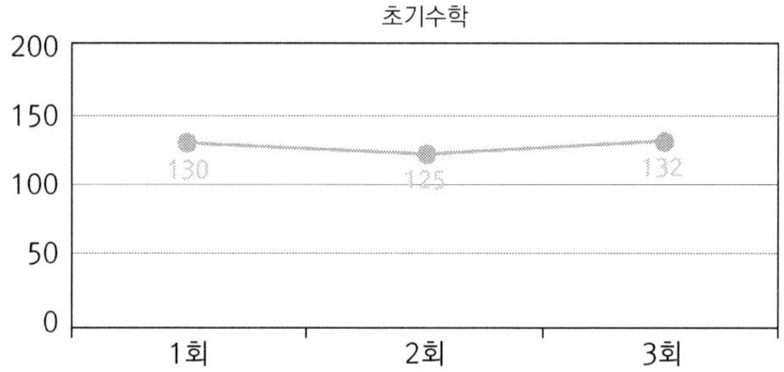

초기수학 수준 모두 백분위 단위 정상 범주로 검사상 약간의 변동은 있으나 위험군은 아니다.

② 프로그램 사전-사후 검사 결과 비교

검사	사전검사 원점수 (진전도 1회 점수)	사후검사 원점수
초기수학검사	130	129

초기수학에 대한 사전 이해 지식이 높았기 때문에 큰 변동은 없었으나 높은 점수로 유의미한 결과라고 볼 수 있다. 따라서 지속적으로 수학에 관심을 가질 수 있도록 하는 학생의 학습에 대한 격려와 관심이 학생의 수준 향상에 도움이 될 수 있다.

(9) 제언

해당 학생을 가르치며 느낀 점은 잘 하고 열심히는 하지만 다소 자신감이 부족해 보인다는 것이다. 또한 처음에 시작할 때 바로 수업을 진행하기가 어렵다는 느낌을 받았다. 그러나 흥미를 가질 수 있는 수업자료들을 제공하자 곧 수업에 열심히 임하는 것을 알 수 있었다. 궁금증도 많고 열심히 하려는 의지가 있기 때문에 이를 더 지속적으로 격려해 주고 관심을 가져 준다면 분명 많은 향상이 있을 것으로 생각된다. 자신감을 심어 줄 수 있는 활동 기회를 제공하고 주도적으로 학습할 수 있도록 지도해 주기 바란다.

5. 초기수학 사례 보고서 IV

(1) 성별

① 남　　　　　　　　② 여(✓)

(2) 학년

2학년

(3) 중재 사유

해당 학생은 난독증/학습장애 선별검사 결과 고위험군으로 선정되었으며, 수학학습 향상을 위해 중재를 실시하였다.

(4) 일반적 특성

① 학습

수학 영역보다 국어 영역에서 낮은 자신감을 보이고 어려움을 느끼고 있다.

② 정서 및 행동

정서가 안정되어 있으며 밝고 따뜻한 성품을 가진 학생이다. 수학 과제가 제시되었을 때에는 자신감 있게 참여하였으나 읽기 과제가 제시되었을 때에는 평소보다 다소 위축되고 자신감 없는 모습을 보였다.

③ 사회성

1:1 수업으로 교사와 원만한 관계를 유지하였다. 또래보다 작고 귀여운 외모에 순한 성품으로 교우들과도 원만하게 지내는 편이다. 수업을 하러 가면 밝게 인사하고 맞아 주며 그동안 있었던 일들을 이야기하는 등 친근하게 다가오는 모습을 보인다.

④ **가정배경**

부모님과 형과 함께 살고 있으며, 막내로 사랑을 많이 받고 자란 것이 느껴진다. 중재 기간 중 어머니가 상담전화를 요청하시는 등 관심이 많고 적극적이다.

(5) 사전검사 결과

학년	이름	난독증/학습장애 선별검사		읽기유창성검사		수학검사	
		총점	분류	원점수	백분위 점수	원점수	백분위 점수
2	민경수(가명)	46	고위험군	72	1	4	1

해당 학생은 학습장애 선별검사에서 고위험군으로 학습장애를 평가하는 세부검사를 통하여 정확한 진단이 필요한 것으로 나타났으며, 읽기유창성과 수학에서 어려움을 가지고 있는 것으로 보인다. 또한 세부검사 중 초기문해의 다른 영역(음운인식, 작업기억, 정보회상, 단어인지)에서는 우수한 수행 수준을 보였으나 읽기유창성에서 가장 낮은 수행을 보였다. 따라서 해당 영역에서의 집중적인 개별중재를 실시하였다.

(6) 중재 목표

받아올림이 있는 덧셈과 곱셈구구를 할 수 있다.

(7) 중재 프로그램

회기	중재내용	중재방법 및 중재자료
1	[세부검사 실시] • 기초평가 원점수는 수인식 60, 빠진 수 찾기 20, 수량 변별 40, 추정 15점으로 총점수 135, 백분위 67, 백분위 단계 3의 정상적인 수행 수준을 보였다.	○ BASA 초기수학검사
2	[교재 - 두 자리 수 인식] • 두 자리 수를 잘 인식하고 있으며, 매우 쉽게 학습을 수행하였다. – 100 이하의 수를 읽고 쓸 수 있다. – 1 큰 수와 1 작은 수 말하기를 할 수 있다. – '50 이하의 수'를 수막대로 나타낼 수 있다.	○『수학 나침반 ① 초기수학(수감각)편』 ○ 받아올림이 있는 덧셈과 받아내림이 있는 뺄셈 문제

	[받아올림이 있는 두 자리 수 덧셈, 받아내림이 있는 두 자리 수 뺄셈] • 일의 자리를 더해 10이 넘어가면 십의 자리로 받아올림을 이해하여 받아올림이 있는 두 자리 수 덧셈을 계산할 수 있다. 받아내림이 있는 뺄셈을 할 때 일의 자리 계산 시 간혹 큰 수에서 작은 수를 빼는 오류를 보였으나 10을 받아 내리는 것을 이해하여 계산할 수 있다.	
3	[진전도 검사 1] • 기초평가 원점수는 수인식 56, 빠진 수 찾기 26, 수량 변별 40, 추정 10으로 총점 132, 백분위 61, 백분위 단계 3의 정상적인 수행 수준을 보였다.	○ BASA 초기수학검사
4	[교재 - 심상화된 수직선] • 숫자를 순서에 맞게 수직선에 나타낼 수 있으며, 쉽게 학습을 수행하였다. – 숫자를 보고 앞, 중간, 뒤에 나올 숫자가 무엇인지 찾을 수 있다. – 불러 주는 수를 수직선에 나타낼 수 있다. – 수직선에서 불러 주는 수의 위치를 찾아 적절한 위치에 놓을 수 있다. [2단 곱셈구구 외우기] • 2씩 커지는 규칙을 생각하며 2단 곱셈구구 외우기를 할 수 있다.	○『수학 나침반 ① 초기수학(수감각)편』
5	[진전도 검사 2] • 기초평가 원점수는 수인식 56, 빠진 수 찾기 23, 수량 변별 40, 추정 10으로 총점 129, 백분위 55, 백분위 단계 3의 정상적인 수행 수준을 보였다.	○ BASA 초기수학검사
6	[교재 - 수량 변별] • 수량 변별을 할 수 있으며, 매우 쉽게 학습을 수행하였다. – '1~20의 수'의 숫자와 수량을 보고 크고 작음을 비교할 수 있다. [5단 곱셈구구 외우기] • 5씩 커지는 규칙을 생각하며 5단 곱셈구구 외우기를 할 수 있다.	○『수학 나침반 ① 초기수학(수감각)편』

7	[진전도 검사 3] • 기초평가 원점수는 수인식 55, 빠진 수 찾기 22, 수량 변별 40, 추정 18으로 총점 135, 백분위 67, 백분위 단계 3의 정상적인 수행 수준을 보였다.	○ BASA 초기수학검사
8	[사후검사 실시] • 기초평가 원점수는 수인식 61, 빠진 수 찾기 23, 수량 변별 40, 추정 16점으로 총점수 140, 백분위 74, 백분위 단계 3의 정상적인 수행 수준을 보였다.	○ BASA 초기수학검사

(8) 중재 진전도 및 사후 검사 결과와 종결 상태

① 진전도 검사 결과

검사	1회	2회	3회
초기수학검사	132	129	135

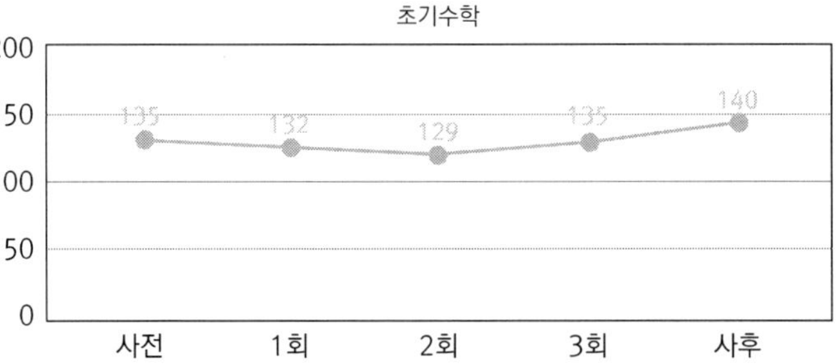

초기수학은 사전, 사후, 3회의 진전도 검사를 실시하여 총 5회 측정하였다. 제시된 표와 그래프에서 확인할 수 있듯이, 초기수학검사의 경우 사전부터 높은 발달단계(백분위 단계 3의 정상적인 수행 수준)를 보였으며 사전검사부터 2회 진전도 검사까지는 큰 점수의 향상은 없었으나, 3회 진전도 검사부터 사후검사에서는 다소 향상되었다.

② 프로그램 사전-사후 검사 결과 비교

검사	사전검사 원점수	사후검사 원점수
초기수학검사	135	140

초기수학 영역은 사전부터 높은 발달단계를 보여 사전검사부터 사후검사까지 모두 백

분위 단계 3의 정상적인 수행 수준을 보였다. 사전검사부터 3회의 진전도 검사에서는 큰 점수의 향상은 없었으나, 사후검사에서는 백분위 67(사전검사)에서 백분위 74(사후검사)로 다소 상승하였다.

(9) 제언

초기수학에 대한 학생의 사전 이해 지식이 높았기 때문에 진전도 평가과정에서 큰 변동은 없었으나 사후검사에서 다소 향상된 결과를 보여 주었다. 앞으로도 지속적으로 학생이 수학에 관심을 가질 수 있도록 학습에 대한 격려와 관심이 필요하다.

초기수학 외 수학 연산 중재를 진행하면서 학생이 받아내림이 있는 뺄셈을 할 때 일의 자리 계산 시 간혹 큰 수에서 작은 수를 빼는 오류를 보이는 등 미숙한 부분이 있음을 발견하였다. 그리고 곱셈구구를 할 때에도 간혹 오류를 보이지만, 학생이 아직 저학년이며 수학에 흥미를 가지고 있으므로 지속적인 학습을 이어 나간다면 많은 발전을 보일 것으로 기대된다.

제 7 장

수학 연산

1. 수학 연산 대표 사례 보고서

(1) 성별

① 남 ② 여(✓)

(2) 학년

3학년

(3) 중재 사유

해당 학생은 선별검사 결과 읽기와 쓰기 능력은 높은 수준인 반면, 수학 연산 능력에서 낮은 성취를 보여 중재대상으로 선정되었다.

(4) 일반적 특성

① 학습

전반적인 학습수행 수준이 낮은 것은 아니다. 특히 사전검사 결과에서 읽기수행능력이 학년 수준보다 더 높게 나타났으므로 이를 학생의 강점으로 볼 수 있다. 따라서 읽기 유창성과 이해를 요하는 과목에서의 학습에는 문제가 없거나 높은 수행을 보일 것으로 예상된다. 중재 초기에 받아내림이 있는 뺄셈(특히 바로 앞 자리 수가 아닌 더 큰 자리 수에서 차례로 받아내림이 필요한 뺄셈)과 받아올림이 있는 곱셈에서 주로 오류를 보였다. 어림하기의 개념이 형성되어 있지 않았다. 사칙연산의 문장제 문제를 읽고 수학식으로 표현할 수 있다. (나눗셈) 계산은 할 수 있으나 오류가 있고 '몫'의 개념을 모른다. 반복연습을 통해 오류가 점점 줄어들고 실력이 느는 것이 눈에 띄게 보인다. 같은 방식의 평가(2분 동안 문제 풀기)와 같은 유형의 문제(사칙연산)를 계속 반복해서 풀면서 연습효과에 의한 것인지 모르겠으나 점차 의욕과 집중력, 문제 풀이 개수가 증가하는 경향을 보였으며, 이에 대해 스스로 성취감을 느꼈다. 받아올림이 있는 한 자리 수 덧셈에서의 실수와 구구셈 실수가 아직 조금 나타나지만 이를 제외하고는 곱셈을 잘한다. 틀린 부분을 찾아 고치는 것을 특히 잘한다.

② **학습태도**

아는 문제도 급하게 풀다가 실수하는 경향이 있다. 문제를 풀 때 계속 혼잣말을 하듯 소리 내어 말하며 푸는 습관이 있다. 빠른 속도로 문제를 풀고 남는 시간에 하고 싶은 다른 일(그림 그리기)을 한다. 자신의 과제를 빨리 끝낸 후 친구를 도와주거나 원하는 활동을 한다. 교사에게 모르는 것을 질문해서 알기도 하고, 친구들에게 묻거나 가르쳐 주기도 하는 등 적극적으로 문제를 해결하려는 모습을 보인다. 그 과정에서 다소 산만해지거나 장난이 시작되고 다툴 수 있는 상황들이 나타나긴 했으나, 주의를 집중시키면 금방 과제에 몰두하곤 한다. 100점에 대한 욕구가 커서 교사에게 보충 과제를 더 요청하기도 하고, 스스로 문제를 만들어 문제지 여백에 계속 혼자 연습하기도 한다.

③ **정서 및 행동**

기본적으로 사람에 대한 신뢰가 있고 정이 많은 편으로 감정 표현이 솔직하다. 적극적이며 거침없이 말하고 행동하면서도 항상 예의 바른 태도를 보인다. 자기소개를 할 때, 가장 먼저 손을 들고 일어서서 간단히 핵심 내용만을 말하였으며, 하고 싶은 게임이나 함께 할 수 있는 다른 활동들을 잘 제안하는 편이다. 실수를 두려워하지 않으며, 스스로 잘 할 수 있다고 생각될 때까지 계속 반복적인 연습을 하고 꾸준히 노력하는 것을 포기하거나 지루해하지 않는 인내심이 있다. 정서적으로 안정되어 있고 너그러운 편으로, 좋지 않은 상황에서도 쉽게 화내지 않고 상황을 긍정적으로 해석하는 경향이 있다. 옳고 그름을 잘 판단하며 자신에게 중요하지 않은 것에 대해 무관심할 줄 알아 친구의 부정적인 자극에도 불필요하게 예민해지지 않는다.

④ **사회성**

처음 만난 교사지만 낯설어하지 않고 자연스럽게 대하며 원하는 만큼 충분히 표현하는 편이다. 친구 간의 문제가 발생하면 해결책을 제시하며 적극적으로 중재하거나 문제가 생기려 할 때 먼저 양보하는 경향을 보인다. 간식이나 선물을 받으면 교사나 친구와 나누려 한다. 수업에서 자신의 과제를 끝낸 후, 교사와 친구를 배려하고 기다리며 학습에 어려움이 있는 친구를 돕고자 하는 모습을 보인다.

⑤ 가정배경

어머니, 남동생과 함께 살고 있다. 아버지의 부재에 대하여 부정적으로 생각하지 않고 서운한 감정은 있으나 받아들이고 있다. 어머니가 학생의 학업과 학교생활 전반에 관심이 많아 적극적으로 지원하고, 자녀의 입장에서 친구처럼 이해해 주는 편이다. 그러한 영향 때문인지 누나로서 딸로서의 굉장히 의젓한 모습이 또래들과의 관계 속에서도 드러나는 것으로 보인다.

(5) 사전검사 결과

학년	이름	빈칸채우기검사		수학검사	
		원점수	백분위 점수	원점수	백분위 점수
3	조하율(가명)	18	79	25	13

빈칸채우기검사의 원점수는 18점, 백분위 점수는 79점이다. 학년 점수는 3.9학년(검사 당시 3.7학년)으로 0.2학년 더 높게 측정되었다. 수학검사의 원점수는 25점, 백분위 점수는 13점으로, 백분위 단계 4인 '기초수학능력 향상을 위한 지도가 필요'한 수준이다. 학년 점수는 2.5학년(검사 당시 3.7학년)에 해당하여 1.2학년 더 낮게 측정되었다. 읽기능력과 수학능력 간의 차이가 크며, 읽기능력에 비해 수학능력이 매우 낮음을 알 수 있다.

(6) 중재 목표

- 덧셈, 뺄셈, 곱셈의 계산을 빠르고 정확하게 할 수 있다.
- 나눗셈의 개념과 방법을 알고 '(몇십몇)÷(몇)'의 계산을 할 수 있다.

(7) 중재 프로그램

① 방향

- 선별검사와 세부검사 결과 사칙연산에서 나타나는 오류를 수정하고 계산속도를 향상시킬 필요가 있다고 판단되어 '1. 덧셈, 뺄셈, 곱셈의 계산을 빠르고 정확하게 할 수 있다. 2. 나눗셈의 개념과 방법을 알고 '(몇십몇)÷(몇)'의 계산을 할 수 있다.'를 목

표로 수학 연산 중재를 진행하였다.

② 학습자료

- 『수학 나침반 ② 수학 연산편』(김동일, 2020)를 바탕으로 '세 자리 수 뺄셈, 받아올림이 없는/있는 곱셈, 나눗셈'에 해당되는 차시의 활동과 놀이들을 활용하였다.
- 자기점검표: 매 회기 수업 시작과 끝 부분에 자기점검표를 작성하도록 하여 그 시간에 배울 내용을 미리 확인하고, 범위를 스스로 결정한 후 수업을 진행하였으며, 수업 후에는 자신의 학습 목표 도달 정도(알고 모르는 것, 자신의 수준 파악)와 학습 태도(자기모니터링, 자기반성을 통한 행동 수정)에 대한 자기평가를 하고 다음 시간에 학습할 내용(다음 수업에 대한 기대감/동기 증가, 흐름 유지)을 미리 적어 보도록 하였다. 자기주도학습 태도와 메타인지 형성에 초점을 두었다.

③ 중재방법

- 도입부에서는 학생이 학습할 개념과 관련된 상황을 나타내는 내용을 수학적 표현으로 바꿔 보도록 하여 스스로 문제에 대해 생각하고 문제해결 과정을 경험하는 기회를 제공하였다.
- 기본적인 개념은 교사가 간단명료하게 설명(직접 중재)한 후, 다양한 예시문제를 제공하여 학생이 직접 개념을 문제에 적용해 보고, 칠판에 풀면서 또래들에게 자기 언어로 설명하도록 하고, 오류가 발견되면 또래들이 함께 의견을 나누고 수정하도록 하였다.
- 교재의 활동 1, 2를 통해서는 학습한 계산 방식을 문제에 적용함에 있어서의 오류 유형을 발견하여 수정하고, 활동 3을 통해서는 많은 문제를 풀면서 계산 방식에 숙달할 수 있게 하였으며, 마지막 놀이 활동을 통해서 학생의 흥미를 유발하면서도 응용의 기회를 제공하고 숙달 정도를 파악하였다.

회기	중재내용	중재방법 및 중재자료
1	[기초선 측정/추가검사 실시] • 기초선 측정 1: BASA 수학 기초평가 III단계 1, 2, 3 및 통합단계 1 실시 • 추가검사: BASA 어휘/읽기이해 기초평가	ㅇ 자기점검표 ㅇ BASA 수학검사, 어휘검사, 읽기이해검사

2	[라포 형성을 위한 다양한 활동] • 친구들 앞에서 자기소개하기 • 스머프 사다리 게임을 하며 소통하기	○ 보드게임
3	[기초선 측정/연산 추가문제 풀기] • 기초선 측정 2: BASA 수학 기초평가 III단계 1, 2, 3 및 통합단계 1 실시 • 통합단계 2 문제 풀기 ※ 통합단계 2: 전반적인 사칙연산 실력을 알기 위해 시간제한 없이 끝까지 풀어 보도록 하였다.	○ BASA 수학검사
4	[3회기에 푼 연산 추가문제 풀이] • 통합단계 2 문제 풀이 • 틀린 문제와 같은 유형의 연습문제를 풀고 풀이하기	○ 연습문제
5	[진전도 검사 1/문제 풀이] • 진전도 검사 1: BASA 수학 형성평가 III단계 1 및 통합단계 1 실시 • 틀린 문제 및 연습문제 풀이	○ BASA 수학검사 ○ 연습문제
6	[세 자리 수 뺄셈하기] • 십의 자리에서 받아내림 연습하기 • 백의 자리에서 받아내림 연습하기	
7	[세 자리 수 뺄셈하기] • 받아내림이 없는/있는 세 자리 수의 뺄셈 – 도입(생각해 보기) – 활동 1(선생님 말씀에 귀 기울이기) – 활동 2(선생님과 함께하기) 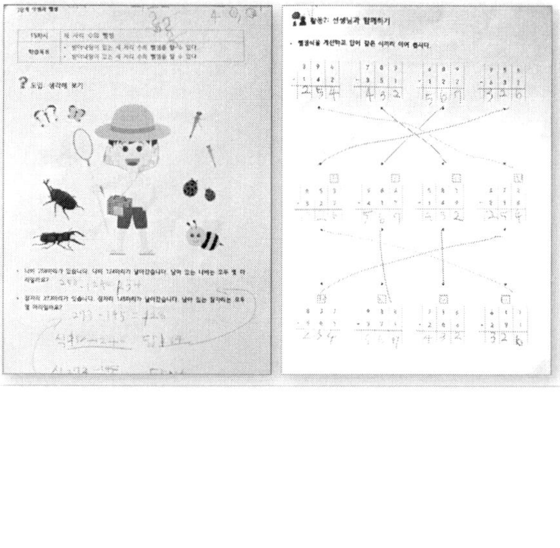	○『수학 나침반 ② 수학 연산편』

8	[세 자리 수 뺄셈하기] • 받아내림이 없는/있는 세 자리 수의 뺄셈 – 활동 3(스스로 서기) – 정리 – 놀이 활동(틀린 문제 찾기) 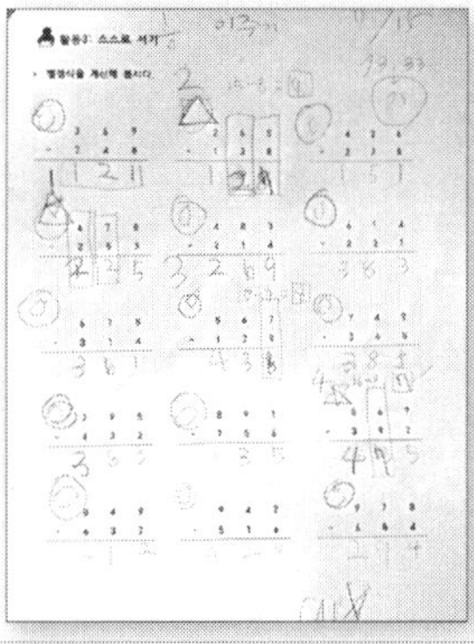 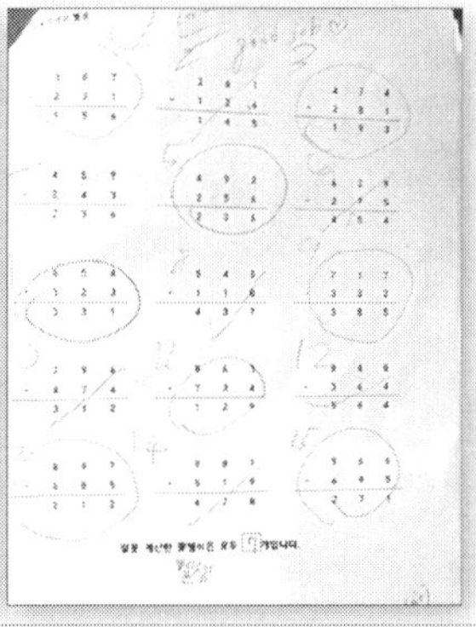	○『수학 나침반 ② 수학 연산편』
9	[올림이 한 번 있는 곱셈하기] • (몇십몇)×(몇십몇)(1) – 도입(어림하기) – 활동 1(그림을 통해 곱셈 알기) – 활동 2(세로셈 계산법 알기) 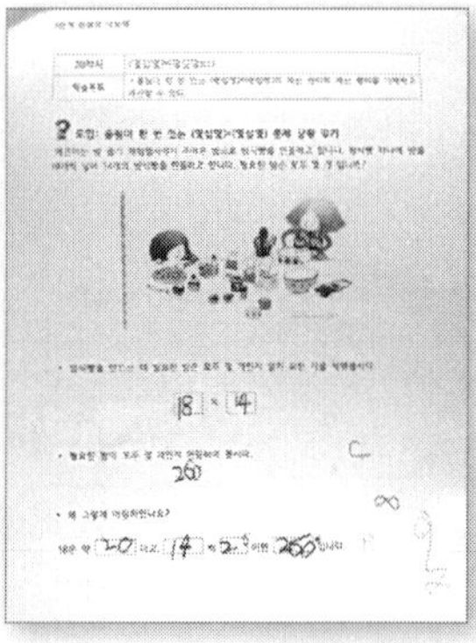 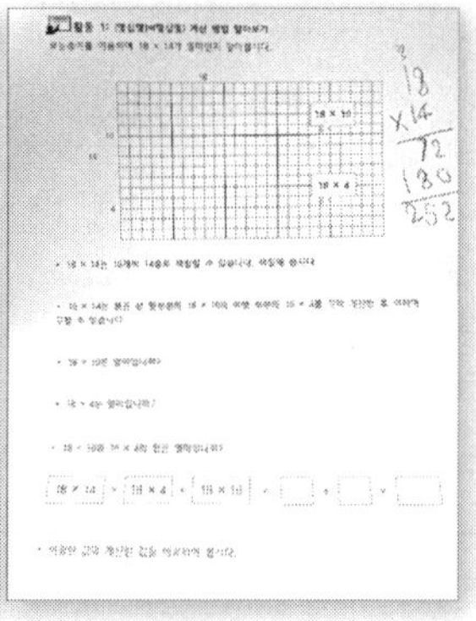 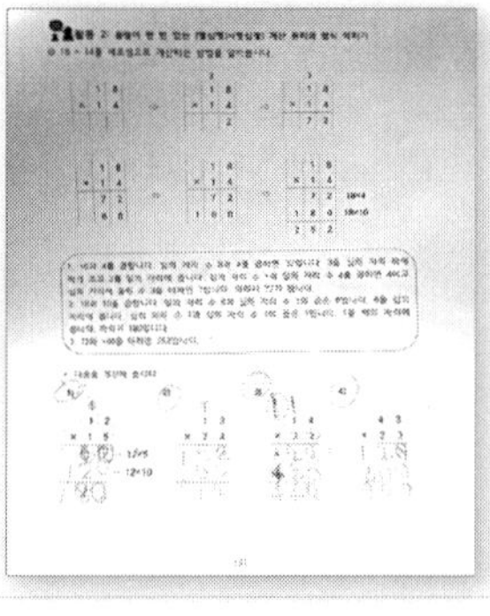	○『수학 나침반 ② 수학 연산편』

10	[올림이 한 번 있는 곱셈하기] • (몇십몇)×(몇십몇)(1) – 활동 3(스스로 서기) – 정리 – 놀이 활동(틀린 부분을 찾아라!) 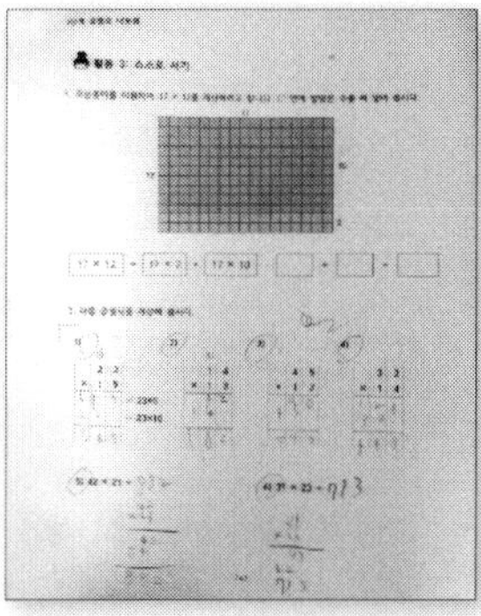 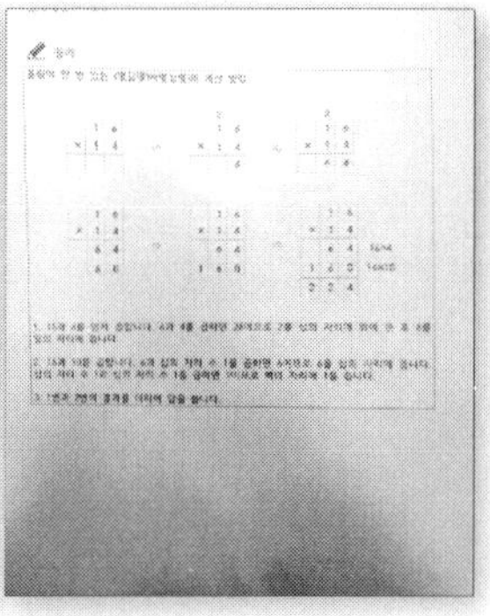 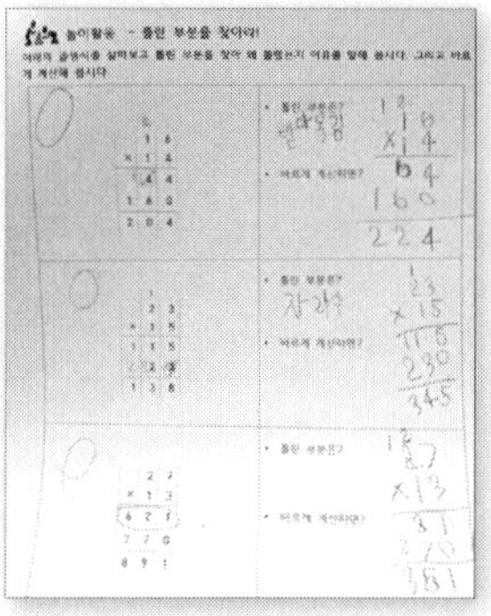	○『수학 나침반 ② 수학 연산편』
11	[올림이 여러 번 있는 곱셈하기] • (몇십몇)×(몇십몇)(2) – 도입 – 활동 1(계산 원리/형식 익히기) – 활동 2(스스로 서기) 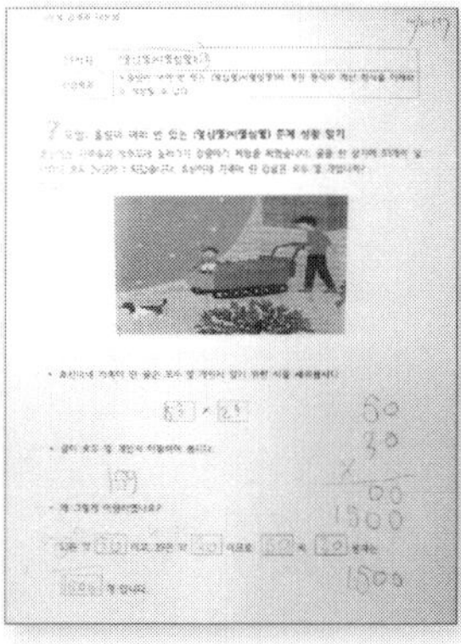 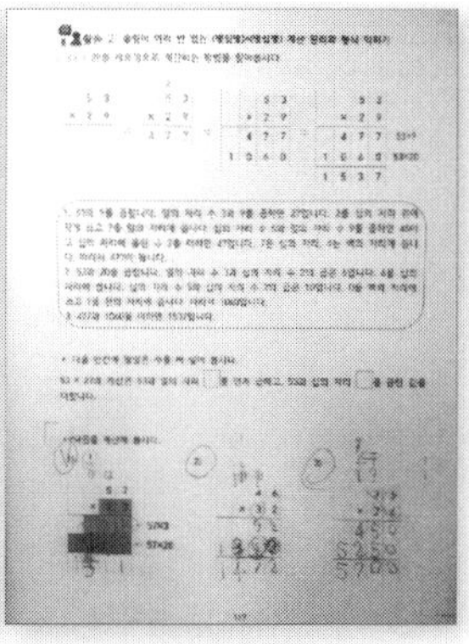	○『수학 나침반 ② 수학 연산편』

	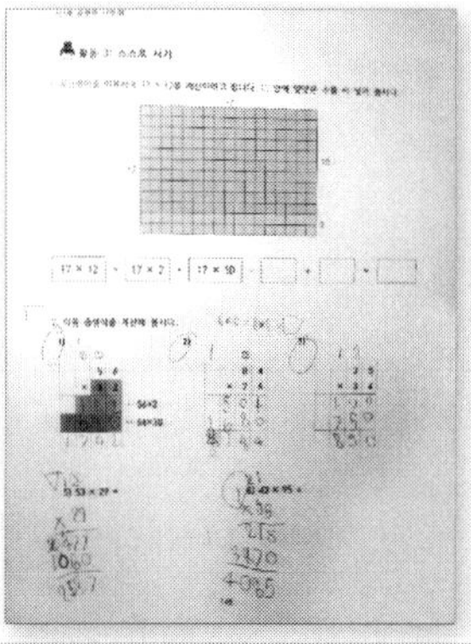	
12	[올림이 여러 번 있는 곱셈 하기/진전도 검사 2/문제 풀이] • (몇십몇)×(몇십몇)(2) – 활동 3(스스로 서기–나머지) – 정리 – 놀이 활동(주사위를 굴려라!) 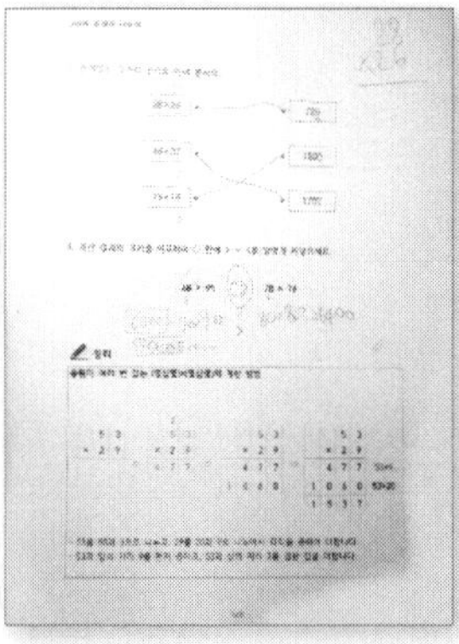 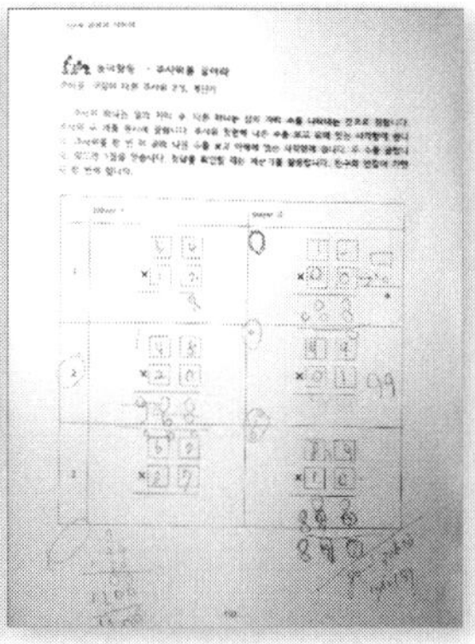 • 진전도 검사 2: BASA 수학 형성평가 III단계 2 및 통합단계 2 실시	○『수학 나침반 ② 수학 연산편』 ○ BASA 수학검사
13	[나머지가 있는 나눗셈하기] • (몇십몇)÷(몇)(2) – 도입 – 활동 1(방법 알기) – 활동 2(원리/형식 익히기) – 활동 3(스스로 서기)	○『수학 나침반 ② 수학 연산편』

	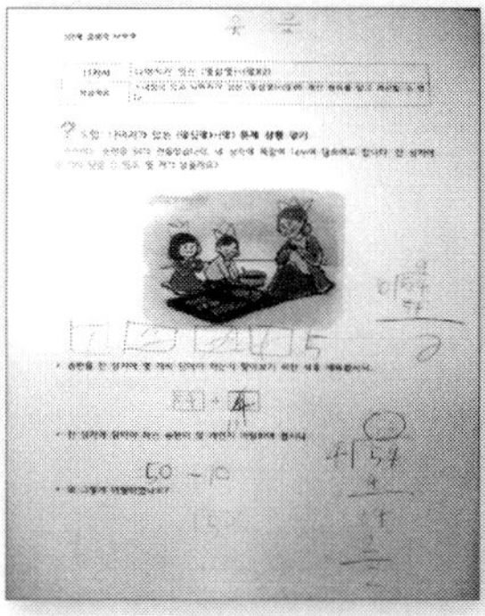 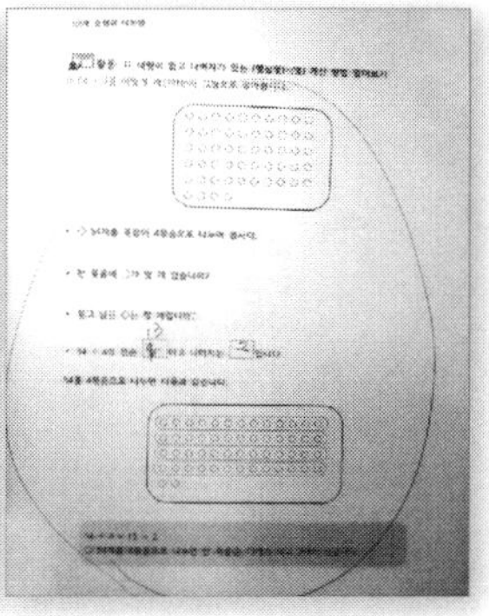 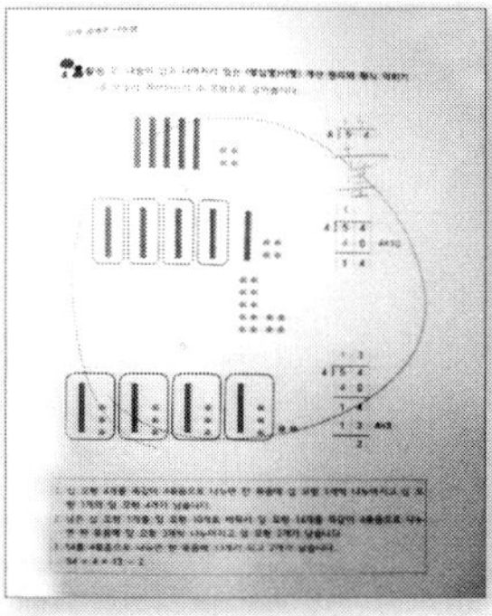 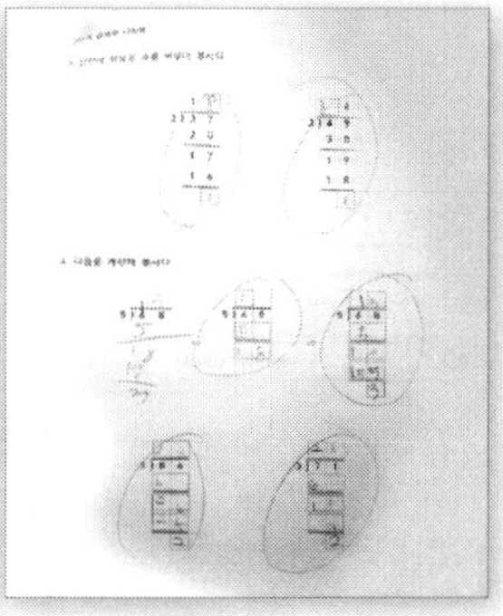	
14	[나머지가 있는 나눗셈하기/사후검사/문제풀이] • (몇십몇)÷(몇)(2) – 정리 및 놀이 활동(나머지가 큰 수를 찾아라!) 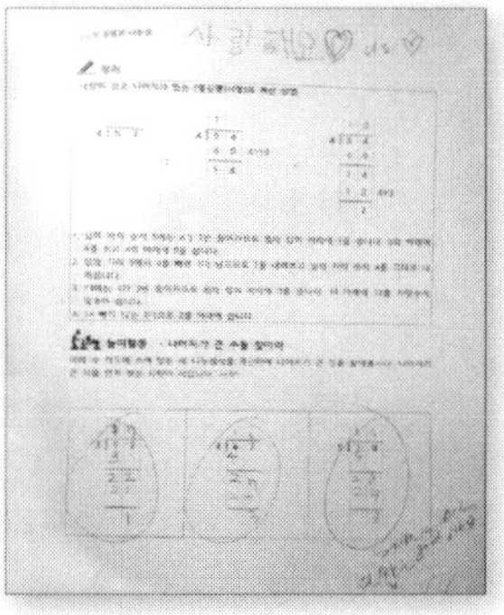 • 사후검사: BASA 수학 기초평가 III단계 1, 2, 3 및 통합단계 1 실시	○ BASA 수학검사

(8) 중재 진전도 및 사후검사 결과와 종결 상태

① 진전도 검사 결과

검사	1회	2회
수학검사	40	41

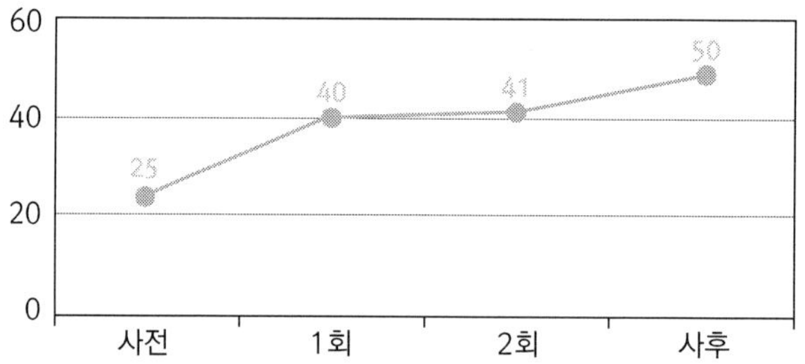

중재 전 실시한 사전검사의 원점수는 25점이고, 중재 중 실시한 진전도 검사 1회와 2회의 원점수는 각각 40점과 41점으로 중재가 진행되면서 계산속도와 정확도가 향상되어 점수가 급격히 향상되고 꾸준히 유지되었다. 진전도 검사 1회에서 검사에 최선을 다하는 모습을 보였으나 약간 덜렁거리는 경향이 있어 연산 기호를 잘못 보아 생기는 오류('−'를 '+'로 계산)를 보였다. 받아내림이 있는 세 자리 수의 뺄셈을 80% 이상 맞혔으며, 틀린 문항과 유사한 형태의 문제를 더 풀어 보게 하였을 때 연습이 반복될수록 오류가 더 줄어들었다. 진전도 검사 2회에서도 연산 기호를 잘못 보아 생기는 오류('+'를 '−'로 계산)가 여전히 나타났고, 0이 있는 곱셈에서 계산 오류를 보였다.

② 프로그램 사전-사후 검사 결과 비교

검사	사전검사 원점수	사후검사 원점수
수학검사	25	50

중재 후 실시한 수학검사(기초평가 III단계 1, 2, 3)의 원점수는 각각 53점, 50점, 40점으로 안정되게 향상된 점수를 얻었다. 중앙값은 50점이고, 이는 백분위 점수로 53점으로, 백분위 단계 3인 '정상적인 수행 수준'을 나타냈다. 학년 점수는 현재 학년인 3.8학년과 같은 수준이다. +/− 부호를 혼동한 계산 실수가 일부 나타났지만, 전반적으로 속도(분당 푼 문제의 수 증가)와 정확도, 과제 집중력이 모두 향상되었다. 나눗셈에 대한 개념 이해가

더욱 명확해져 사전검사에서는 풀지 못하였던 나눗셈 문제도 몫과 나머지까지 정확히 구해냈다.

(9) 제언

사소한 덧셈, 구구셈의 계산 실수라도 이는 이후 더 복잡한 연산의 기본이 되므로 반복해서 실수하는 부분을 찾아 수정하기를 거듭하고, 문제를 풀 때 조금 더 차분하고 꼼꼼히 살펴 부호를 잘 확인한 후 푸는 습관을 들이도록 지도한다면 실수 및 오류가 크게 감소할 것으로 예상된다. 중재를 통해 사칙연산의 수행 수준이 '정상적인 수학능력 수준'으로 향상되었으나, 아직 나눗셈을 배운 지 얼마 안 된 시기이기도 하므로 해당 수준을 유지하고 기본연산능력을 탄탄하게 만들기 위해서 지속적인 지도와 모니터링이 필요할 것으로 보인다. 잘 하고자 하는 욕구가 크며 자신이 아는 것과 알지 못하는 것을 비교적 분명히 파악하는 능력이 있어 스스로 만족할 때까지 반복해서 연습하는 경향이 있다. 또한 문제 해결을 위한 다양한 방법을 스스로 혹은 또래들과의 의견을 통해 찾아 나가는 것을 좋아하며 잘한다. 따라서 부족한 부분에 대한 개념학습 지도와 더불어 자기주도학습 태도 형성을 위한 지도, 토론을 통한 학습지도가 병행된다면 수학(연산)뿐만 아니라 학습 전반의 성취 향상에도 도움이 될 것으로 판단된다.

2. 수학 연산 사례 보고서 I

(1) 성별

① 남(✓) ② 여

(2) 학년

3학년

(3) 중재 사유

해당 학생은 선별검사 결과 읽기능력과 수학능력 간의 차이가 크며, 읽기능력에 비해 수학능력이 매우 낮게 나타났다.

(4) 일반적 특성

① 학습

받아내림이 있는 뺄셈, 특히 바로 앞 자리 수보다 더 큰 자리 수에서부터 차례로 받아내림이 필요한 뺄셈에 어려움을 보인다. 받아올림이 있는 덧셈 및 곱셈의 원리와 방법을 이해하고 있으나 약간의 실수를 보인다. 나눗셈의 원리와 방법을 이해하고 있다. 연산문제 해결 시 식이나 풀이과정을 적지 않고 암산으로 빠르고 정확하게 해결한다. 반복학습과 검산을 싫어한다. 흥미를 느끼는 과제의 경우 처음부터 끝까지 잘 집중하나, 그렇지 않은 과제의 경우 거부하거나 집중하지 않아 오류가 많다. 어림하기의 개념과 방법을 몰랐으나 중재를 통해 터득하였다.

② 정서 및 행동

호기심이 많고 질문이 많으며 장난이 심하다. 자신의 외모나 능력을 타인과 비교하며, 자신의 잘못을 쉽게 인정하지 않는다. 자신이 해결하지 못하는 문제는 해결하려는 시도조차 하지 않는 등 타인 앞에서 실수하는 모습을 보이기 싫어한다. 또한 자신이 문제를 해결할 수 있으나 타인이 문제를 해결할 수 없는 상황에서 뽐내길 좋아한다.

③ 사회성

처음 만난 교사를 낯설어하지 않고 자연스럽게 대하며, 자신의 생각과 느낌을 자유롭게 표현한다. 친구와 싸우고 화해한 뒤 조심하고 양보하는 모습을 보이거나 마지막 중재 시 교사의 이름을 다시 한 번 확인하는 등 무심하면서도 친근한 모습을 보인다. 타인과의 관계에 있어 기분에 따라 기복이 심하며, 타인으로부터 받는 것을 좋아하나 자신의 것을 타인과 나누는 것을 싫어한다.

④ 가정배경

부모님께서 연세가 많으시고 형제와의 나이 차가 꽤 큰 것으로 보아 가정에서 늦둥이로 태어나 사랑을 독차지하고 있는 것으로 보인다. 학생이 하고자 하는 것(학업, 취미생활, 또래관계 형성 등)에 있어서는 부모님의 충분한 지원이 이루어지고 있는 것으로 보인다.

(5) 사전검사 결과

학년	이름	빈칸채우기검사		수학검사	
		원점수	백분위 점수	원점수	백분위 점수
3	한세웅(가명)	23	99	26	14

중재 전에 실시한 빈칸채우기검사의 원점수는 23점이고 백분위 점수는 99점이다. 중재 전에 실시한 수학검사의 원점수는 26점이고 백분위 점수는 14점이다. 읽기능력과 수학능력 간의 차이가 크며, 읽기능력에 비해 수학능력이 매우 낮음을 알 수 있다.

(6) 중재 목표

사칙연산의 유창성을 향상시킨다.

(7) 중재 프로그램

회기	중재내용	중재방법 및 중재자료
1	• 기초선 측정 1: BASA 수학 기초평가 III단계 1, 2, 3 및 통합단계 1 실시 • 추가검사: 어휘/읽기이해 기초평가	○ BASA 수학검사, 어휘검사, 읽기이해검사
2	• 라포 형성: 자기소개 및 스머프 사다리 게임	○ 보드게임
3	• 기초선 측정 2: BASA 수학 형성평가 III단계 1 및 통합단계 1 실시	○ BASA 수학검사
4	• 통합단계 2 문제 풀이 및 연습문제 풀이	○ BASA 수학검사
5	• 진전도 검사 1: BASA 수학 형성평가 III단계 1 및 통합단계 1 실시 • 틀린 문제 및 연습문제 풀이	○ BASA 수학검사
6	• 세 자리 수의 뺄셈: 십의 자리 및 백의 자리 받아내림	○『수학 나침반 ② 수학 연산편』
7	• 받아내림이 없는/있는 세 자리 수의 뺄셈: 도입, 활동 1, 활동 2	○『수학 나침반 ② 수학 연산편』
8	• 받아내림이 없는/있는 세 자리 수의 뺄셈: 활동 3, 정리 및 놀이 활동	○『수학 나침반 ② 수학 연산편』
9	• 올림이 한 번 있는 (몇십몇)×(몇십몇)(1): 도입, 활동 1, 활동 2	○『수학 나침반 ② 수학 연산편』
10	• 올림이 한 번 있는 (몇십몇)×(몇십몇)(1): 활동 3, 정리 및 놀이 활동	○『수학 나침반 ② 수학 연산편』
11	• 올림이 여러 번 있는 (몇십몇)×(몇십몇)(2): 도입, 활동 1, 활동 2	○『수학 나침반 ② 수학 연산편』
12	• 올림이 여러 번 있는 (몇십몇)×(몇십몇)(2): 활동 3, 정리 및 놀이 활동 • 진전도 검사 2: BASA 수학 형성평가 III단계 2 및 통합단계 2 실시	○『수학 나침반 ② 수학 연산편』 ○ BASA 수학검사
13	• 나머지가 있는 (몇십몇)÷(몇): 도입, 활동 1, 활동 2, 활동 3	○『수학 나침반 ② 수학 연산편』
14	• 나머지가 있는 (몇십몇)÷(몇): 정리 및 놀이 활동 • 사후검사: BASA 수학 기초평가 III단계 1, 2, 3 및 통합단계 1 실시	○『수학 나침반 ② 수학 연산편』 ○ BASA 수학검사

(8) 중재 진전도 및 사후검사 결과와 종결 상태

① 진전도 검사 결과

검사	1회	2회
수학검사	29	35

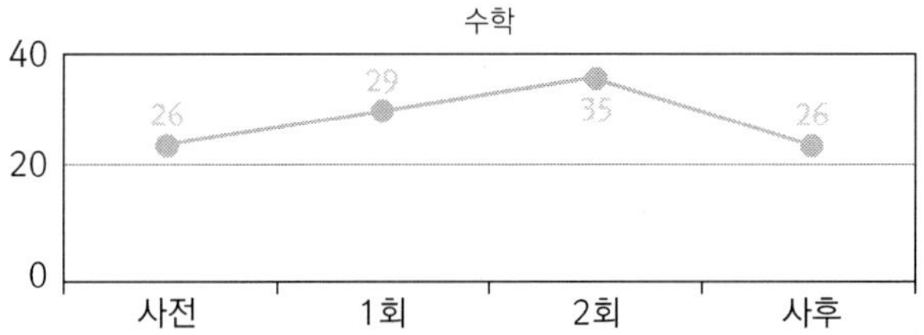

중재 전 실시한 사전검사의 원점수는 26점이고, 중재 후 실시한 진전도 검사 1회와 2회의 원점수는 각각 29점과 35점으로 점수가 꾸준히 상승하였다. 진전도 검사 1회에서 의욕과 집중력, 문제 풀이 개수가 증가하는 경향을 보였다. 받아내림이 있는 뺄셈에서 실수를 많이 하였으며, 0의 곱셈에 자신이 없어 문제를 풀다가 포기하거나 자리 수 오류를 보였다. 진전도 검사 2회에서 실수로 틀린 문제를 제외하고 받아내림이 있는 세 자리 수 뺄셈 문제를 80% 이상 맞혔다. 충분히 집중하지 않는 듯한 모습을 보이나 계산 정확도가 높다.

② 프로그램 사전-사후 검사 결과 비교

검사	사전검사 원점수	사후검사 원점수
수학검사	26	26

중재 후 실시한 수학검사의 원점수는 26점이고 백분위 점수는 17점이다. 1회와 2회 검사에는 진지하게 임하지 않아 각각 22점과 26점을 받았으나, 3회 검사에서는 최선을 다해 57점을 받았다. 푼 문제를 모두 맞혔다.

(9) 제언

또래와 비교되지 않도록 개별중재를 제공한다면 자신이 모르는 문제를 해결하기 위해 시도하고 모르는 부분을 솔직하게 표현할 것으로 예상된다. 또래와 함께 중재를 제공하는 상황에서 또래가 모르는 것을 가르쳐 주었을 때 칭찬해 준다면 학습뿐만 아니라 정서 및 행동 발달에도 도움이 될 것으로 사료된다. 게임이나 놀이 활동 등을 통해 검산에 흥미를 느끼도록 한다면 실수 및 오류가 감소할 것으로 생각된다.

(10) 활동 사진

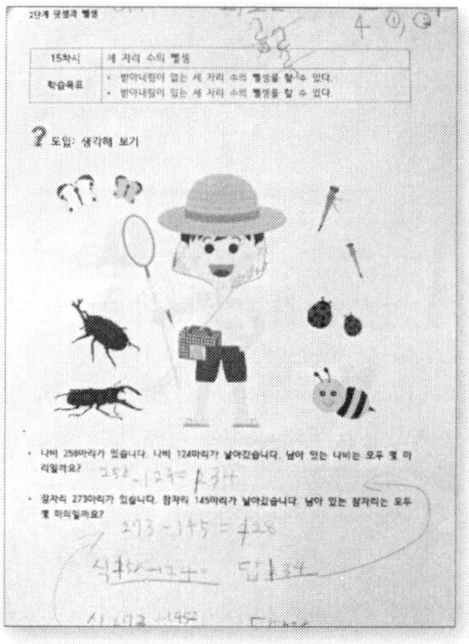

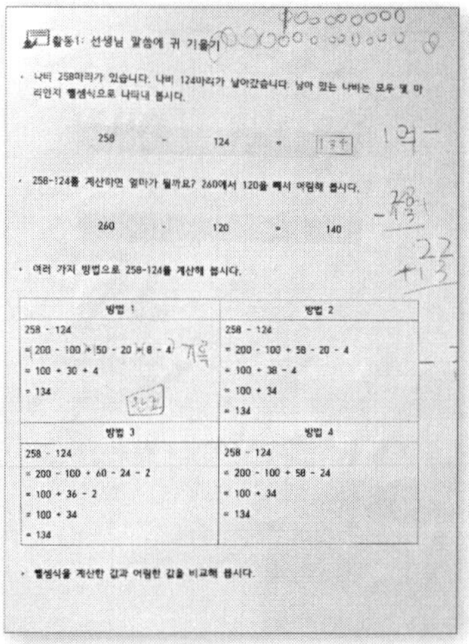

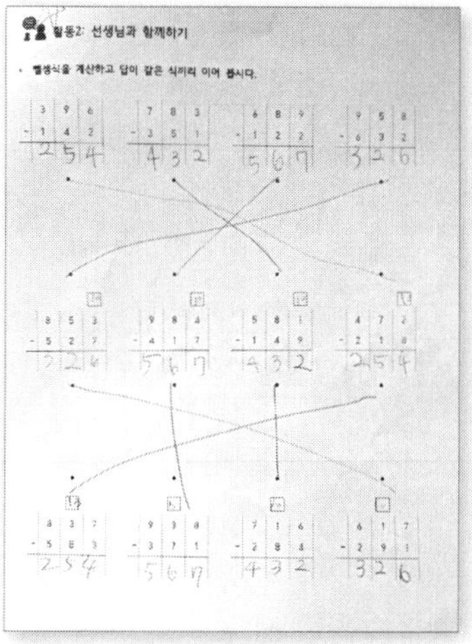

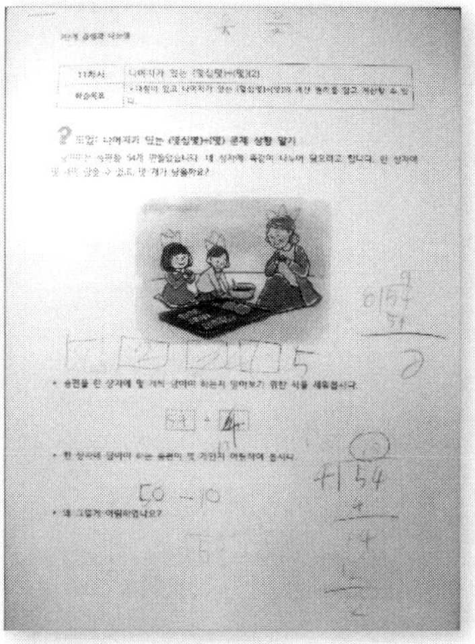

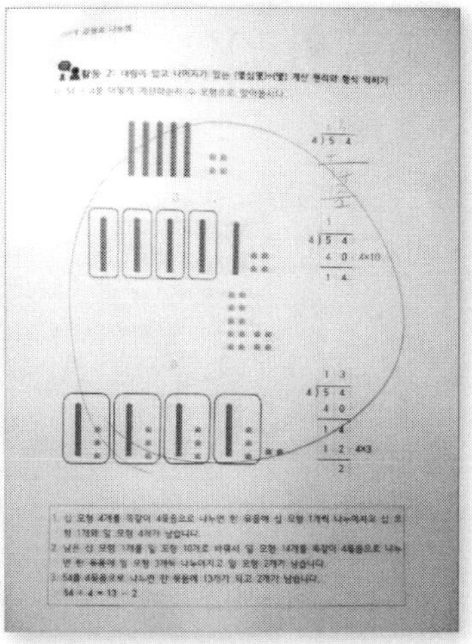

3. 수학 연산 사례 보고서 II

(1) 성별

① 남(✓)　　　② 여

(2) 학년

3학년

(3) 중재 사유

해당 학생은 선별검사 결과 읽기능력과 수학능력 간의 차이가 크며, 읽기능력에 비해 수학능력이 매우 낮게 나타났다.

(4) 일반적 특성

① 학습

받아내림이 있는 뺄셈, 특히 바로 앞 자리 수보다 더 큰 자리 수에서부터 차례로 받아내림이 필요한 뺄셈에 어려움을 보인다. 연산 기호를 확인하지 않아 덧셈을 뺄셈으로, 뺄셈을 덧셈으로 푸는 오류를 보인다. 또한 이어서 덧셈 및 뺄셈 계산 시 낮은 자리 수가 아닌 높은 자리 수부터 계산한 뒤 ±1을 하는 방법으로 계산하며, 이와 같이 계산하는 과정에서 실수 및 오류를 보인다. 나눗셈의 원리와 방법을 이해하고 있다. 특히 세로셈 계산 시 자리 수 맞추기에 어려움을 보인다. 과제에 집중하다가도 쉽게 주의가 분산되어 과제 수행속도가 느리다. 어림하기의 개념과 방법을 몰랐으나 중재를 통해 터득하였다.

② 정서 및 행동

통통한 외모 때문에 놀림을 많이 받은 경험이 있어서 놀림과 장난에 상처를 받거나 울음을 터뜨리는 등 예민하게 반응한다. 작은 자극에도 민감하게 반응하고 쉽게 주의가 분산되는 모습을 보인다. 과제에 집중하기까지 오랜 시간이 소요되나 일단 과제에 집중하면 집중력을 잘 유지하며, 과제를 꼼꼼하게 수행한다. 모르는 것을 부끄러워하지 않고 솔직하게 표현하며 확실하게 이해하고자 한다. 오류를 수정하는 데 있어 고집을 부리지 않고 수용한다.

③ 사회성

처음 만난 교사를 낯설어하지 않고 자연스럽게 대하며 자신의 생각과 느낌을 자유롭게 표현한다. 교사나 또래의 관심을 끌기 위한 말과 행동을 많이 보이며, 교사나 또래가 관심을 보이지 않거나 부정적인 반응을 보이면 실망하고 서운한 감정을 느낀다. 교사나 또래에게 고집과 어리광을 부리는 경우가 있으나 좋은 관계를 유지하기 위해 노력한다.

④ 가정배경

학생이 가족들의 관심을 받지 못한다고 느끼며, 방과 후에도 할 일이 없다며 집에 일찍 갈 필요 없다고 자주 말한다. 이로 보아 가족들이 학생의 학업을 포함한 학교생활 등에 세심한 관심을 갖고 적극적으로 지원해 주는 편은 아닌 것으로 판단된다.

(5) 사전검사 결과

학년	이름	빈칸채우기검사		수학검사	
		원점수	백분위 점수	원점수	백분위 점수
3	정민찬(가명)	16	64	16	4

중재 전에 실시한 빈칸채우기검사의 원점수는 16점이고 백분위 점수는 64점이다. 중재 전에 실시한 수학검사의 원점수는 16점이고 백분위 점수는 4점이다. 읽기능력과 수학능력 간의 차이가 크며, 읽기능력에 비해 수학능력이 매우 낮음을 알 수 있다.

(6) 중재 목표

사칙연산의 유창성을 향상시킨다.

(7) 중재 프로그램

회기	중재내용	중재방법 및 중재자료
1	• 기초선 측정 1: BASA 수학 기초평가 III단계 1, 2, 3 및 통합단계 1 실시 • 추가검사: 어휘/읽기이해 기초평가	○ BASA 수학검사, 어휘검사, 읽기이해검사
2	• 라포 형성: 자기소개 및 스머프 사다리 게임	○ 보드게임
3	• 기초선 측정 2: BASA 수학 형성평가 III단계 1 및 통합단계 1 실시	○ BASA 수학검사
4	• 통합단계 2 문제 풀이 및 연습문제 풀이	○ BASA 수학검사
5	• 진전도 검사 1: BASA 수학 형성평가 III단계 1 및 통합단계 1 실시 • 틀린 문제 및 연습 문제 풀이	○ BASA 수학검사
6	• 세 자리 수의 뺄셈: 십의 자리 및 백의 자리 받아내림	○『수학 나침반 ② 수학 연산편』
7	• 받아내림이 없는/있는 세 자리 수의 뺄셈: 도입, 활동 1, 활동 2	○『수학 나침반 ② 수학 연산편』
8	• 받아내림이 없는/있는 세 자리 수의 뺄셈: 활동 3, 정리 및 놀이 활동	○『수학 나침반 ② 수학 연산편』
9	• 올림이 한 번 있는 (몇십몇)×(몇십몇)(1): 도입, 활동 1, 활동 2	○『수학 나침반 ② 수학 연산편』
10	• 올림이 한 번 있는 (몇십몇)×(몇십몇)(1): 활동 3, 정리 및 놀이 활동	○『수학 나침반 ② 수학 연산편』
11	• 올림이 여러 번 있는 (몇십몇)×(몇십몇)(2): 도입, 활동 1, 활동 2	○『수학 나침반 ② 수학 연산편』
12	• 올림이 여러 번 있는 (몇십몇)×(몇십몇)(2): 활동 3, 정리 및 놀이 활동 • 진전도 검사 2: BASA 수학 형성평가 III단계 2 및 통합단계 2 실시	○『수학 나침반 ② 수학 연산편』 ○ BASA 수학검사
13	• 나머지가 있는 (몇십몇)÷(몇): 도입, 활동 1, 활동 2, 활동 3	○『수학 나침반 ② 수학 연산편』
14	• 나머지가 있는 (몇십몇)÷(몇): 정리 및 놀이 활동 • 사후검사: BASA 수학 기초평가 III단계 1, 2, 3 및 통합단계 1 실시	○『수학 나침반 ② 수학 연산편』 ○ BASA 수학검사

(8) 중재 진전도 및 사후검사 결과와 종결 상태

① 진전도 검사 결과

검사	1회	2회
수학검사	17	29

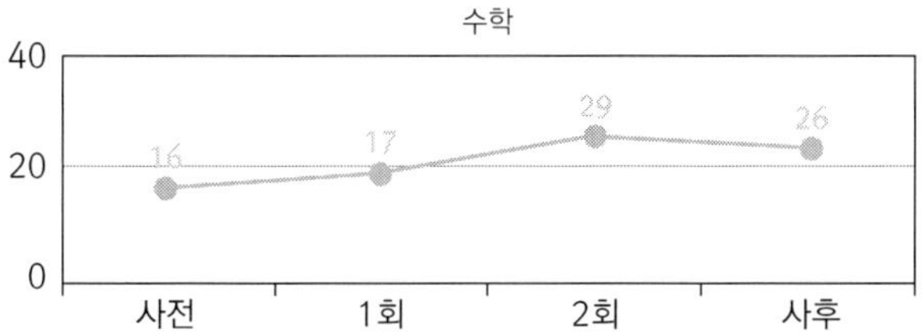

중재 전 실시한 사전검사의 원점수는 16점이고 중재 후 실시한 진전도 검사 1회와 2회의 원점수는 각각 17점과 29점으로 점수가 꾸준히 상승하였다. 진전도 검사 1회에서 의욕과 집중력, 문제 풀이 개수가 증가하는 경향을 보였다. 받아내림이 있는 뺄셈에서 실수를 많이 하였으며, 연산 기호를 잘못 보아 생기는 오류가 많았다. 계산속도는 느리지만 정확도가 높았다. 진전도 검사 2회에서 실수로 틀린 문제를 제외하고 받아내림이 있는 세 자리 수 뺄셈 문제를 80% 이상 맞혔다. 계산속도는 느리지만 정확도가 높았다.

② 프로그램 사전-사후 검사 결과 비교

검사	사전검사 원점수	사후검사 원점수
수학검사	16	26

중재 후 실시한 수학검사의 원점수는 26점이고 백분위 점수는 17점이다. 1~3회 검사에서 각각 28점, 26점, 26점을 받아 안정되게 향상된 점수를 나타냈다. 받아올림이 있는 곱셈 1문제 외에 푼 문제를 모두 맞혔으며, 문제 풀이 속도가 빨라졌다.

(9) 제언

자리 수 맞추기에서의 어려움은 사칙연산 모두에 영향을 미치므로 확실하게 습득하도록 중재한다면 실수 및 오류가 크게 감소할 것으로 예상된다. 작은 자극에도 민감하게 반응하고 쉽게 주의가 분산되는 특징을 고려할 때 개별중재를 제공한다면 집중력을 유지하는 데 도움이 될 것으로 사료된다. 개별중재를 통해 교사가 학생에게만 집중하고 관심을 보여 준다면 학생에게 큰 강화로 작용할 것으로 생각된다.

(10) 활동 사진

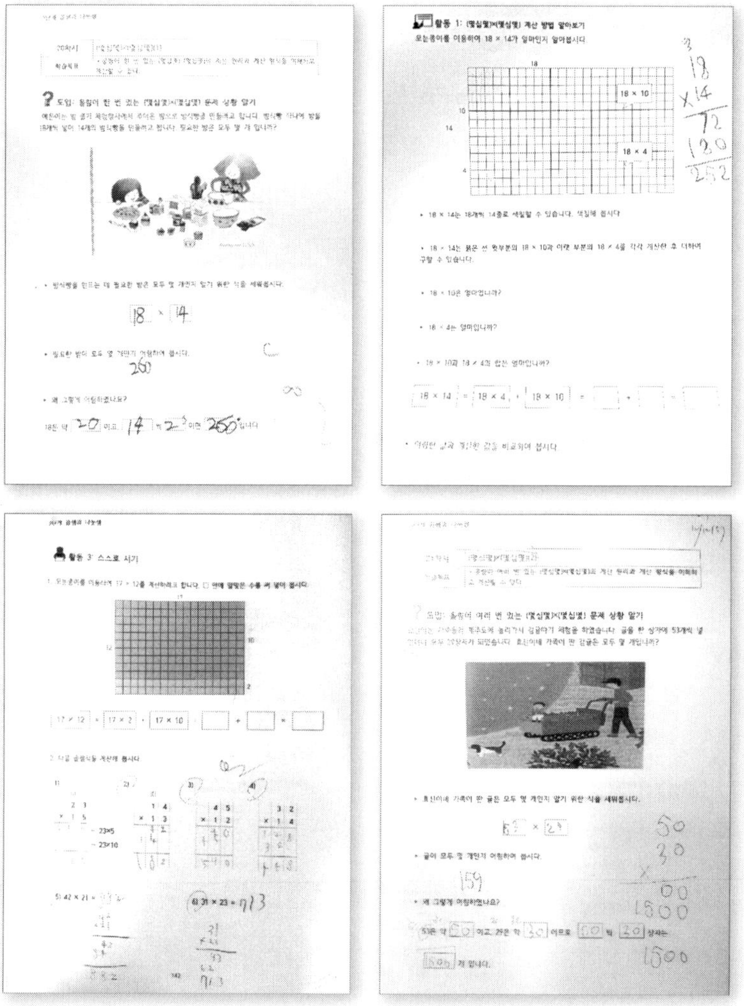

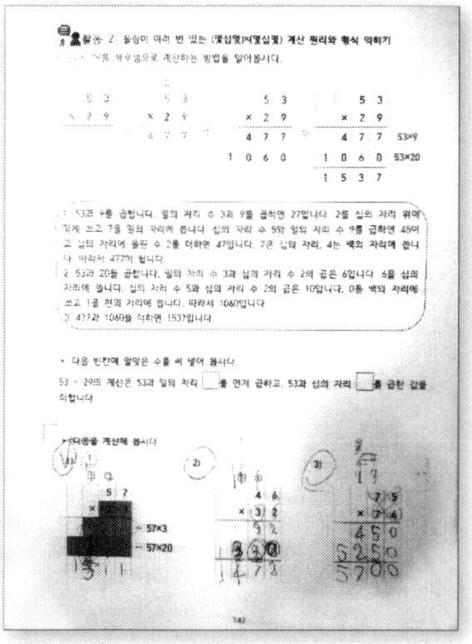
활동 2. 올림이 여러 번 있는 (몇십몇)×(몇십몇) 계산 원리와 형식 익히기

53 × 29를 세로셈으로 계산하는 방법을 알아봅시다.

53 × 29	53 × 29 = 477	53 × 29 = 477, 1060	53 × 29 = 477 (53×9), 1060 (53×20), 1537

1. 53과 9를 곱합니다. 일의 자리 수 3과 9를 곱하면 27입니다. 2를 십의 자리 위에 작게 쓰고 7을 일의 자리에 씁니다. 십의 자리 수 5와 일의 자리 수 9를 곱하면 45이고 십의 자리에 올린 수 2를 더하면 47입니다. 7은 십의 자리, 4는 백의 자리에 씁니다. 따라서 477이 됩니다.
2. 53과 20을 곱합니다. 일의 자리 수 3과 십의 자리 수 2의 곱은 6입니다. 6을 십의 자리에 씁니다. 십의 자리 수 5와 십의 자리 수 2의 곱은 10입니다. 0을 백의 자리에 쓰고 1을 천의 자리에 씁니다. 따라서 1060입니다.
3. 477과 1060을 더하면 1537입니다.

• 다음 빈칸에 알맞은 수를 써 넣어 봅시다.

53 × 29의 계산은 53과 일의 자리 [ ]를 먼저 곱하고, 53과 십의 자리 [ ]를 곱한 값을 더합니다.

• 다음을 계산해 봅시다.

1) 57 × [redacted] ← 57×3 ← 57×20

2) 46 × 32

3) 75 × 76

142

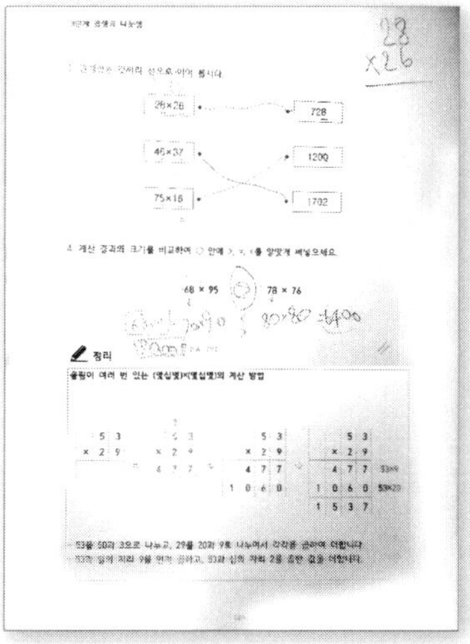
3. 곱셈식을 계산하여 선으로 이어 봅시다.

28×26 • • 728
46×37 • • 1200
75×16 • • 1702

4. 계산 결과의 크기를 비교하여 ○ 안에 >, =, <를 알맞게 써넣으세요.

68 × 95 ○ 78 × 76

정리

올림이 여러 번 있는 (몇십몇)×(몇십몇)의 계산 방법

53 × 29	53 × 29 = 477	53 × 29 = 477, 1060	53 × 29 = 477 (53×9), 1060 (53×20), 1537

- 53을 50과 3으로 나누고, 29를 20과 9로 나누어서 각각을 곱하여 더합니다.
- 53과 일의 자리 9를 먼저 곱하고, 53과 십의 자리 2를 곱한 값을 더합니다.

4. 수학 연산 사례 보고서 III

(1) 성별

① 남　　　　　　　　② 여(✓)

(2) 학년

4학년

(3) 중재 사유

해당 학생은 기초학습 부진으로 담임교사의 추천을 받았으며 수학검사 결과 백분위 점수 2점으로 기초연산에 많은 어려움을 보이고 있기에 중재를 하게 되었다.

(4) 일반적 특성

① 학습

배운 내용을 금세 잊어버리는 편이다. 덧·뺄셈의 받아올림과 받아내림 과정에서 오류를 보인다. 곱셈구구를 불완전하게 외우며 두 자리 수 곱하기 한 자리 수 계산과정에서 오류를 보인다. 나눗셈은 거의 하지 못한다.

② 정서 및 행동

성격이 다소 급한 편이며 실수가 많다. 문제를 대충 해치우려는 경향이 있다. 말이 많고 빠른 편이며 승부욕과 고집이 있다. 자신이 잘하지 못한다고 느낄 때 쉽게 포기하려는 모습을 보인다. 그림 그리기를 즐겨 한다.

③ 사회성

아주 적극적이고 활발하며 사교적이다. 처음 보는 이에게 먼저 다가가며 이내 친하게 지낸다. 수업 분위기를 주도하고 유머가 있어 친구들을 즐겁게 한다. 몇몇 친구들과 친하게 어울려 지내지만 한 명씩 서로 소외시키고 놀며 다투기도 하는 모습을 종종 보인다.

④ 가정배경

아버지, 어머니, 오빠가 있는 4인 가족이며 부모님이 맞벌이를 하여 아이들을 교육적으로 잘 챙겨 주지 못하는 것으로 보인다. 어머니가 미용실을 운영하여 헤어스타일이나 옷차림을 유행에 따라 멋스럽게 꾸며 준다. 막내로 사랑을 많이 받고 자란 듯 보이며 어리광이 있다.

(5) 사전검사 결과

학년	이름	수학검사		쓰기검사		읽기이해검사	
		원점수	백분위 점수	원점수	백분위 점수	원점수	백분위 점수
4	문혜인(가명)	15	2	66	25	8	10

중재 전에 실시한 수학검사의 원점수는 15점이고 백분위 점수는 2점이다. 중재 전에 실시한 쓰기검사의 원점수는 66점이고 백분위 점수는 25점이다. 중재 전에 실시한 읽기이해검사의 원점수는 8점이고 백분위 점수는 10점이다. 수학 연산 유창성과 읽기이해 및 쓰기 능력이 전반적으로 낮다.

(6) 중재 목표

사칙연산의 유창성을 향상시킨다.

(7) 중재 프로그램

회기	중재내용	중재방법 및 중재자료
1	[첫 만남 및 자기소개하기] [앞으로의 시간 안내] • 첫 만남에도 낯가림 없이 적극적으로 자신을 표현하는 모습을 보였다.	○ BASA 수학검사
2	[진단평가(BASA 수학, 3학년 곱셈 단원 평가지) 실시] • 수학검사 결과를 살펴보면 덧셈과 뺄셈은 어느 정도 하지만 각각의 받아올림과 받아내림 과정에서 오류를 보였다.	○『수학 나침반 ② 수학 연산편』

	• (몇십몇)×(몇) 곱셈은 한 문제 정도 정확하게 해결하였으며 나눗셈은 시도하지 않았다.	
3	[(몇십)×(몇)의 계산 원리와 계산 형식을 이해하고 계산하기] • (몇십)×(몇)의 계산 원리를 이해하나 곱셈을 덧셈으로 착각하여 2×3을 5로 계산하는 오류를 보였다. • 계산과정에 대해 물으면 나름의 방법으로 대답을 하나 엉뚱하게 답을 하는 경우가 많았다.	○『수학 나침반 ② 수학 연산편』
4	[똑같이 나누는 활동을 통해 나눗셈을 이해하고 나눗셈 식으로 나타내기 1] • 나눗셈 식과 나누는 수, 나누어지는 수, 몫을 구별하였다. • 문제를 해결할 때 스스로 반구체물(동그라미)을 그리면서 나눗셈을 하는 모습을 보였다.	○『수학 나침반 ② 수학 연산편』
5	[올림이 없는 (몇십몇)×(몇)의 계산 원리와 계산 형식을 이해하고 계산하기] • 올림이 없는 (몇십몇)×(몇)의 계산 상황을 알고 식으로 잘 나타내며 답을 비교적 잘 어림할 수 있다. • 가로셈으로 풀 때는 알고리즘을 활용하지 않고 수 모형을 그려서 해결하는 모습도 보였다. • 오류 없이 모든 문제를 정확하게 해결하였다.	○『수학 나침반 ② 수학 연산편』
6	[똑같이 나누는 활동을 통해 나눗셈을 이해하고 나눗셈식으로 나타내기 2] • 그림을 보고 나눗셈식을 나타내는 과제에서 나누는 수와 몫을 혼동하여 문제를 해결하지만 대체로 지난 시간에 배운 나눗셈의 개념을 알고 식으로 적절하게 나타낼 수 있다.	○『수학 나침반 ② 수학 연산편』
7	[십의 자리에서 올림이 있는 (몇십몇)×(몇)의 계산 원리와 계산 형식을 이해하고 계산하기] • 곱셈의 문제 상황을 알고 식으로 나타낼 수 있으며 그 결과의 어림을 잘한다. • 세로셈 계산방법을 잘 알고 모든 문제를 정확하게 풀이하였다.	○『수학 나침반 ② 수학 연산편』
8	[묶어 세는 활동을 통해 나눗셈을 이해하고 나눗셈식으로 나타내기] • 묶어 세기를 통해 나눗셈과 뺄셈의 관계를 안다.	○『수학 나침반 ② 수학 연산편』

	• 나눗셈식을 보고 묶어 세기로 나타낼 때나 그림을 보고 나눗셈식으로 나타낼 때 나누는 수와 몫을 혼동하기도 하였다.	
9	[곱셈과 나눗셈의 관계 알기] • 곱셈과 나눗셈의 상황을 알고 곱셈과 나눗셈으로 나타낼 수 있으나 나누어지는 수와 몫의 위치를 혼동하였다. • 곱셈과 나눗셈의 관계를 보고 화살표도 그려 가며 각 수의 위치가 어떻게 바뀌는지 확인하며 답을 찾았다.	○『수학 나침반 ② 수학 연산편』
10	[나눗셈의 몫을 곱셈식으로 구하기/나눗셈식을 세로식으로 바꾸기] • 나눗셈식을 세로식으로 나타낼 수 있으며 곱셈식을 활용하여 나눗셈의 몫을 구할 수 있다. • 서술형 문제의 경우 문제를 대충 읽고 앞서 풀이했던 문제의 해결방법으로 문제를 풀어 틀리기도 하였다.	○『수학 나침반 ② 수학 연산편』
11	[일의 자리에서 올림이 있는 (몇십몇)×(몇)의 계산 원리와 계산 형식을 이해하고 계산하기] • 곱셈 문제 상황을 이해하고 계산식으로 나타내며 결과에 대한 어림을 나름의 방법으로 비교적 잘하는 편이었다. • 수 모형을 이용하여 계산 원리를 정확하게 파악하였지만 계산과정에서 집중력이 흐트러져 종종 실수를 하기도 하였다. • 가로셈의 경우 세로셈 알고리즘으로 문제를 해결하기보다 수 모형을 그려 해결하였다. • 올림한 수와 곱의 결과의 덧셈을 잘못하는 오류를 보였다. • 곱셈구구를 정확하고 빠르게 외우지 못하여 범하는 실수가 많았다.	○『수학 나침반 ② 수학 연산편』
12	[곱셈 구구로 나눗셈의 몫 구하기] • 나눗셈과 곱셈을 혼동하여 잘못 계산하는 경우가 많았다. • 곱셈구구로 나눗셈의 몫을 구하는 것은 패턴을 이용하여 쉽게 해결하였지만 문제가 단편적으로 여러 곱셈구구에서 제시될 경우 곱셈구구의 불완전한 암기로 오답을 하였다. • 나눗셈을 하기 위해 곱셈구구를 늘 처음부터 외워서 답을 찾으므로 보다 신속하게 암기할 수 있는 전략 사용이 필요하였다. [사후검사]	○『수학 나침반 ② 수학 연산편』 ○ BASA 수학검사

(8) 중재 진전도 및 사후검사 결과와 종결 상태

① 진전도 검사 결과

검사	1회	2회
수학검사	21	15

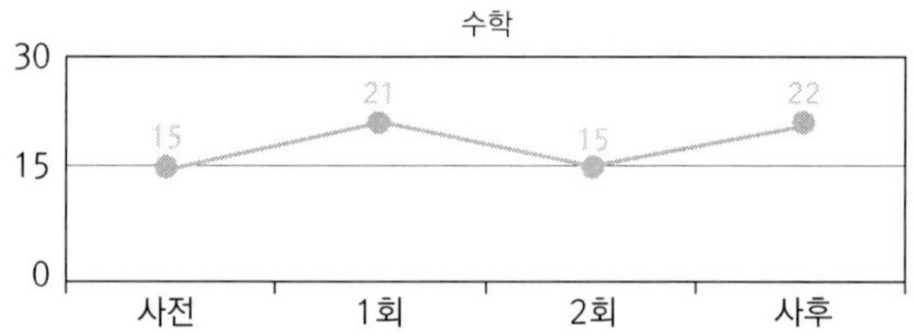

중재 전에 실시한 사전검사의 원점수는 15점이고, 중재 후 실시한 첫 번째 진전도 검사의 원점수는 21점으로 조금 향상된 결과를 보였다. 그러나 두 번째 진전도 검사의 원점수는 15점으로 1회 진전도와 같은 부진한 결과를 나타내었다. 두 번째 진전도 검사에서 점수가 소폭 하락한 것은 학생이 수업 상황에서 틀린 문제들로 인해 갖게 된 저조한 기분이 검사 시 영향을 미친 것이 아닌가 생각된다.

② 사후 검사

검사	사전검사 원점수(백분위)	사후검사 원점수(백분위)
수학검사	15(2)	22(5)

사후 수학검사의 원점수는 22점이고 백분위 점수는 5점이다. 사전검사에 비해 점수가 다소 상승하였으나 여전히 연산유창성이 상당히 낮은 수준에 해당하므로 전반적이고 지속적인 중재가 필요하다.

(9) 제언

해당 학생은 중재에 대한 서서히 반응을 보이고 있으나 또래와 비교하여 연산유창성이 심각하게 낮은 수준으로 지속적이고 개별적인 수학중재가 필요하다. 그날 배운 것을 조금 있으면 잊어버리고 혼동하는 모습을 보이므로 다양한 암기 전략을 통해 반복적으로 지도할 필요가 있으며 구구단의 불완전한 암기에 대한 보충지도와 전략지도가 이루어져야 하겠다. 학습하고자 하는 의지가 높고 긍정적인 사고를 가지고 있으므로 이를 활용한다면 긍정적인 결과를 볼 수 있을 것이라 생각된다.

5. 수학 연산 사례 보고서 IV

(1) 성별

① 남(✓) ② 여

(2) 학년

4학년

(3) 중재 사유

해당 학생은 기초학습 부진으로 담임교사의 추천을 받았으며 수학검사 결과 백분위 점수 1점으로 기초연산에 많은 어려움을 보이고 있기에 중재에 의뢰되었다.

(4) 일반적 특성

① 학습

덧셈과 뺄셈에 대한 기본 개념은 가지고 있으나 뺄셈에서 다소 오류를 보이는 편이며 세로셈으로 기계적으로 계산을 하는 모습을 보인다. 곱셈과 나눗셈의 기본 개념과 원리에 대한 이해가 부족하며 기계적으로 세로셈을 하는 경향이 있다. 단순한 계산에서는 암산이 비교적 빠른 편이다.

② 정서 및 행동

한창 친구들과 어울려 놀기를 좋아하는 시기라 남아서 공부하는 것에 대한 거부감이 있다. 그래도 막상 자신에게 과제가 부과되고 해야 하는 상황에서는 묵묵하게 끝까지 과제를 완수하는 행동을 보인다. 말수가 많지 않고 약간 더듬더듬 말하는 경향이 있다. 은근히 승부욕이 강하다.

③ 사회성

낯선 이에게 수줍음을 보이지만 이내 친해지는 편이다. 서글서글한 성격으로 친구들의 장난을 잘 받아 준다. 친구들에게 학용품을 잘 빌려 주고 사이좋게 지내는 편이다.

④ 가정배경

다문화가정으로 아버지, 어머니, 동생 넷과 한 가족을 이루고 있다. 어머니가 동남아계 아시아인으로 의사소통에 어려움이 있어 아버지가 아이들 교육과 관련한 일을 담당하고 있다. 지역 공부방에서 저녁까지 시간을 보내며 학습활동 외 하모니카, 미술, 운동 등 다양한 방과 후 프로그램에 참여하고 있다.

(5) 사전검사 결과

학년	이름	수학검사		쓰기검사		읽기이해검사	
		원점수	백분위 점수	원점수	백분위 점수	원점수	백분위 점수
4	소지우(가명)	13	1	64	24	5	4

중재 전에 실시한 수학검사의 원점수는 13점이고 백분위 점수는 1점이다. 중재 전에 실시한 쓰기검사의 원점수는 64점이고 백분위 점수는 24점이다. 중재 전에 실시한 읽기이해검사의 원점수는 5점이고 백분위 점수는 4점이다. 수학 연산 유창성과 읽기이해 및 쓰기 능력이 전반적으로 낮다.

(6) 중재 목표

곱셈, 나눗셈의 연산유창성을 향상시킨다.

(7) 중재 프로그램

회기	중재내용	중재방법 및 중재자료
1	[첫 만남 및 자기소개하기] • 이름, 좋아하는 것 등을 소개하였다. [앞으로의 시간 안내] • 수업을 잊은 채 방과 후 친구와 놀러 가려고 하다 담임 선생님에게 붙들려 교실에 들어와서 좋지 않은 기분으	○ BASA 수학검사

	로 첫만남을 맞이하였지만 곧 함께하는 친구들과 어울리며 이야기를 하다 보니 기분이 풀렸다.	
2	[진단평가(BASA 수학, 3학년 곱셈 단원 평가지) 실시] • 수학검사 결과를 살펴보면 덧셈은 잘하나 뺄셈에서 종종 실수가 있었다. • (몇십몇) × (몇) 곱셈은 한 문제 정도 정확하게 해결하였으며 나눗셈은 시도하지 않았다. • 연산유창성이 학년 수준에 비해 현저히 낮았다.	○『수학 나침반 ② 수학 연산편』
3	[(몇십)×(몇)의 계산 원리와 계산 형식을 이해하고 계산하기] • (몇십)×(몇)의 계산 원리를 다소 더디게 이해하였다. • 십 모형이 몇 개일 때 얼마가 되는지를 빨리 답하는 것을 어려워했고 단순히 곱셈구구에 의지해 계산하는 것이 습관화되어 있는 모습이었다. 구체물을 이용하여 계산 원리를 반복적으로 확인하도록 하여 그 의미를 알도록 하였다.	○『수학 나침반 ② 수학 연산편』
4	[똑같이 나누는 활동을 통해 나눗셈을 이해하고 나눗셈 식으로 나타내기 1] • 나눗셈 식과 나누는 수, 나누어지는 수, 몫을 알고 있다.	○『수학 나침반 ② 수학 연산편』
5	[올림이 없는 (몇십몇)×(몇)의 계산 원리와 계산 형식을 이해하고 계산하기] • 올림이 없는 (몇십몇)×(몇)의 문제 상황을 파악하여 곱셈식으로 나타내고 답을 잘 어림할 수 있다. • 계산 원리를 이해하고 계산과정에 따라 계산을 정확하게 할 수 있다.	○『수학 나침반 ② 수학 연산편』
6	[똑같이 나누는 활동을 통해 나눗셈을 이해하고 나눗셈 식으로 나타내기 2] • 반구체물을 똑같이 나누고 나눗셈식으로 나타낼 수 있지만 나누는 수와 몫을 구분하여 쓰는 과제에서는 서로 바꾸어 쓰는 오류를 보였다. 묶음과 그 묶음에 속하는 수로 지도하여 개념 이해를 도왔다.	○『수학 나침반 ② 수학 연산편』

7	[십의 자리에서 올림이 있는 (몇십몇)×(몇)의 계산 원리와 계산 형식을 이해하고 계산하기] • 곱셈의 문제 상황을 알고 덧셈과 곱셈 식으로 나타낼 수 있다. 십 모형이 몇 개인지 계산할 때는 약간 헤매는 모습을 보였고 그림을 보고 곱셈식으로 나타내는 문제에서 묶음의 수를 잘못 쓰는 오류를 보이기도 하였다. • 세로셈 계산방법은 잘 익혀서 모든 문제를 정확하게 풀이하였다.	○『수학 나침반 ② 수학 연산편』
8	[묶어 세는 활동을 통해 나눗셈을 이해하고 나눗셈식으로 나타내기] • 묶어 세기로 나눗셈을 표현할 수 있고 나눗셈식을 보고 동그라미를 알맞게 묶을 수 있으나 뺄셈으로 덜어 내는 과정을 식으로 표현하는 것을 어려워하였다.	○『수학 나침반 ② 수학 연산편』
9	[곱셈과 나눗셈의 관계 알기] • 곱셈과 나눗셈의 상황을 이해하고 곱셈과 나눗셈으로 나타낼 수 있다. • 곱셈식을 나눗셈식으로 나눗셈식을 곱셈식으로 바꾸어 나타낼 수 있다.	○『수학 나침반 ② 수학 연산편』
10	[나눗셈의 몫을 곱셈식으로 구하기/나눗셈식을 세로식으로 바꾸기] • 곱셈과 나눗셈 관계에 대한 이해를 바탕으로 나눗셈식을 세로식으로 나타내고 곱셈식을 활용하여 몫을 구할 수 있다.	○『수학 나침반 ② 수학 연산편』
11	[일의 자리에서 올림이 있는 (몇십몇)×(몇)의 계산 원리와 계산 형식을 이해하고 계산하기] • 곱셈 문제 상황을 이해하고 덧셈식과 곱셈식으로 바르게 나타낼 수 있다. 계산 원리와 세로셈 계산방법을 잘 파악하여 정확하게 곱셈을 하였다.	○『수학 나침반 ② 수학 연산편』
12	[곱셈구구로 나눗셈의 몫 구하기] • 곱셈구구로 나눗셈의 몫을 빠르지 않지만 정확하게 구할 수 있다. • 혼자서 문제를 풀이할 때는 곱하기와 나누기를 혼동하기도 하였다. [사후검사]	○『수학 나침반 ② 수학 연산편』 ○ BASA 수학검사

(8) 중재 진전도 및 사후검사 결과와 종결 상태

① 진전도 검사 결과

검사	1회	2회
수학검사	28	21

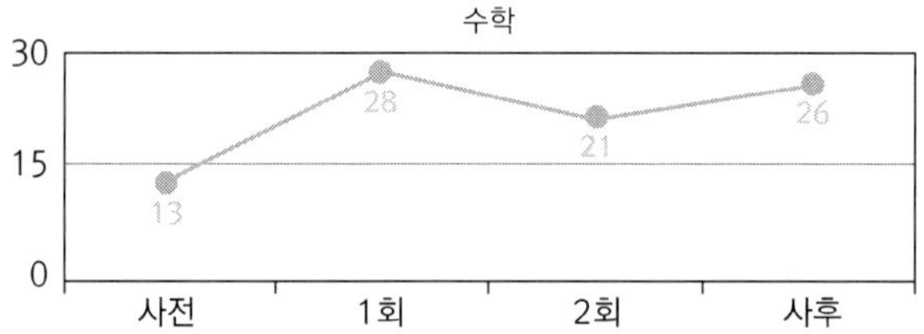

중재 전에 실시한 사전검사의 원점수는 13점이고 중재 후 실시한 첫 번째 진전도 검사의 원점수는 28점으로 비교적 많은 향상을 보였다. 그러나 두 번째 진전도 검사의 원점수는 21점으로 1회 진전도에 비해 부진한 결과를 나타냈다. 두 번째 진전도 검사에서 점수가 소폭 하락한 것은 결석으로 인해 거의 한 달여 만에 수업에 참여하였기에 진전도의 향상이 나타나지 않은 것으로 볼 수 있다.

② 프로그램 사전-사후 결과 비교

검사	사전검사 원점수(백분위)	사후검사 원점수(백분위)
수학검사	13(1)	26(8)

사후 수학검사의 원점수는 26점이고 백분위 점수는 8점이다. 사전검사에 비해 점수가 2배 상승하였으나 여전히 백분위 점수 15% 이하로 연산유창성이 상당히 낮은 수준에 해당하므로 전반적이고 지속적인 중재가 필요하다.

(9) 제언

해당 학생은 중재에 대한 반응을 보이고 있으나 또래와 비교하여 여전히 연산유창성이 낮은 수준으로 지속적이고 개별적인 수학중재가 필요하다. 연산에 대한 기초적인 원리 이해가 부족하며 기계적인 세로셈 연산에 익숙한 모습을 보이고 있기에 구체물 또는 반구체물을 통한 조작활동을 반복적으로 충분히 하여 개념과 원리에 대한 이해를 다진다면 연산유창성이 더 향상될 수 있으리라 기대한다. 학습에 대한 동기가 낮은 편이므로 이를 향상시키기 위한 해결책을 가지고 중재에 임해야 효과적인 결과를 거둘 수 있으리라 본다.

(10) 활동 사진

제 8 장

수학 문장제

1. 수학 문장제 대표 사례 보고서

(1) 성별

① 남　　　　　　　　　② 여(✓)

(2) 학년

4학년

(3) 중재 사유

해당 학생은 선별검사 결과 및 담임교사 추천으로 중재를 하게 된 하위 5%에 속하는 학생이다.

(4) 일반적 특성

① 학습

학습장애 선별검사 결과 학습장애 '고위험군'으로 측정되었다. 모든 교과 영역에서 하위 5% 이하를 보인다. 전반적인 이해력이 낮은 편이다.

② 정서 및 행동

매우 긍정적인 마음과 열린 마음으로 수업이나 관련 활동에 꾸준히 임한다. 칭찬과 교사와의 관계 발전에 긍정적인 반응을 보이고 자신감이 높은 편이다.

③ 사회성

매우 적극적이고 사교적이며 친구가 많은 편이다.

④ 가정배경

어머니와 관계가 돈독하며 형제들과 우애가 좋은 편이다.

(5) 사전검사 결과

학년	이름	난독증/학습장애 선별검사		빈칸채우기검사	
		총점	분류	원점수	백분위 점수
4	노연아(가명)	45	고위험군	2	19
수학검사		어휘검사		읽기이해검사	
원점수	백분위 점수	원점수	백분위 점수	원점수	백분위 점수
15	2	11	2	8	10

해당 학생은 학습장애 선별검사에서 고위험군으로 분류되었으며, 읽기이해력과 유창성을 검사하는 빈칸채우기검사에서는 하위 19%, 어휘검사에서는 하위 2%, 읽기이해검사에서는 하위 10%을 보였다. 또한 수학검사에서도 또래집단 하위 2%을 보였다. 학생은 매우 밝고 협동적인 학습태도를 갖고 있으나, 학업적으로는 전반적으로 교과내용 이해에 많은 어려움을 겪고 있었으며, 이해력이 부족하여 학습부진 누적이 많이 진행된 상태였다. 학생은 4학년 교과를 매우 어려워하여 이해력이 바탕이 되어야 하는 수학 문장제 중재 수업을 3학년 교과 수준에서 시작하기로 하였다.

(6) 중재 목표

3학년 수준의 수학 문장제 문제를 읽고 이해하며 문제 풀이로 연결하고 풀 수 있다.

- 수학 문장제 문제 질문의 핵심 단어를 찾을 수 있다.
- 수학 문장제 문제 질문의 의도를 파악할 수 있다.
- 이해한 내용을 바탕으로 수학 공식을 세울 수 있다.
- 네 자리 수 덧셈, 뺄셈과 두 자리 수 곱셈, 나눗셈을 오류 없이 풀 수 있다.

(7) 중재 프로그램

① 수학 문장제 문제 단계별 구성 예시

구분	1단계	2단계
대상 학년	3학년	4학년

수학 문장제 연산 기준점	• 네 자리 수 덧셈, 뺄셈 • 두 자리 수와 한 자리 수 곱셈 • 두 자리 수와 두 자리 수 곱셈 • 두 자리 수와 한 자리 수 나눗셈	• 분수 덧셈, 뺄셈 • 소수 덧셈, 뺄셈 • 세 자리 수와 네 자리 수 곱셈 • 두 자리 수와 세 자리 수 나눗셈
수학 문장제 풀이 전략	• 핵심어 전략, 그림 그리기 전략, 문제 만들어 보기 전략, 도식 활용해 시각화하기 전략	• 그림 그리기 전략, 문제 만들어 보기 전략, 도식 활용해 시각화하기 전략

② 수학 문장제 전략 예시

유형	전략 정의	구체적인 전략 활용
핵심어 전략	문제를 해결하는 데 도움이 되는 핵심적인 단어를 찾는 전략	• 덧셈, 뺄셈, 곱셈, 나눗셈 등 연산과 관련된 핵심어 찾기 • 이름, 숫자 등 문장제 문제에 관련된 정보 구별하기
문제 만들기 전략	주어진 조건에서 수학적 조건으로 바꾸어 새로운 문제를 만들고 해결하는 전략	• 문제에서 숫자, 이름 바꾸기 • 조건을 다르게 제시하여 문제 만들어 보기 • 친구와 문제 만들어 비교해 보기
시각적 도식 활용 전략	문제에 제시된 여러 가지 단서를 그림이나 구체적 사물과 도식을 활용하여 시각적 이미지로 변환하는 전략	• 그림 그리기 전략 • 표 만들기 전략 • 그래프, 다이어그램 그리기 • 도식조직자 그리기

③ 수학 문장제 전략을 활용한 중재 지도안 사례

회기	중재내용	중재방법 및 중재자료
1~2	[라포 형성 및 현행 수준 파악] • 자기소개하기 및 수업 진행 안내 • BASA 수학 문장제 사전검사 실시 ['분류'의 개념 익히기] • 자리 수를 보고 숫자 분류하기 • 동전과 지폐를 보고 형태로, 자릿값의 차이로 분류해 보기(시각적 · 촉각적 자극 및 자리 수 복습)	

3~4	[자리 수 복습 및 익히기] • 네 자리 수까지 나열하고 다른 자리 수 분류하기 • 우리집 앞에 도착하는 버스 번호 및 다른 실생활 예시 대 보기 [더하기를 의미하는 단어를 익혀 보고 응용하기] • '함께, 같이, 더하면, 총, 합하면, 모두, 둘 다, 전부, 합' 등과 같은 문장제 문제 안의 핵심 단어를 비핵심 단어와 분류해 보고 왜 중요한지 의논해 보기 • 핵심어 분류 이후, 부합하는 덧셈의 의미와 주어가 나타내는 단위(unit)를 찾아보고 문장제 문제가 의도하는 핵심을 다시 읽어 보기 • '각 몇 개씩, 빼고, 차이' 등과 같은 단어는 왜 덧셈과 관계가 없는지 서로 생각을 나누어 보기	○『수학 나침반 ③ 수학 문장제편』
5~6	[덧셈과 뺄셈 식을 나타내는 문장을 이해하고 응용하기] • 서로 다르지만 연결되는 핵심 구어를 찾아 동그라미 치기 • '~보다 큰 수, ~보다 작은 수, 얼마나 더 많이' 등과 같은 표현을 읽고 의미를 설명해 보기 [공식을 그림 그리기 전략으로 표현해 보기] • 문장제 문제에 적합한 사람, 동물, 물체를 위의 뜻에 맞게 각자 그려 보기 • 그린 그림을 서로 설명해 보기 • 스스로 문제 풀이 공식을 세워 보기 • 짝과 함께 문제 풀이를 공유하고 다른 점을 이해해 보기 [진전도 검사 1] • BASA 수학 문장제 진전도 검사 실시	○『수학 나침반 ③ 수학 문장제편』 ○ BASA 수학 문장제 검사
7~8	[실생활 문제에 적용해 스스로 만들어 보기] • '나는 사탕을 5개 먹고 동생은 3개 먹었습니다. 내가 동생보다 얼마나 더 먹었나요?' 등과 같은 문제를 교사와 같이 풀어 보고 교사는 덧셈에 기반한 뺄셈 문제 풀이를 모델링하기 • 짝과 함께 문제를 3개씩 만들어 보기 • 핵심 단어에 색칠을 하고 짝과 의견이 다를 경우 서로 생각을 조율해서 같은 공식을 구성해 보기	○『수학 나침반 ③ 수학 문장제편』

	• 짝과 만든 문제를 교사에게 읽고 문제 풀이 방식을 설명해 보기 • 공식의 오류 및 풀이 연산의 오류를 발견하고 오답노트에 적기	
9~10	[자리 수를 늘려 뺄셈 및 덧셈과 관련된 문장제 문제를 읽고 이해하기] • 네 자리 수(천 단위)에 해당하는 문장제 문제를 교사와 같이 학습해 보기 • 연산의 복잡성으로 인해 생기는 오류를 도식화 전략으로 반복 연습해 보기(예: 박스를 충분히 그려 자리올림을 충분히 연습해 보기) [핵심어 전략, 시각적 도식을 이용하여 문제 풀어 보기] • '4,029명의 학생 중 180명이 전학을 가면 몇 명이 남나요?'와 같은 문제에서 공식에 필요한 부호에 해당하는 핵심어를 찾아 동그라미 쳐 보기 • 적절한 수학 부호와 연결 지어 왜 이 부분이 중요한지 숙지하기 • 연산을 도와주는 차트 및 박스 연습지를 이용해 연산에 오류를 최소화해 문제를 풀어 보기 • 단위를 잊지 않고 적어 다시 문장으로 내 답을 읽어 보기(예: 총 "4,029명 중 180명이 전학을 가면 __명이 남게 됩니다.") [진전도 검사 2] • BASA 수학 문장제 진전도 검사 실시	○『수학 나침반 ③ 수학 문장제편』 ○ BASA 수학 문장제 검사
11~12	[두 자리 수과 한 자리 수 및 두 자리 수 곱셈으로 이루어진 문장제 문제를 익히기] • 한 다스에 들어 있는 연필의 개수(12개)를 세어 보고 실제 5개 다스로 쌓아 보며 총 숫자를 어림잡기 • 어림잡은 숫자가 적절한지 짝과 교사에게 설명해 보기 • 교사는 학생이 어림잡은 숫자가 지나치게 합리적이지 않다면 오류 분석 메모에 적어 두기 • 교사가 제시하는 문제를 스스로 풀어 보기	

	• 덧셈과의 연결을 강조하되 곱셈 식을 권유하여 문제를 풀어 보기(예: “한 상자에 우유가 36개 있어요. 6개의 상자에는 총 몇 개의 우유가 들어 있을까요?” 풀이 방식 1: 36+36+36+36+36+36, 풀이 방식 2: 36×6) • 곱셈이 용이한 이유를 서로 설명하고 의견을 나누어 보기	
13~14	[두 자리 수과 한 자리 수 및 두 자리 수 나눗셈으로 이루어진 문장제 문제를 익히기] • 계란 12개를 4명의 가족 구성원이 똑같이 나누어 먹으면 각자 먹게 되는 계란을 그려 보기. 가능하면 차후 약분해 보기 • 위의 분수를 나타내는 수학 모형을 골라 보기(1/2, 1/3, 1/4, 1/5 파이 모형 중에 하나 고르기) • 스스로 고른 이유를 설명해 보기 • 교사는 학생의 설명과 논리가 합리적이지 않다면 오류 분석 메모에 적어 두기 • 교사가 제시하는 문제를 스스로 풀어 보기 • 뺄셈과 연결을 강조하되 곱셈식을 권유하여 문제를 풀어 보기(예: 12개의 계란을 돌아가면서 가족에게 각 1개씩 다 나누어 주고 결국 남는 계란이 없게 되는 시점에서 각 가족이 갖고 있는 계란의 수를 세어 보기. 그러고 나서 가족 구성원이 4명이므로 12개를 4개로 나누어 보는 나눗셈 공식으로 빠르게 12÷4 연습하기) [사후검사] • BASA 수학 문장제 사후검사 실시 • 학생의 오류 메모를 수합하여 오류유형 및 메타인지 전략능력 분석	○ BASA 수학 문장제 검사

(8) 중재 진전도 및 사후검사 결과와 종결 상태

① 수학 문장제 검사 결과

구분	사전검사	1회	2회	사후검사
총 점수 (123점 만점)	3	48	56	67
정답률(%)	2.5	39.1	45.6	54.5

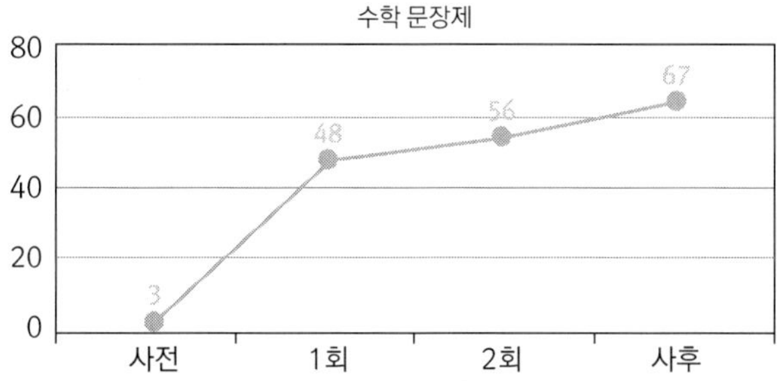

중재 후 실시한 수학 문장제 검사의 원점수는 67점이다. 사전검사에는 검사에 익숙하지 않고, 수학 문장제에 대한 이해도가 낮아 3점을 받았으나, 사후검사에서는 최선을 다하고, 수학 문장제에 대한 개념이 향상되어 67점을 받았다.

② 수학 문장제 하위 영역별 결과

구분	사전검사	1회	2회	사후검사
식-자리 수	1	40	48	55
식-답	2	22	27	30
답	0	6	7	10

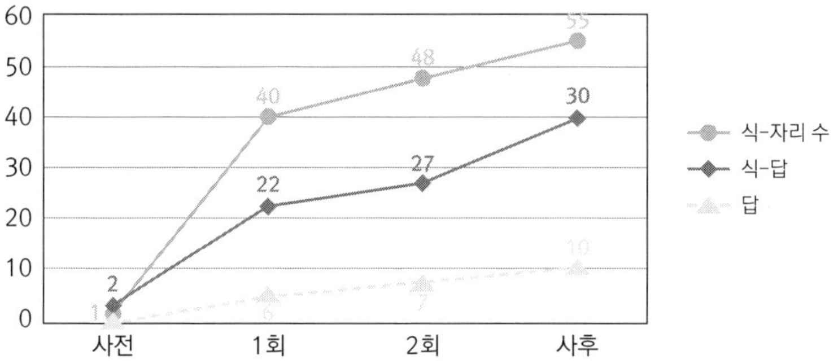

해당 학생은 사전검사에서는 식-자리 수, 식-답, 답의 모든 수행률이 매우 낮은 1점, 2점, 0점 점수와 백분위 1점을 보였다. 하지만 식-자리 수 점수에서는 40점, 48점, 55점으로 백분위 17, 28, 45의 진전도를 보였고, 식-답 점수에서는 22점, 27점, 30점으로 백분위 10, 21, 42의 진전도를 보였다. 그리고 답 점수에서는 6점, 7점, 10점으로 백분위 14, 19, 50의 진전도를 나타내며 사후검사 시점에서는 가장 높은 수행률을 보였다. 모든 평가 영역에서 가파른 상승률을 보였다. 사전검사 점수와 비교해 볼 때, 사후검사 점수에서는 식-자리 수에서는 백분위 점수 차이 44, 식-답에서는 40, 답에서는 50의 차이를 보이는

큰 향상을 보였다. 학생의 학습 특징으로는 몇 번의 연산의 자리 수 이동에서의 오류를 범하고 난 후 덧셈, 뺄셈, 곱셈의 자리 수 이동에서 꾸준한 정확성을 보였고, 문장제 문제가 이해가 안 되는 시점에 전략 도입에 관련된 확인 질문을 자주 하였으며, 매우 적극적으로 중재 수업에 임하였다. 학생은 사후검사 시점에서 중재자와 담임교사와의 회의에서 모든 과목에서 최근 가장 가파른 발전을 보이고 있는 학생이라 추가 보고되었다.

(9) 제언

해당 학생은 매우 적극적으로 매번 즐겁게 수업에 임하였다. 중재 수업 초반에는 이해력의 한계로 인해 수업내용을 따라가는 데 많은 어려움을 보였으나, 수학 문장제 문제와 관련된 수학 교구나 강화물에 매우 긍정적으로 반응하였고 회기가 진행됨에 따라 수업효과가 두드러짐을 확인할 수 있었다. 전반적인 수학 문장제 문제과 관련된 읽기에 있어서 논리의 흐름이 많이 향상됨을 발견하였고, 더불어 읽기오류도 많이 적어짐을 발견하였다. 문제를 읽고 이해한 후에도 공식 부호를 성립하는 데 있어 실수를 보였으나 충분한 설명과 본인의 오류 분석을 통해 메타인지도 함께 발전해 나갔음을 확인할 수 있었다. 문장제 문제를 풀기 위한 핵심어를 비교적 잘 찾아내었으며, 연산의 오류도 점차 적어졌다. 학생은 소그룹과 1:1 수업환경에 매우 적극적으로 반응하기 때문에 차후에도 이러한 교육환경에서 중재 수업을 통해 수학 문장제 문제의 난이도를 높여 가며 중재한다면 많은 도움이 될 것이라 예측한다.

2. 수학 문장제 사례 보고서 I

(1) 성별

① 남　　　　　　　　　　② 여(✓)

(2) 학년

5학년

(3) 중재 사유

해당 학생은 학습장애 선별검사 결과 잠재적 위험군으로 측정되었으며, 담임교사의 보고에 의하면 문장제 문제 식을 세우는 데 어려움이 있을 뿐만 아니라 연산과정의 오류도 잦다. 이에 중재대상 학생으로 선정되었다.

(4) 일반적 특성

① 학습

수학 교과의 현재 수준은 하위 3% 정도에 속하며, 수학 교과에 대한 거부가 심한 편이다. 담임교사는 적절한 중재를 제공받을 경우 학생의 수행 수준이 오를 것으로 확신하지만 학급 운영 상황이 여의치 않아 집중적으로 학습을 도와줄 수 없는 현실에 안타까움을 표현하였다. 학생은 학습동기가 매우 높아 스스로 문제집을 구해 복습문제를 풀어 오는 등 적극적으로 수업에 임하였다.

② 정서 및 행동

차분하고 집중력이 높은 편이다. 중재를 좋아하고 성실하게 임하는 편이었지만, 수학 문제를 푸는 과정에서 자신감이 많이 떨어지는 편이다. 수학문제 풀이과정을 숨기려고 하거나 다른 친구들이 교실에 들어왔을 때 의기소침해지는 모습을 보인다.

③ **사회성**

친한 친구들과 교우관계가 원만하다. 친구들 사이에서는 성숙하고 어른스러운 친구로 여겨지고 있었다.

④ **가정배경**

3인 가족으로서 가족에 대한 이야기를 많이 하지는 않지만 가족 여행을 가거나 요리를 해서 나누어 먹었다는 등의 이야기를 하였다.

(5) 사전검사 결과

학년	이름	난독증/학습장애 선별검사		수학 문장제 검사					
				식-자리 수		식-답		답	
		총점	분류	원점수	백분위 점수	원점수	백분위 점수	원점수	백분위 점수
5	한아름 (가명)	34	잠재적 위험군	27	31	19	41	1	12

수학검사		어휘검사		읽기이해검사	
원점수	백분위 점수	원점수	백분위 점수	원점수	백분위 점수
23	4	35	58	13	26

선별검사 결과 학생 자기평가형의 난독증/학습장애 선별검사에서 잠재적 위험군으로 선정되었으며, 읽기 영역(어휘, 읽기이해)보다 수학 영역(수학 연산 및 수학 문장제)에서 어려움이 두드러졌다. 담임교사가 특히 수학 문장제 문제 풀이에 어려움을 보인다고 보고하였으며, 수학 문장제를 통해 연산과정을 살펴볼 수 있다는 점에서 학생에게 수학 문장제 중재를 실시하기로 결정하였다.

(6) 중재 목표

분수와 소수 사칙연산을 응용한 수학 문장제 문제를 활용하여 정확한 식을 세우고 오류 없이 문제를 풀 수 있다.

(7) 중재 프로그램

회기	중재내용	중재방법 및 중재자료
1~2	[라포 형성 및 현행 수준 파악] • 내 얼굴 그림 그리고 자기소개하기 • BASA 어휘 기초검사 및 수학 문장제 검사 실시 [분수의 모양 및 연산 학습] • 분수의 모양(진분수, 가분수, 기약분수, 대분수) 개념 설명 • 분수의 연산(배수, 약수, 약분, 통분) 개념 설명	○ 연구자 제작 학습지 ○『수학 나침반 ③ 수학 문장제편』 ○ BASA 수학 문장제 검사
3~4	[전략 소개] • 핵심어 전략, 그림 그리기 전략 소개 • 문제에 ○, △, □, ◇ 등으로 핵심어 표시하기 연습 • 문제의 상황을 그림으로 그리기 연습 [분모가 다른 분수 통분] • 분모가 다른 분수 통분 빙고게임 하기	○『수학 나침반 ③ 수학 문장제편』
5~6	[분모가 다른 분수 덧셈] • 분모가 다른 분수 덧셈 문장제 문제 학습 • 핵심어에 표시하고 식으로 써 보기 [분모가 다른 분수 뺄셈 복습] • 분모가 다른 분수 덧셈 문장제 문제 학습 • 분수 막대나 시계로 상황 그림 그리기 [수학 문장제 진전도 검사 1] • BASA 수학 문장제 진전도 검사 실시	○『수학 나침반 ③ 수학 문장제편』 ○ BASA 수학 문장제 검사
7~8	[전략 소개] • 표 만들기 전략, 규칙 찾기 전략 소개 • 지난 차시에 학습한 핵심어 전략을 활용해서 표를 만들고 필요한 정보를 정리한 후 규칙 찾기 [분수 곱셈 및 나눗셈] • 식을 세우는 데 필요한 핵심어에 표시한 후 표로 만들기 • 규칙성을 파악하여 식 세우고 풀기	○『수학 나침반 ③ 수학 문장제편』
9~10	[소수 곱셈 및 나눗셈] • 분수와 자연수, 분수와 분수 곱셈 복습하기 • 문제에 나온 핵심어를 정리해서 인과관계를 파악하고 표를 만들어 규칙성 찾기	○『수학 나침반 ③ 수학 문장제편』 ○ BASA 수학 문장제 검사

	• 계산 후 자리 수 정확하게 표기하기 연습 [수학 문장제 진전도 검사 2] • BASA 수학 문장제 진전도 검사 실시	
11~12	[분수, 소수 사칙연산 복습] • 지금까지 학습한 전략을 활용하여 분수와 소수 사칙연산 복습하기 • 핵심어 전략, 그림 그리기 전략, 표 만들기 전략, 규칙 찾기 전략을 다양하게 활용하여 연산하기 [사후검사 실시] • BASA 수학 문장제 사후검사 실시	○『수학 나침반 ③ 수학 문장제편』 ○ BASA: 수학 문장제 검사

(8) 중재 진전도 및 사후검사 결과와 종결 상태

① 진전도 검사 결과

검사	1회(백분위)	2회(백분위)
식-자리 수	18(17)	45(62)
식-답	9(14)	23(56)
답	1(4)	3(24)

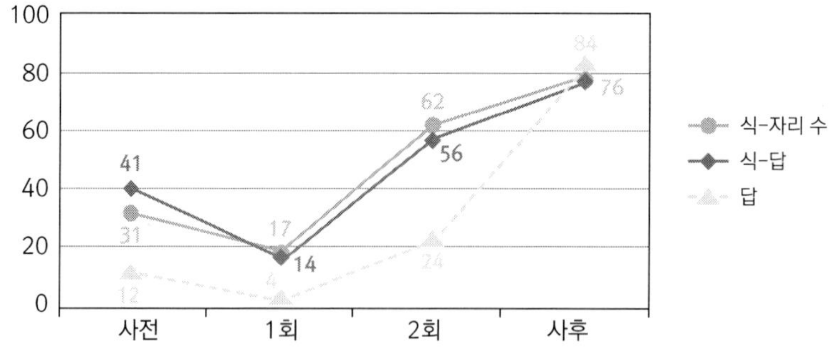

해당 학생의 진전도 백분위 변화를 살펴보면, 사전검사에 비해 첫 번째 진전도 검사에서 낮은 수행률을 보였으나, 두 번째 진전도 검사를 시작으로 지속적으로 성장하는 추세를 보이고 있다. 첫 번째 진전도 검사에서는 1:1 중재가 익숙하지 않아 보였으며, 문제 풀이과정을 교사가 지켜보고 있다는 점에 부담을 느껴 쉽게 식을 세우지 못하였다. 그 결

과 사전검사보다 식-자리 수 점수와 식-답 점수가 모두 낮아졌으며, 정답 수도 1개로 낮은 수행을 보였다. 그러나 두 번째 진전도 검사에서는 식-자리 수 점수가 45점으로 27점 향상하였으며, 식-답 점수도 23점으로 14점 상승하였다. 그러나 정답 수는 3개에 그쳤는데, 이를 통해 학생이 식을 잘 세울 수 있으며 자리 수를 더 잘 계산할 수 있지만 연산의 오류가 많아 정답률이 낮음을 확인할 수 있다.

② 프로그램 사전-사후 검사 결과 비교

검사	사전검사 원점수(백분위)	사후검사 원점수(백분위)
식-자리 수	27(31)	53(76)
식-답	19(41)	30(76)
답	1(12)	10(84)

사후검사를 진행하기 전에 학습한 내용을 총정리하는 차시를 구성하여 자신감을 북돋아 주었으며, 결과적으로 식-자리 수 점수와 식-답 점수가 각각 8점과 7점으로 상승하였으며 정답 수는 7점 향상되었다. 사전검사와 사후검사를 비교하였을 때에는 식-자리 수 점수가 26점, 백분위 점수 45만큼 향상되었고, 식-답 점수가 11점, 백분위 점수 35만큼 향상되었다. 답 점수 또한 9점, 백분위 점수 72만큼 향상되어 중재의 효과성을 확인할 수 있었다.

(9) 제언

사전검사에 비해 사후검사 결과가 상당히 높아졌음을 확인할 수 있었으나 꾸준한 집중중재가 이어졌다면 더 높은 결과를 기대할 수 있을 것이라는 아쉬움이 있었다. 또한 학생의 학습동기가 높으며 비교적 사교적인 성향을 감안한다면 차후에는 소집단 중재를 진행하는 것도 효과적일 것으로 생각된다.

3. 수학 문장제 사례 보고서 II

(1) 성별

① 남　　　　　　　　② 여(✓)

(2) 학년

6학년

(3) 중재 사유

해당 학생은 가정환경 및 학교학습에서 기초학습에 대한 지도가 지속적으로 필요하다.

(4) 일반적 특성

배움의 속도가 더딘 편이지만 개인적으로 지도하면 집중력이 좋고 잘 참여한다. 조용한 편으로 눈에 잘 띄지 않고 거의 질문하지 않는다. 친한 친구와 함께 공부하고 그룹 형태의 수업에 참여도가 높다.

(5) 사전검사 결과

학년	이름	수학검사		쓰기검사		어휘검사		읽기이해검사	
		원점수	백분위 점수	원점수	백분위 점수	원점수	백분위 점수	원점수	백분위 점수
6	박수경 (가명)	49	30	109	57	39	82	12	12

읽기이해검사 결과 백분위 하위 15 이하에 포함되므로, 지속적이고 기초적인 읽기이해 지도가 필요하다. 수학검사 결과 하위 30에 포함되며, 6학년의 연령을 고려하여 수학 문장제 영역에 대한 중재가 필요하다.

(6) 중재 목표

6학년 수학 문장제 문제를 읽고 식을 바르게 세우고 답을 구할 수 있다.

(7) 중재 프로그램

회기	중재내용	중재방법 및 중재자료
1~2	[라포 형성 및 현행 수준 파악] • 자기소개하기 및 수업 진행 안내 • BASA 수학 문장제 검사 실시 [자연수와 분수 나누기, 분수와 분수 나누기] • 시각적 표상 도식, 자기질문하기 전략 소개 • 분수 빙고하기를 통해 분수 연산을 또래와 함께 연습하기	○『수학 나침반 ③ 수학 문장제편』
3~4	[문장제 전략 익히기] • 막대그래프를 활용해 시각적으로 표상하기 • 문제에 제시된 단어, 숫자 뜻 구별하기 [실생활 문제 풀어 보기] • 모양 조각을 사용하여 작품을 만들고 넓이 비교해 보기 • 문자메시지로 제시되는 대화를 읽고 실생활 문제 풀기 • 또래와 함께 분수 나눗셈 게임 하기, 문제 만들어 보기	○『수학 나침반 ③ 수학 문장제편』
5~6	[자리 수가 같은 소수와 소수 나누기] • 소수를 분수로 나타내는 방법 길찾기 게임으로 복습하기 [그림 그리기 전략, 조건 변경하여 문제 만들기 전략 익히기] • 그림으로 문제를 표현하며 식으로 바꾸어 보기 • 조건을 변경하여 문제를 새로 만들고 친구와 공유해 보기 • 문자메시지로 제시된 실생활 문제 풀어 보기 [진전도 검사 1] • BASA 수학 문장제 진전도 검사 실시	○『수학 나침반 ③ 수학 문장제편』 ○ BASA-MP 형성평가지
7~8	[자연수와 소수 나누기] • 친구와 함께 소수와 자연수 나눗셈 몬스터 카드게임 하기 • 문제에 나오는 단위 이해하기, 그림으로 표현하기 • 문제의 숫자, 대상 이름, 상황 등을 변경하여 새로운 문제 만들고 친구와 공유하기 • 실생활과 관련된 단위, 시간에 따라 문제 풀기	○『수학 나침반 ③ 수학 문장제편』

9~10	[응용이 필요한 소수 나누기] • 자리 수가 같은 소수끼리의 나눗셈 복습 게임하기 [핵심어 전략, 시각적 도식을 활요한 식 세우기 전략 익히기] • 문제에서 핵심어 찾아서 표시해 보기(○, △, □) • 조건을 변경하여 새로운 문제 만들어 친구와 공유하기 [진전도 검사 2] • BASA 수학 문장제 진전도 검사 실시	○ BASA-MP 형성평가지
11~12	[분수와 소수의 혼합 나눗셈하기] • 스파이 찾기 게임을 통해 식에 해당하는 답 연결하기 • 핵심어 전략, 시각적 도식 전략을 활용하여 식 세우기 • 실생활에 일기로 제시된 문제를 읽고 문제를 정리하기	○『수학 나침반 ③ 수학 문장제편』
13~14	[응용이 필요한 소수 나누기] • 학습한 전략의 설명에 맞게 연결해 보기 • 빙고게임을 통해 분수와 소수의 혼합 나눗셈 복습하기 • 혼합 나눗셈을 전략에 따라 다양하게 선택해서 적용하기 [사후검사]	○『수학 나침반 ③ 수학 문장제편』 ○ BASA 수학 문장제 평가지

(8) 중재 진전도 및 사후검사 결과와 종결 상태

① 진전도 검사 결과

구분	1회 원점수(백분위)	2회 원점수(백분위)
식-자리 수	13(4)	26(17)
식-답	13(7)	23(24)
답	5(12)	5(12)

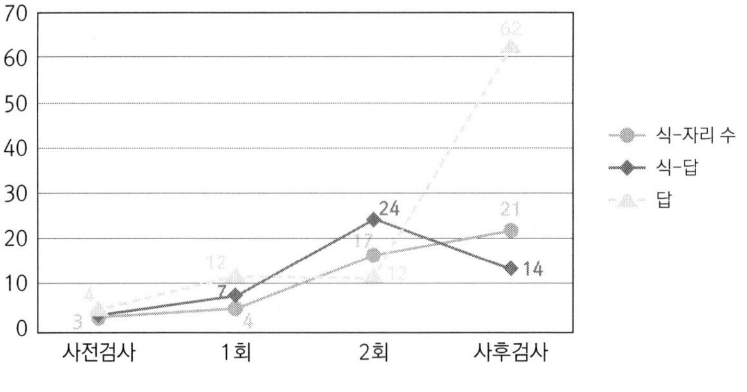

중재가 진행됨에 따라 진전도 1, 2회 검사에서 백분위가 모두 향상되는 모습을 보였다. 식-자리 수, 식-답 점수가 지속적으로 향상된 것을 통해 학생이 수학 문장제 문제에서 식으로 전환시키는 능력이 향상됨을 알 수 있다.

② 프로그램 사전-사후 검사 결과 비교

구분	사전검사 원점수(백분위)	사후검사 원점수(백분위)
식-자리 수	10(3)	29(21)
식-답	9(3)	18(14)
답	3(4)	11(62)

사전검사 결과 식-자리 수, 식-답, 답 점수에서 모두 낮은 수행률을 보였으며 백분위 점수도 모두 5 미만을 보였다. 학생은 문장제 전략을 적용할 때 천천히 적용하였지만, 꼼꼼하게 전략을 사용하여 학습하는 모습을 보였다. 전략 사용이 익숙하지 않아서 전략을 익히는 과정에서는 어려움을 보였지만, 문장제 문제를 식으로 바꾸는 과정에서는 점차 향상을 나타냈다. 사후검사에서는 식-자리 수, 답 점수는 백분위 점수 15 이상의 수행을 보였다. 식-자리 수 점수의 경우 지속적인 향상을 나타냈다. 식-답 점수는 사후검사에서 진전도에 비하여 하락하였지만, 사전검사에 비하여 유의한 향상을 보였다. 학생이 문장제 문제를 식으로 바꾸는 과정에서 향상이 있었으나, 식에서 답으로 정확하게 연산하는 과정에서는 여전히 어려움을 겪고 있음을 알 수 있다.

(9) 제언

식에서 정확한 답으로 연산과정을 점검하여 정답률을 높이기 위한 집중중재가 필요할 것으로 보인다.

4. 수학 문장제 사례 보고서 III

(1) 성별

① 남(✓)   ② 여

(2) 학년

6학년

(3) 중재 사유

해당 학생은 가정환경 및 학교 학습태도에 있어서 지속적인 기초학습 중재가 필요하며, 학습 의욕 및 과제 집중도에 대한 지속적인 지도가 필요하다.

(4) 일반적 특성

조용한 편으로 크게 응답을 하거나 주변 친구와 이야기를 하지 않는다. 학습 상황에서는 집중도가 높은 편이다. 소리 내어 읽거나 모둠활동에 소극적으로 참여하는 모습을 보인다.

(5) 사전 검사 결과

학년	이름	수학검사		쓰기검사		어휘검사		읽기이해검사	
		원점수	백분위 점수	원점수	백분위 점수	원점수	백분위 점수	원점수	백분위 점수
6	강우찬 (가명)	44	32	60	10	14	1	0	0

수학검사에서 백분위 하위 32에 속하며, 쓰기, 어휘, 읽기이해 검사 모두에서 백분위 하위 15 이하를 나타낸다. 기초적인 어휘, 읽기이해에 대한 중재가 필요하다.

(6) 중재 목표

6학년 수학 문장제 문제를 읽고 문제에 필요한 어휘를 이해하여 식을 세울 수 있다.

(7) 중재 프로그램

회기	중재내용	중재방법 및 중재자료
1~2	[현재 수준 파악 및 교사와의 친밀감 형성] • 교사와 학생의 자기소개 및 수업 목표 안내 • BASA 수학 문장제 검사 실시 [현재 부족한 부분 파악하기] • 학생에게 부족한 점 확인 • 분수 나누기, 분수 곱하기, 소수 계산 학습목표 설정 • 여러 가지 숫자를 조합하여 분수를 만들고 계산하는 빙고게임 진행	○『수학 나침반 ③ 수학 문장제편』
3~4	[수학 문장제에 활용할 전략 소개하기] • 인지 초인지 전략(문제를 읽고, 자신의 언어로 만든 후 계산하고 점검해 나가는 과정), 핵심어 전략(핵심 숫자나 내용을 찾아서 이해하는 능력), 도식화 전략(줄글로 쓰여 있는 내용을 도식화하여 이해하기 쉽게 정리하는 능력)에 대한 소개 [전략을 활용하여 실제 문제 풀기] • 수학 문장제로 구성되어 있는 문제 풀기–대분수로 되어 있는 꽃밭의 넓이 계산하는 문제 연습	○『수학 나침반 ③ 수학 문장제편』
5~6	[전략 점검하기] • 인지 초인지 전략을 활용한 활동지로 수업 진행 • 중요한 부분에 밑줄을 긋고, 문제에서 구하고자 하는 것을 파악하고, 식을 세우는 단계 정리, 한 번 더 확인하고 채점 후 정리 [소수를 분수로 나타내는 방법 익히기] • 개념을 이해할 수 있도록 설명: 직접 중재 [진전도 검사 1] • BASA 수학 문장제 진전도 검사 실시	○『수학 나침반 ③ 수학 문장제편』

7~8	[대분수를 나누는 방법 익히기] • 대분수를 가분수로 바꾸고, 역순으로 곱하는 방법 설명 • 중요한 부분에 밑줄 긋기 • 제시된 문제에서 찾고자 하는 부분 확인하기 [문제 만들기 전략] • 문장제 문제 해결하는 연습하기-문제 풀이 계획을 말하고, 문제를 풀기 전에 점검할 수 있도록 함.	○『수학 나침반 ③ 수학 문장제편』
9~10	[수학빙고게임] • 문장제 문제를 빙고로 제시한 후 핵심어를 토대로 식을 세운 후 답을 구함. • 빙고를 많이 맞추는 사람이 이기는 형식으로 진행 [문장제 도식화 정리하기] • 문제의 정보를 다이어그램으로 조직화 • 개념을 익히기 위해 자연수의 곱셈(기본 원리)를 활용하여 도식화 개념 소개 • 단서를 활용하여 문제 유형을 파악하고 도식과 짝 맞추기 진행 [진전도 검사 2] • BASA 수학 문장제 진전도 검사 실시	
11~12	[수학일지 쓰는 법 학습하기] • 오답노트와 비슷한 식으로 설명 • 왜 틀렸을까(틀린 문제 확인하기), 틀린 이유 찾기, 틀린 문제에서 다루는 핵심개념 이해, 모범답안 보고 다시 풀어보기, 짝에게 설명해 보기, 느낀 점 써보기 등의 수학일기를 쓰는 법 학습	○『수학 나침반 ③ 수학 문장제편』
13~14	[전략 총정리] • 학습한 전략: 인지 초인지 전략, 문장제 도식화 전략, 수학일지 전략을 점검하기 • 지금까지 푼 문제 선택하여 복습하기 [사후검사] • BASA 수학 문장제 사후검사 실시	○『수학 나침반 ③ 수학 문장제편』

(8) 중재 진전도 및 사후검사 결과와 종결 상태

① 진전도 검사 결과

구분	1회 원점수(백분위)	2회원점수(백분위)
식-자리 수	14(4)	13(4)
식-답	11(4)	11(4)
답	5(12)	6(17)

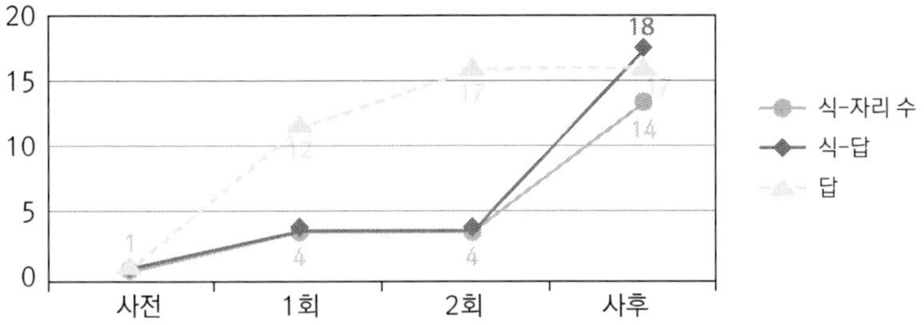

진전도 검사 1, 2회에서 답 영역에서는 백분위 점수가 진전이 있었지만, 식-자리 수, 식-답 영역에서는 진전을 보이지 않았다.

② 프로그램 사전-사후 검사 결과 비교

구분	사전검사 원점수(백분위)	사후검사 원점수(백분위)
식-자리 수	4(1)	25(14)
식-답	4(1)	20(18)
답	0(1)	6(17)

선별검사에서는 백분위 점수 1의 수행을 보였으나, 사후검사에서 선별검사에 비하여 향상된 모습을 보였다. 중재 중에 학생은 혼자서 빠르게 문제를 풀고, 빈칸을 채우려는 모습을 많이 보였다. 문장제 문제는 문제를 식으로 만들 수 있어야 연산을 할 수 있기 때문에 중재를 진행할 때 학생에게 전략 사용에 대해 더 안내하였고 충분히 연습하게 하였다. 또한 소그룹 중재로 진행함으로써 또래들과 함께 문제를 풀거나, 전략 사용을 공유하는 활동을 통해 단순히 답을 빠르게 푸는 연산과정뿐만 아니라 문제를 식으로 바꾸는 과정을 학습하였다. 이에 따라 학생이 점차 문장제 문제를 식으로 바꾸는 과정에서 향상을 보였으며, 식-자리 수, 식-답 점수에서도 향상을 보였다. 하지만 사후검사 결과에서는

백분위 점수 14~18을 나타냈기 때문에 학생의 경우 중재를 지속할 필요가 있다.

(9) 제언

소그룹 중재에서 학생이 다른 학생과의 상호작용을 통해 전략이나 연산과정에 대해서 천천히 익히는 것을 배울 수 있었기 때문에 학생은 2단계(소집단) 교수적 배치에서 중재 회기를 연장하여 진행한다면 유의미한 향상이 있으리라 기대된다.

5. 수학 문장제 사례 보고서 IV

(1) 성별

① 남 ② 여(✓)

(2) 학년

6학년

(3) 중재 사유

해당 학생은 기초적인 학습능력에 대한 중재가 필요하며, 지속적이고 강화된 중재가 필요하다. 학교 학습에 집중력이 부족하며 학습 의욕에 대한 중재가 필요하다.

(4) 일반적 특성

적극적인 성격으로 궁금하거나 관심 있는 것에 대해 먼저 질문을 한다. 또래와의 관계가 좋으나 장난이나 다른 행동을 할 때가 많다. 빠르게 학습을 할 수 있지만 다른 생각을 할 때가 많다.

(5) 사전검사 결과

학년	이름	수학검사		쓰기검사		어휘검사		읽기이해검사	
		원점수	백분위 점수	원점수	백분위 점수	원점수	백분위 점수	원점수	백분위 점수
6	한새해(가명)	42	35	140	81	24	3	11	10

수학검사에서 백분위 하위 35를 나타냈으며, 어휘, 읽기이해검사에서 백분위 하위 15 이하를 나타냈다. 따라서 기초적인 읽기이해 및 어휘 능력 향상을 위한 중재가 필요하다.

(6) 중재 목표

6학년 수학 문장제 문제를 읽고 문제에 필요한 어휘를 정리하여 식을 세울 수 있다.

(7) 중재 프로그램

회기	중재내용	중재방법 및 중재자료
1~2	[자기소개] • 자기소개 및 수업소개 • BASA 수학 문장제 검사 실시 [수학 문장제 수준 점검하기] • 자연수, 소수, 분수의 혼합연산을 할 수 있는지 점검하기 • 문제를 제공하고 식을 세울 수 있는지 수준 점검하기	○『수학 나침반 ③ 수학 문장제편』
3~4	[수학 문장제 전략 소개하기] • 문제 만들기 전략, 핵심어 전략, 도식화 전략에 대해서 학습할 것에 대해 설명하기 [실생활 문제 풀어보기] • 실생활에서 제시된 숫자를 가지고 다양한 상황에 적용하여 문제 만들기	○『수학 나침반 ③ 수학 문장제편』
5~6	[문제 만들기 전략 학습] • 주어진 문제를 새로운 문제로 바꾸어 보기 • 자신의 수학적 사고를 동원하여 새로운 문제 만들어 보기 • 대분수 두 숫자를 곱하여 넓이 구하는 원리 적용해 보기 • 수학적 조건을 지정해가며 문제를 만들 수 있다는 것을 학습하기 [진전도 검사 1] • BASA 수학 문장제 진전도 검사 실시	○『수학 나침반 ③ 수학 문장제편』 ○ BASA 수학 문장제 검사
7~8	[도식을 활용하여 문제 푸는 방법 학습하기] • 단서를 두는 단어에 밑줄, 숫자에 동그라미하기 • 문제 유형을 파악하고 도식에 정리하기 • 어떤 사칙연산을 써야할지 결정한 후 식을 세우고 답을 구하는 과정 반복 연습하기	○『수학 나침반 ③ 수학 문장제편』

9~10	[핵심어 전략 학습하기] • 수학 문장제를 읽고 핵심어가 어디 있는지 밑줄, 동그라미, 세모 등 다양한 도형을 활용하여 문제 풀어보기 • 핵심어를 선택하고, 복잡한 연산에 사용하는 방법 익히기 [여러 문제에서 핵심어 찾기] • 문제를 읽고 중요한 단어에 밑줄을 긋고, 그 단어를 이용하여 식을 세워보기 • 세운 식을 풀어보고, 틀린 문제는 수학일지 쓰기 [진전도 검사 2] • BASA 수학 문장제 진전도 검사 실시	○ BASA 수학 문장제 검사
11~12	[도식화 전략 학습하기] • 도식을 활용하여 초등학생이 이해하기 쉽게 수정하는 방법 설명하기 • 문제를 제시하고 도식화를 연습할 수 있는 시간 제공하기 • 다양한 방식으로 도식을 그릴 수 있음을 제공하기	○『수학 나침반 ③ 수학 문장제편』
13~14	[빙고게임] • 여러 가지 수학 문제를 풀면서 빙고를 맞추기 • 칸에 문제를 제공한 후 그 식에 맞춰 식과 답을 맞추면 1빙고 완성 [사후검사] • 수업 마무리하기	○『수학 나침반 ③ 수학 문장제편』 ○ BASA 수학 문장제 검사

(8) 중재 진전도 및 사후검사 결과 종결 상태

① 진전도 검사 결과

구분	1회 원점수(백분위)	2회원점수(백분위)
식-자리 수	14(4)	16(6)
식-답	11(4)	14(7)
답	5(12)	6(17)

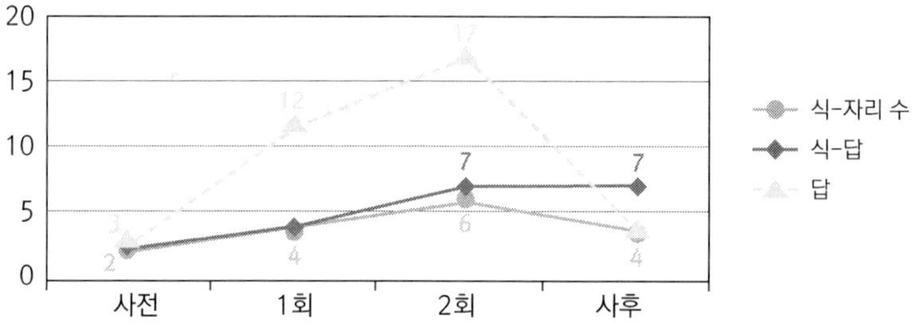

진전도 검사 및 사후검사를 진행할 때 교사에게 계속 말을 걸거나, 주변 친구들에게 이야기를 건네는 등 평가 상황에서 더 집중하기 어려워하는 모습을 보였다. 이로 인해 학생의 수행이 유의미한 향상을 보이지 않았다.

② 프로그램 사전-사후 검사 결과 확인

구분	사전검사 원점수(백분위)	사후검사 원점수(백분위)
식-자리 수	7(2)	13(4)
식-답	5(2)	13(7)
답	2(3)	3(4)

사전검사에 비하여 진전도 검사에서는 모든 항목에서 백분위 점수가 상승을 보였지만, 사후검사에서는 오히려 점수가 하락하였다. 학생의 경우 중재를 진행할 때 대답을 크게 하고 수업에 적극적으로 참여하는 것처럼 보였으나, 교재의 학습 기록에서는 다른 그림을 그리거나 다른 생각을 하는 것처럼 보인 경우가 많았다. 수학 문장제 전략에 대해 숙지하고 문제를 식으로 바꾸는 과정에서는 수행을 잘하였으나, 식을 답으로 정리하는 계산과정에서 실수하는 모습을 많이 보였다. 그로 인해 정답률이 높지 않게 나타났으며, 계산과정을 점검하기보다 빠르게 빈칸을 채워서 문제를 푸는 모습을 보였다. 또한 수업 중에 친구와 다른 이야기를 하는 모습을 보여서 소그룹 형태의 학습환경이 학생에게 학습 집중의 어려움을 초래하는 것으로 보였다.

(9) 제언

소그룹 중재 상황에서 반응을 보이지 않았기 때문에, RTI 3단계의 고도의 1:1 중재와 같은 집중적 형태의 중재를 통해 주변 또래와의 자극이 없이 강화된 중재를 제공하는 교수적 배치의 조정이 필요한 것으로 보인다. 또한 학생이 집중을 어려워하는 요인이나 수학 연산과정에서의 오류 유형에 대한 정밀한 평가 및 중재가 필요하다.

참고문헌

김동일(2008). 기초학습기능 수행평가체제: 읽기검사. 서울: 학지사.

김동일(2009). 기초학습기능 수행평가체제: 쓰기검사. 서울: 학지사.

김동일(2011). 기초학습기능 수행평가체제: 초기문해. 서울: 학지심리검사연구소.

김동일(2011). 기초학습기능 수행평가체제: 초기수학. 서울: 학지사.

김동일(2012). LDST 학습장애 선별검사. 서울: 인싸이트.

김동일(2016). 기초학습기능 수행평가체제(BASA). 서울: 인싸이트.

김동일(2016). 학습장애 진단과 판별. 서울: 학지사.

김동일(2017). 읽기 나침반: BASA와 함께하는 읽기능력 증진 개별화 프로그램(읽기 나침반 시리즈). 서울: 학지사.

김동일(2018). 난독증 청소년 전문치료프로그램 결과보고회 자료집. 서울대학교 특수교육연구소.

김동일(2020). 수학 나침반: BASA와 함께하는 읽기능력 증진 개별화 프로그램(수학 나침반 시리즈). 서울: 학지사.

김동일(2020). 쓰기 나침반: BASA와 함께하는 읽기능력 증진 개별화 프로그램(쓰기 나침반 시리즈). 서울: 학지사.

김동일, 고은영, 고혜정, 김우리, 박춘성, 손지영, 신재현, 연준모, 이기정, 이재호, 정광조, 지은, 최종근, 홍성두(2019). 특수교육의 이해. 서울: 학지사.

김동일, 신종호, 이대식(2016). 학습장애아동의 이해와 교육. 서울: 학지사.

김민정, 이승복, 이희란(2009). 발달성 난독증에 대한 신경학적 연구 고찰. 특수교육, 8(2), 259-278.

김상현, 양정호(2013). 학업중단 경험이 있는 고등학생의 학업중단 배경과 복교 후 학교생활에 대한 연구. 한국교육문제연구, 31(1), 81-113.

남미애(2006). 학교밖 청소년의 욕구와 사회적 지원방안. 사회과학논문집, 24(2), 147-196.

이명숙, 김동일, 이기정(2016). 효과적인 교수와 학습컨설팅을 위한 RTI의 원리와 전략. 서울: 아카데미플러스.

편성범, 정한영, 남기춘, 김명옥, 조경덕, 정재범, 손효정(2005). 뇌졸중 후 난독증 환자의 한국어 읽기에서 이중경로모형의 적용. 대한재활의학회, 29(1), 23-31.

한국학습장애학회(2014). 학습장애 총론. 서울: 학지사.

Bakker, D. J. (2006). Treatment of developmental dyslexia: A review. *Pediatric Rehabilitation, 9*(1), 3–13.

Bender, W. N. (1992). *Learning disabilities: Characteristics, identification, and teaching strategies*. Needham Heights, MA: Allyn & Bacon.

Brown-Chidsey, R., & Steege, M. W. (2016). 효과적인 교수와 학습컨설팅을 위한 RTI의 원리와 전략 (*Response to intervention: Principles and strategies for effective practice)*. (이명숙, 김동일, 이기정 공역). New York, NY: Guilford Press. (원전은 2011년에 출간).

Hallahan, D. P., Kauffman, J. M., & Lloyd, J. W. (1999). *Introduction to learninng disabilities*. Needham Heights, MA: Allyn & Bacon.

Shastry, B. S. (2007). Developmental dyslexia: An update. *Journal of Human Genetics, 52*, 104–109.

찾아보기

인명

내용

기타

저자 소개

김동일(Kim, Dongil)

서울대학교 사범대학 교육학과 교육상담전공 교수 및 대학원 특수교육전공 주임교수, 서울대학교 대학생활문화원 원장, 장애학생지원센터 상담교수, 서울대학교 특수교육연구소 소장으로 재직하고 있다. 서울대학교 교육학과를 졸업하고 교육부 국비유학생으로 도미하여 미네소타 대학교 교육심리학과에서 석사 · 박사학위를 취득하였다.

Developmental Studies Center, Research Associate, 한국청소년상담원 상담교수, 경인교육대학교 교육학과 교수, 한국학습장애학회 회장, 서울대 사범대 기획실장, 국가 청소년보호위원회 위원, BK21 미래교육디자인연구사업단 단장 등을 역임하였다. 국가수준의 인터넷중독 척도와 개입연구를 진행하여 정보화역기능예방사업에 대한 공로로 행정안전부 장관표창 및 연구논문/저서의 우수성으로 한국상담학회 학술상(2014/2016)과 학지사 저술상(2012)을 수상하였다.

현재 (사)한국교육심리학회 회장, 한국아동청소년상담학회 회장, 한국인터넷융합학회 부회장, 여성가족부 학교밖청소년지원위원회(2기) 위원, 국무총리실 사행산업통합감독위원회(중독분과) 민간위원 등으로 봉직하고 있다.

『지능이란 무엇인가』『학습장애아동의 이해와 교육』『청소년 상담학 개론』을 비롯하여 50여 권의 저 · 역서가 있으며, 300여 편의 등재 전문학술논문(SSCI/KCI)과 기초학습기능 수행평가체제(BASA)를 포함한 30여 개의 표준화 검사를 개발하였다.

2020년 대한민국 교육부와
한국연구재단의 지원을 받아 수행된 연구임
(NRF-2020S1A3A2A02103411)

SNU SERI: Seoul National University Special Education Research Institute
서울대학교 특수교육연구소

연구책임자 김동일(서울대학교 교육학과)

참여연구원 김희주(서울대학교 특수교육연구소)
안예지(서울대학교 특수교육연구소)
김희은(서울대학교 특수교육연구소)
신혜연 Gladys(서울대학교 특수교육연구소)
김은삼(서울대학교 특수교육연구소)
임희진(서울대학교 특수교육연구소)
장혜명(서울대학교 특수교육연구소)
송푸름(서울대학교 특수교육연구소)
문성은(서울대학교 특수교육연구소)
이연재(서울대학교 특수교육연구소)
조은정(서울대학교 특수교육연구소)
안제춘(서울대학교 특수교육연구소)
변혜성(서울대학교 특수교육연구소)
임진형(서울대학교 특수교육연구소)
최서현(서울대학교 특수교육연구소)

SNU SERI 연구총서 5

[난독증 및 학습부진 학생을 위한 읽기 · 쓰기 · 수학 개별화교육 사례]

BASA와 함께하는

기초학습기능 검사와 중재

BASA Case Studies of Individualized Reading, Math, Writing Intervention
for Students with Dyslexia and Underachievement

2021년 3월 25일 1판 1쇄 발행
2023년 1월 20일 1판 2쇄 발행

지은이 • 김동일
펴낸이 • 김진환
펴낸곳 • (주) 학지사
04031 서울특별시 마포구 양화로 15길 20 마인드월드빌딩
대표전화 • 02)330-5114 팩스 • 02)324-2345
등록번호 • 제313-2006-000265호

홈페이지 • http://www.hakjisa.co.kr
페이스북 • https://www.facebook.com/hakjisa

ISBN 978-89-997-2242-4 93370

정가 22,000원